문 화 교 양 학 과

총 ——— 서

3

옛길이
들려주는
이야기

삶과 문화의 현장을 찾아서

송찬섭 · 임기환 · 신춘호 · 김양식 · 박준성 · 이창언 지음

지식의날개

문화교양총서-3

옛길이 들려주는 이야기
삶과 문화의 현장을 찾아서

초판 1쇄 펴낸날 | 2017년 8월 23일

지은이 | 송찬섭·임기환·신춘호·김양식·박준성·이창언
펴낸이 | 김외숙
펴낸곳 | 한국방송통신대학교출판문화원
　　　　주소 03088 서울시 종로구 이화장길 54
　　　　전화 02-3668-4764
　　　　팩스 02-741-4570
　　　　홈페이지 http://press.knou.ac.kr
　　　　출판등록 1982년 6월 7일 제1-491호

출판문화원장 | 장종수
편집 | 이근호·심성미
본문 디자인 | 프리스타일
표지 디자인 | 최원혁

ISBN 978-89-20-02675-1　04080
값 15,000원

　이번에 한국방송통신대학교 문화교양학과에서 〈문화교양총서〉를 간행하게 되었다. 이 총서는 다양한 의도를 가지고 논의하고 기획되었다.

　우리 대학은 모든 과목에 교재를 만들어서 강의를 운영한다. 일반적으로 개설서 형태의 교재는 개정을 할 때마다 계속 내용을 보완하므로 최종판이 가장 잘 다듬어진 교재라고 보아도 무방하다. 그러나 우리 학과는 인문학을 중심으로 하고 있는 데다 개론보다는 주제 또는 사례 중심의 강의를 하므로 한번 교재를 바꾸고자 하면 완전히 새로운 내용으로 다시 구성한다. 매번 교재를 만들 때마다 적절한 주제를 선택하여 최선을 다하기 때문에 모두 생명력 있는 글이 되는데, 새로운 교재가 만들어지고 나면 이전 교재는 당연 절판되므로 좋은 글이 사장되는 것에 대한 아쉬운 마음이 늘 있었다. 그래서 우리 학과의 지나간 교재를 활용할 방법을 모색하였다. 그 결과, 지나간 교재의 내용을 바탕으로 분량을 조절하고 교재의 구성을 벗어나서 가벼운 문고 형태의 시리즈를 간행하기로 결정하였다.

　총서 간행을 연한이 다한 교재에 대한 아쉬움 때문만에 하려는 것은 아니다. 현재 교재를 통해 공부하고 있는 재학생뿐 아니라 우리 졸업생들에게 문화교양학과 공부는 끝이 없다고 항상 가르치기 때문에 문고를 축적하여 이들에게 계속 읽을거리를 제공하자는 뜻도 있었다.

우리 학과 과목은 인문학의 다양한 분야를 망라하고 있다. 따라서 인문학 공부에 대한 나름의 틀을 제시하고 있다고 본다. 이 점에서 〈문화교양총서〉가 우리 학과를 넘어 우리 대학 구성원들과 나아가 일반인들에게도 인문학에 대한 갈증을 풀어주는 문고가 될 수 있을 것이다. 문화교양학과가 설치된 지 이제 10여 년이 지났고 교재도 과목마다 보통 두세 번 개정되었다. 더 늦기 전에 쌓인 원고를 추스르는 작업이 필요한 시점이기도 하다. 지금까지 교재 원고들을 간추려서 총서를 발간한다면 앞으로 우리 학과 교과운영의 방향 설정에도 도움이 될 수 있을 것이다.

〈문화교양총서〉는 우리 학과가 존재하는 한 계속 간행되어 나갈 것이다. 이 총서가 지속적으로 문화교양학과 구성원, 그리고 인문학을 갈구하는 분들에게 선물이 될 수 있기를 기대한다. 고전의 한 구절을 비틀어 이렇게 말하고 싶다.

"문화교양은 목마른 사람 누구나 물가로 데려갈 수 있다. 얼마나 마음껏 마시느냐는 각자에 달려 있다!"

2017년 8월
방송대 문화교양학과 교수 일동

이 책에 실린 글들은 한국방송통신대학교 문화교양학과의 〈역사의 현장을 찾아서〉 과목에 활용했던 글들을 재구성한 것이다. 역사는 그 내용이 풍부한 만큼 이를 다루는 방법 또한 다양하여, 시대사, 사건사, 인물사, 분야사 등으로도 구분할 수 있다. '역사의 현장'은 이런 문제들을 포괄적으로 담고 있다. 이처럼 현장에 초점을 맞추어서 과목을 만든 것은 상당히 좋은 구상이었다고 자부하고 싶다. 다만 '역사의 현장'은 수없이 많고 분야도 다양하여 이를 한 학기 과목에 맞추어 내용을 구성하기란 매우 어려웠다. 처음 만든 교재에서는 유적 중심의 현장에서 벗어나, 남아 있는 것은 없지만 중요하였던 사건 중심의 현장, 특히 우리 역사 교육에서 소외되었던 근현대사의 중요한 사건을 많이 다루었다. 그러다가 다양한 문화와 인간의 삶에 비중을 둔 현장으로 내용을 차츰 옮겨 갔다.

이 과목은 현장을 직접 찾아가기 때문인지 학생들에게 좋은 평가를 받았던 것 같다. 학생들이 공부를 겸해서 과목에서 소개되는 현장을 따라 실제로 답사를 했다는 이야기도 제법 들었다. 그래서 예전부터 이 내용들을 살려 보려는 생각을 했고, 실제로 이 과목의 첫 번째 교재는 다시 손질해서 외부 출판사에서 『현장 검증, 우리 역사』(2009)라는 이름으로 간행하였다.

이제 학과에서 지나간 교재를 활용하자는 논의를 하여 다시 책을 내면서 이번에는 문화와 삶 쪽을 첫 권으로 내게 되었다. 이미 만들어진 원고로 구성하여 새로 집필하는 부담은 없지만 원고에 따라 상당히 손을 대기도 하였다. 특히 교재에 실리지 않았던 「의주대로 옛길을 따라」(2장) 한 꼭지가 추가되었다. 「연행문화와 연행노정을 따라」(6장)를 쓴 신춘호 선생님이 영남대로에 대한 꼭지와 맞춰 의주대로에 대한 글을 실으면 어떻겠느냐고 제안하여 고맙게 받아들였다.

여기서 다룬 주제는 10개 꼭지이다. 「남한강에서 꽃핀 나말여초의 불교문화」는 남한강의 여러 폐사지를 통해 신라 말 고려 초 이 지역의 동향을 보여 주고 있다. 「의주대로 옛길을 따라」는 조선시대 중국과 교통하는 가장 중요한 길이었던 의주대로를, 지금은 끊긴 국토의 허리가 다시 이어지기를 염원하면서 자료를 통해서나마 따라가 보았다. 「영남대로 옛길을 따라」는 예나 지금이나 우리나라에서 가장 중요한 길인 영남대로를 통해 길의 사회사를 담았다. 「조선의 문예부흥기로 떠나는 남한강 뱃길여행」은 조선시대 사대부들이 가장 즐겨 다녔던 여행코스인 남한강을 따라 충청 내륙까지 깊숙이 들어간 뱃길여행을 상세히 다루었다. 「서울 서촌을 그린 그림의 현장」은 요즘 뜨고 있는 서촌 지역을 겸재 정선이 남긴 그림들을 통해 흥미롭게 돌아보게 한다. 「연행문화와 연행노정을 따라」에서는 앞서 의주대로를 넘어서 청나라 수도 북경까지, 당시 사신들이 다닌 길을 밟을 수 있다. 고대 우리 민족이 활동하던 공간도 포함되어 역사의 안목을 넓히게 된다. 「정약용의 고향, 마재를 찾아서」는 다산이 태어난 곳이자 만년에 오래 머물렀던 마재를 찾아 고향이 그에게 어떤 의미였는지 살펴볼 수 있다. 「반역과 새로운 세상을 꿈꾼 산, 지리산」은 산을 중심으로 불교문화가 형성되고 민중 저항의 역사가 펼쳐졌던 장면을 담았다. 「지속가능한 농업의 새로운 추진력, 홍동을 가다」는 현 시대 농민운동의 중요한 사례인 홍성 지역을 심층적으로 살펴보아 앞으로 사회운동과 공동체적 삶의 가치를 추구하는 데 도움이 되리라 여긴다. 마지막으로 「대학로와 방송대」를 통해서는 조선시대 가장 발전이 늦었던 도성 동부 지역에 한말 일제강점기를 거치면서 주요 근대교육기관이 들어섰고, 그 연장선에서 오늘날 방송대가 존재하게 된 과정까지 연결하여 볼 수 있다.

이상 10개의 주제는 삶과 문화의 현장이라는 설명에 걸맞을 뿐만 아니라, 우리나라 여러 곳을 포괄하는 현장이라고 하겠다. 이 공간들을 둘러보고, 현장 속에 담긴 역사를 추구하는 기회가 되었으면 좋겠다. 특히 의주대로는 휴전선이 가로막혀 아주 일부만 직접 답사를 하고 나머지 부분은 문헌으로 설명할 수밖에 없다. 언젠가 북녘 땅의 답사 주제를 많이 계발할 수 있는 날이 오기를 간절히 바란다. 앞으로 더욱 다양한 역사의 현장과 주제를 발굴하여 지속적으로 대중과 만나는 계기가 되기를 바란다.

2017년 8월
저자들을 대표하여 송찬섭 씀

차례

1장

남한강에서 꽃핀
나말여초의 불교문화

임기환

선택의 변

물길은 예부터 가장 중요한 교통로이다. 물길 주변 너른 땅에는 사람들이 농사를 짓고 마을을 이루며 살고 있고, 마을과 마을을 잇는 길이 이리저리 뻗어 있게 마련이다. 사람들은 물길을 따라 오르고 내리면서 갖가지 물자를 나르고 교환하며, 아울러 사상과 문화, 기술도 전파한다. 특히 남한강은 한반도 중부지대의 중요한 교통로였을 뿐 아니라 풍부한 경제적 기반을 품에 안고 있었다.

따라서 삼국시대에는 남한강 유역을 차지하는 나라가 한반도의 패권을 차지하게 되었다. 통일신라 말 후삼국시기에는 신라왕실이나 고려의 왕건이 남한강 일대의 선종사원을 후원하여 이들을 통해 지방에 대한 통제력을 확보하려고 노력하였다. 그 결과 남한강을 따라 조성된 여러 선종사원에는 당대 최고 수준의 불교문화가 꽃피었다. 사찰이 단순한 종교적 성소만이 아니라, 중앙권력과 결합하여 지방의 정치적·문화적 변동의 중심지 역할을 하였음을 잘 보여 주는 사례이다. 남한강 물길을 따라 곳곳에 남아 있는 폐사지를 탐방할 때 이 점을 놓치지 말아야 한다.

1. 남한강 물길의 역사

한반도 허리지대를 동서로 관통하는 한강, 특히 남한강은 선사시대부터 가장 중요한 물길 중의 하나였다. 상류가 소백산맥을 넘어 영남지방과 맞닿아 있고 하류는 황해의 바닷길로 이어지는 남한강은 그 길이가 약 390km에 달하며, 수많은 지천이 흘러들어 유역면적이 매우 넓다. 남한강은 배가 다닐 수 있는 구간이 길어 다른 하천들과는 달리 상류까지도 물길로 이용할 수 있다. 남한강 물길은 충주에서 계립령과 조령을 넘거나, 단양에서 죽령을 넘으면 영남지방의 낙동강 물길과 곧바로 연결된다.

더욱이 남한강에는 태백산맥 좌우의 영서와 영동을 잇는 땅길들이 연결되어 있다. 양평에서 홍천을 지나 한계령을 넘으면 속초로 이어지고, 원주에서 섬강 물길을 따라가다가 횡성을 거쳐 대관령을 넘으면 강릉이다. 또 영월에서 정선을 거쳐 삼척으로 나아갈 수도 있다. 즉, 남한강은 물길뿐만 아니라 이와 연결된 땅길을 통해 태백산맥을 넘어 한반도 동

그림 1-1 · 법천리 출토 양형토기와 초두

양 모양 청자와 초두는 백제의 영역 곳곳에서 출토되어, 백제의 영역을 살펴볼 수 있는 유물이다.

쪽으로 그리고 소백산맥을 넘어 한반도 남쪽으로 이어지는 중부지대 교통로의 뿌리라고 할 수 있다.

이렇게 남한강은 사통팔달하는 교통로이기 때문에 삼국시대부터 이 지역을 차지하기 위한 격렬한 쟁탈전이 벌어졌다. 처음에 남한강 유역은 백제의 영역이었다. 원성군 부론면 법천리에서 발굴된 동진제 양(羊) 모양 청자와 청동제 초두(鐎斗)는 5세기 초에 이 지역이 한강 하류의 백제국과 밀접한 관계를 맺고 있었음을 잘 보여 주고 있다.

백제의 뒤를 이어 남한강 유역은 고구려의 차지가 되었다. 광개토대왕은 백제를 공격하여 남한강 상류지역을 확보하였으며, 이 지역을 교통로의 거점으로 삼아 5만 군대를 보내 당시 신라를 침공한 왜와 가야의 연합군을 격파하였다. 그 뒤 고구려는 장수왕 때에 백제의 수도 한성을 함락시켜 한강 하류지역까지 확보하여, 한강 유역 전체를 온전하게 차지하였다. 특히 남한강 상류에 위치한 지금의 충주지역에 국원성이라는 남진의 거점을 만들었다. 당시 고구려가 남한강 일대를 경영하고 있던 자취는 지금 충주시 남한강가에 서 있는 충주고구려비를 통해서도 짐작할 수 있다.

6세기에 들어서는 신라가 소백산맥을 넘어 남한강 상류지역으로 진출하기 시작하였다. 단양군 단성면 적성산성 안에 서 있는 단양적성비가 그러한 정황을 잘 보여 준다. 그리고 마침내 551년에 신라 진흥왕은 백제의 성왕과 손잡고 고구려를 공격하였다. 백제 성왕이 이끄는 백제와 가야의 연합군은 한성(漢城: 지금의 서울)을 공파함으로써 한강 하류의 6군을 차지하였고, 거칠부 등 8장군이 이끄는 신라군은 죽령을 넘어 한강 상류의 10군을 확보하였다.

그런데 553년에 신라는 동맹을 일방적으로 파기하고 백제가 탈환한 한강 하류지역을 기습공격하여 차지하고 이곳에 신주(新州)를 설치하였다. 이에 격분한 백제는 전열을 정비하고 대가야와 연합하여 이듬해에

그림 1-2 · 중원고구려비

고구려가 남한강 상류 충주 일대를 장악하였음을 보여 준다.

그림 1-3 · 단양적성비

진흥왕대에 신라가 소백산백을 넘어 북진하는 기세를 증거하고 있다.

관산성(지금의 충북 옥천)에서 신라와 격전을 벌였다. 그러나 신주 군주인 김무력(金武力)의 역공을 받아 오히려 성왕이 전사하는 치명적 패배를 당하였다. 그 결과 한강 유역에 대한 신라의 지배권이 공고하게 되었다. 관산성 전투에서 한강 유역을 관장하는 신주 군주인 김무력이 커다란 전공을 세웠다는 점에서도, 당시 백제와 신라의 세력 관계에서 한강 유역이 갖는 비중이 어떠하였는지를 짐작할 수 있다.

한강 유역 경영에 대한 신라인의 집념은 대단하였다. 557년에 진흥왕은 한강 유역 진출의 거점이며 가장 후방이라고 할 수 있는 국원성(지금의 충주)을 소경(小京)으로 삼았으며, 최전선인 한강 하류지역에는 북한산주를 설치하였다. 그리고 북한산군에 순행을 가서 신라의 영역을 확고히 하려는 의지를 거듭 천명하였다. 남한강 일대의 중요한 거점에는 산성을 쌓고 방어망을 구축하였으며, 주민을 이주시켜 영역화 작업에 나섰다. 즉, 신라는 국원성을 설치하고 중앙귀족의 자제와 6부의 호민들을 옮겨 와 이 지역에 대한 지배를 강력히 추진하였으니, 충주의 루암리 신라 고분군은 그러한 주민의 이주를 보여 주는 유적이다. 또 서울 가락동·방이동 일대의 돌방무덤은 6세기 중엽 이후에 축조된 신라계 고분으로, 이 역시 신라계 주민의 이주를 보여 주는 유적이다. 이렇게 신라는 남한강 유역을 북진정책의 거점으로 삼으려 하였다.

한편, 고구려 역시 한강 유역을 탈환하기 위해 신라에 대해 적극적인 공세를 취하였다. 이러한 움직임은 비록 설화적인 성격이 강하지만, 『삼국사기』「온달전」에 잘 나타나 있다. 영양왕 즉위 초에 온달은 계립령과 죽령 이북의 땅을 탈환하지 못하면 돌아가지 않겠다는 비장한 각오를 하고 출정하였다가 전사하였는데, 이러한 온달의 행적이 당시 한강 유역에 대한 고구려인의 집착을 잘 보여 준다. 또 보장왕 3년(644)에 신라의 김춘추(金春秋)가 고구려로 강화를 맺으러 갔을 때에도 "마목현(조령)과 죽령은 본래 우리 땅이니 돌려주지 않으면 돌아갈 수 없다."는 보장왕의 말을 통해서도, 고구려가 여전히 한강 유역의 회복에 지대한 관심을 두고 있었음을 짐작할 수 있다.

그러나 신라는 끝내 한강 유역을 지켜냈으며, 이 지역이 가지는 전략적·경제적 이점을 잘 활용하여 마침내 삼국을 통일할 수 있는 기반을 마련하였다. 삼국을 통일하고 나서 신라는 한강 하류에서 남한강 유역으로 이어지는 지역에 한산주를 설치하였고, 이전부터 있었던 국원경(중원경)에 이어 원주지역에 북원경을 설치하였다. 북원경은 원주-홍천-춘천으로 이어지는 삭주의 거점도시였다.

이렇게 남한강 유역은 백제의 영역에서 고구려의 영역으로, 다시 신라의 영역이 되는 격동을 겪었으며, 이러한 역사적 배경 때문에 주민의 구성도 매우 다양해졌다. 본래의 토착세력에다가 백제계나 고구려계 주민의 이주도 당연히 있었을 것이며, 신라가 이 지역을 차지하고 나서는 국원경(충주)에는 우륵(于勒)이나 강수(强首)와 같은 가야계 유민들을 이주시켰다. 또 국원경이나 북원경 등 소경에는 본격적으로 왕경 사람을 이주시켰으니, 중앙의 귀족들도 이 지역에 상당수 거주하였을 것이다. 이러한 다양한 주민 구성은 다양한 문화적 토양을 만드는 배경이 되었으며, 정치적으로는 신라 말기에 이 지역에서 반(反)신라 세력과 친신라 세력이 양립하는 원인이 되기도 하였다.

그러면 구체적으로 남한강 물길을 활용한 모습에 대해 살펴보자. 남한강 물길을 활용하는 데에는 시대마다 일정한 차이가 있을 것이다. 왜냐하면 배의 크기나 운항기술, 운송물자와 규모 등이 시대마다 달랐기 때문이다. 일제강점기까지도 남한강의 물길이 널리 활용되었는데, 당시

그림 1-4 · 흥원창의 옛그림

1796년 정수영이 그렸다. 옛 흥원창의 모습을 전해준다.

에도 단양, 영월까지는 배가 다녔다고 한다. 고려시대 이전의 모습은 어떠한지 알기 어렵지만, 충주에는 고려시대에 덕흥창이라는 조세창고가 있었고, 신라시대에는 충주에 중원경, 고구려시대에는 국원성(國原城)이 있었기 때문에, 적어도 충주까지는 물길이 활발하게 이용되었을 것으로 짐작된다.

그리고 조선 말기의 자료에 따르면, 상류에서 서울까지 물길을 이용하여 내려가는 데 걸리는 시간이 영춘에서 6일, 단양 5일, 충주 4일, 여주 2일 정도였다. 물길을 거슬러 올라가는 데에는 2~3배 많은 시간이 걸리는데, 여주 5일, 충주 7일, 단양 13일, 영춘 17일 정도였다고 한다. 여주 신륵사에 있는 '보제존자석종비'에는 고려 말에 나옹선사가 서울에서 여주까지 배를 타고 거슬러 올라가는 데 7일이 걸렸다고 전한다. 이를 보면 고려 후기나 조선 말이나 물길을 이용하는 상황에는 큰 차이가 없었던 것 같다. 아마도 통일신라나 삼국시대에도 이와 크게 다르지 않앉을 것이다.

남한강 물길을 거슬러 올라가는 데 걸리는 시간은 육로 교통과 그다지 큰 차이가 없으나, 강을 따라 내려가는 시간은 육로와 비교하면 훨씬 빠르다. 더욱이 많은 물자나 사람들을 실어 나를 때에는 수로가 육로보다 매우 유리하였음이 틀림없다. 따라서 남한강 물길을 누가 차지하느냐가 한반도에서 삼국의 세력관계에 큰 영향을 주었을 것임은 쉬이 짐작할 수 있다.

남한강을 중심으로 유통되었던 물자는 고대에는 주로 소금과 철, 해산물이었던 것으로 보인다. 소금은 사람들의 생활에 없어서는 안 될 필수품인데, 육지의 암염이 별로 생산되지 않는 한반도에서는 바닷가에서 생산된 소금의 유통이 무엇보다 중요하였다. 또 소금과 더불어 해산물도 황해에서 남한강을 따라 올라가는 중요한 물자였을 것이다. 5세기 초에 만들어진 원주 법천리 고분군에서는 조기, 민어 등 6종의 바닷물고기 뼈가 발견되었다. 이 물고기들을 황해에서 잡아 최소한 150km 이상의 남한강 물길을 거슬러 올라가는 데 6일 이상이 걸렸을 것이니, 아마도 건조되거나 소금에 절인 상태로 운반되었을 것이다. 이와 같은 예로 보아, 바다 생산물인 소금이나 물고기 등이 이미 백제시대부터 남한강 상류로 유통되고 있었음을 알 수 있다.

통일신라시대에 들어서도 남한강은 소금의 주요 유통 경로였다. 『삼국사기』에 의하면 경주에서 각 지방으로 통하는 간선도로를 오통(五通)이라 하였는데, 그중 경주에서 경기만에 이르는 통로를 '염지통(鹽池通)'이라 부른 것을 보면 바로 서해안에서 생산된 소금을 유통시키는 교통로로 기능했음을 알 수 있다. 이러한 소금 유통은 조선시대까지도 이어졌으니, 『택리지』에는 충주에서 "동남쪽으로 영남의 물자를 받아들이고 시

북쪽으로는 한양과 생선, 소금을 왕래한다"고 쓰여 있다.

반대로 남한강 상류에서 하류로 내려가는 주요 물자 중의 하나는 철이었다. 남한강 유역에서 가장 큰 철 산지는 충주 일대이다. 『신증동국여지승람』에는 충주 거의 전 지역에 걸쳐 철 산지가 있음을 기록하고 있다. 그중에서도 고려시대에 다인철소(多仁鐵所)가 있었던 이류면 일대가 철 생산이 가장 많았던 곳이다. 고려 말에 최자(崔滋)가 「삼도부(三都賦)」라는 글에서 "바위를 뚫지 않아도 산의 골수처럼 흘러나와 뿌리와 그루를 찍고 파내어도 무진장 끝이 없네"라고 표현한 것을 보면, 이곳에서는 노천광산에서 풍부한 철광석을 생산하였음을 알 수 있다.

이런 철산지라는 배경에서 남한강 유역의 선종사원에서는 유난히 철불이 많이 만들어졌다. 현재 원주지역에서 출토된 철불은 모두 5구이며, 충주에 남아 있는 철불도 3구이다. 여주 고달사에도 대형 석조불대좌가 남아 있는 것을 보면 철불을 안치했을 가능성이 크다. 철을 불상의 재료로 활용한 것은 신라 말기부터이다. 철불은 새로운 소재이며 새로운 불교문화 양상을 대표하는 것이기도 하다. 철불은 각 부분을 따로 만들어 조립해야 하기 때문에 공정이 까다롭다. 따라서 철불 제작을 위해서는 전문적인 장인집단이 필요하고, 주변에 뛰어난 철 산지가 있어야 하는데, 남한강 상류의 충주와 원주 일대는 철광석과 산림자원이 풍부하여 이에 적합하였던 것이다. 이러한 제철 능력 역시 나말여초에 이 지역을 둘러싸고 벌어진 쟁패의 원인이 되었다.

한편, 고려시대에 들어서는 조운제(漕運制)의 실시로 남한강 물길이 세곡 운반의 중요한 통로가 되었다. 이는 한강 하류에서 바로 이어지는 위치에 있는 개경이 수도가 되면서, 남한강 유역의 물길과 연결된 지역의 세금을 수도로 운반하는 기능이 더해졌기 때문이다. 여기서 충주의 국원경이 중심이 된 통일신라시대와, 개경과 한성이 중심이 된 고려시대의 남한강 물길이 가지는 역할과 성격이 달라졌음을 알 수 있다.

이렇게 같은 남한강 물길이라도 정치권력의 중심지가 어디냐에 따라 물길을 활용하는 성격이 변화한다. 이러한 변동의 모습이 잘 드러난 시기가 나말여초이다.

2. 나말여초 남한강 지역의 동향과 선종사원

신라 하대에 들어 변방지역인 남한강 상류 일대도 정치적 격동에 휩싸인다. 그 시작은 822년에 일어난 김헌창(金憲昌)의 반란이었다. 이때 남한강 유역에서는 중원경(충주)이 반란에 가담한 데 반하여, 북원경(원주)은 김헌창의 반란과 거리를 두고 신라 조정의 편에 서 있었다.

그리고 3년 뒤인 825년에는 김헌창의 아들 범문(梵文)이 고달산의 초적 우두머리인 수신(壽神) 등 100여 인과 함께 반란을 일으켜 수도를 평양(지금의 서울 혹은 평양)에 정하고 북한산주를 공격하였으나 진압되고 말았다. 이를 보면, 이미 9세기 초부터 여주지역이나 서울지역의 민심이 상당히 흔들리고 있었음을 짐작할 수 있다.

이처럼 신라의 수도 경주로부터 거리가 멀리 떨어져 있던 변방지역인 한주·삭주지역은 중앙의 행정력이 제대로 미치지 못하였고, 이에 따라 지방의 민심이 쉽게 이반할 수 있는 분위기였다. 이에 신라 중앙정부는 지방의 중심지 역할을 하던 소경에 대한 통제력을 높이고, 이를 거점으로 지방사회의 동요를 막아 보려고 노력하였으나 별 실효를 거두지 못하였다.

오히려 9세기 후반에 들어 신라 중앙정부의 실정이 거듭되면서 각 지역에서 농민항쟁이 격화되었고, 전국 곳곳에서 호족들이 등장하였다. 당시 남한강 유역에도 독자적인 세력 기반을 가진 호족들이 나타나기 시작했는데, 죽주의 기훤, 원주의 양길, 궁예가 대표적인 인물들이다.

특히 양길은 치악산 영원산성을 중심으로 원주에서 일어나 점차 충주 지역까지 확장하여 상당히 넓은 지역에 세력을 떨치고 있었다. 궁예는 처음 죽주의 기훤 아래에 있다가 다시 양길 수하로 들어가 북원에 머무르면서 독자세력을 키웠고, 899년에는 양길과의 대결에서 승리하여 남한강 일대를 장악하였다. 그 뒤 왕건이 궁예를 내쫓고 고려를 건국하면서 남한강 지역의 주요 세력은 왕건의 건국에 협조하였다.

이처럼 남한강 유역은 일찍부터 풍부한 경제적 기반과 인구를 바탕으로 호족들과 후삼국 세력의 각축장이 되었다. 그래서 이들은 남한강의 요지에서 영향력을 넓혀 가던 선종사원을 자신의 세력으로 끌어들이려고 노력하였다.

나말여초에 남한강 유역에서 확인되는 선종사원은 영월의 흥녕선원(興寧禪院), 제천의 월광사(月光寺), 충주의 정토사(淨土寺), 원주의 안락사(安樂寺)와 흥법선원(興法禪院), 여주의 고달원(高達院) 등이다. 이들 사원이 자리 잡은 곳은 대부분 수상과 육상교통로가 이어지는 교통의 요지이며, 풍부한 경제적 기반을 갖추어 인구가 밀집된 지역이었다.

사실 선종사원 자체가 하나의 중요한 사회세력이 될 수 있었다. 승려들뿐만 아니라, 지배층이나 일반민 모두 종교적 기원을 위해 사찰에 모여들었을 것이며, 사원전을 경작하는 농민, 사찰 건립과 관련된 장인집단, 사원경제와 관련된 교역 종사자 등등 많은 사람이 사원과 직간접으로 연관되었을 터이니, 당연히 선종승려들의 사회적 영향력도 상당하였다. 더욱이 사원의 본래 목적인 종교신앙의 측면에서 볼 때 후삼국기의 혼란 속에서 정신적 평안을 찾으려는 신도들에게 선사(禪師)들의 영향력은 정치권력에 못지않았을 것이다.

따라서 지방에 대한 통제력이 약화된 신라왕실의 입장에서나, 새로운 왕조를 세우고 통제력을 확보하려는 고려왕실의 처지에서 볼 때, 지방사회에 일정한 영향력을 행사할 수 있는 사원을 후원하여 이들을 자신의 통제력 아래에 두는 것이 필요하였다. 또 사원의 입장에서도 정치적 후원자를 안정적으로 확보할 필요가 있기 때문에 중앙권력의 후원을 적극 받아들이게 되었다. 그 결과 남한강 유역에서 선종 승려들의 활동을 보면, 대체로 890년 이전에 신라왕실의 후원을 받은 선사들과 924년 이후에 고려 왕건의 지원을 받는 선사들로 나누어진다.

남한강 유역에서 신라왕실의 후원을 받은 선사로는 먼저 여주 고달원의 원감국사(圓鑑國師) 현욱(玄昱)을 들 수 있다. 그는 신라 진골귀족 출신으로, 당에 구법유학을 갔다가 837년에 귀국한 뒤 4년여 동안 남원 실상사에 머무르면서 신라왕실과 밀접한 관계를 맺었다. 그 뒤 여주의 혜목산 기슭으로 옮겨 와 거처한 지 20여 년이 지나, 경문왕의 명령으로 고달원을 열어 주석하게 되었다. 경문왕이 현욱을 지원한 것은 822년 김헌창의 반란과 825년 범문의 반란 이후 동요하는 남한강 일대의 민심을 수습하고 신라정부의 통제력을 확보하려는 목적과 연관이 있을 것이다.

사실 고달사 자체가 교통의 요지에 있다. 고달사에서 여주의 조포나루가 가까우며, 고달사 북쪽에는 요충지인 지평역이 있다. 즉, 고달사는 충주, 원주에서 이어지는 남한강 물길의 길목에 있으며, 강릉 등 영동지역에서 이어지는 육로의 요지에 위치하고 있다. 현욱이 혜목산에 거처

그림 1-5 · 고달사 터 전경

를 정하고 경문왕이 현욱을 지원하여 고달원을 연 것은 이러한 지리적
이점을 충분히 계산에 넣었기 때문일 것이다. 현욱 이후에 전란으로 왕
실의 지원이 위축되고 북원 양길의 세력이 커지면서, 친신라 입장에 있
던 현욱의 제자 심희(審希)와 찬유(璨幽)가 고달원을 떠나면서 그 세력이
위축되었다. 그 뒤 현욱의 법맥을 이은 찬유에 의해 고려 초기에 다시
옛 명성을 되찾았다.

　북원경인 원주의 안락사(安樂寺) 역시 신라왕실의 후원으로 운영된 대
표적인 선종사원이었다. 안락사는 현재 원주시 부론면 정산리에 터가
남아 있는 거돈사의 전신이다. 이곳은 충주에서 원주·여주로 이어지는
남한강 물길 가까이에 자리하고 있다. 지증(智證) 도헌(道憲)은 864년(경문
왕 4)에 경문왕의 누이 단의장옹주의 요청으로 안락사 주지를 맡았다. 단
의장옹주는 안락사에 많은 토지와 노비를 시납하였고, 도헌도 이천에

있는 자신의 토지를 희사하였다. 그는 약 15년간 이곳에 머무르면서 장육철불상을 조상하여 절을 수호하였고, 많은 불자를 교화시켰다고 한다. 아마도 안락사는 신라왕실이 주도하는 원주 일대 불교계의 중심 역할을 하였을 것이다.

이외에 제천의 월광사(月光寺)와 영월의 흥녕선원 역시 신라왕실의 후원을 받은 선종사원이었다. 원랑(圓朗) 대통(大通)은 당에 구법유학을 다녀와서 867년 월형산(월악산) 월광사에 자리를 잡고 883년 입적할 때까지 주석하였다. 월광사가 있는 월형산은 경상도와 충청도를 연결하는 계립령이 있는 전략적 요충지로, 신라왕실에서 소사(小祀)를 지내던 명산이었다.

징효(澄曉) 절중(折中)은 882년(헌강왕 8)에 영월의 흥녕선원에 머물렀는데, 사람들이 줄지어 모여들었다고 한다. 그러나 당시 흥녕선원 주변의 정세가 혼란스러웠기 때문에 891년에 절중은 상주 남쪽으로 피난하여 조령에 머무르게 되면서 흥녕선원은 소실되고 말았다.

이와 같은 경문왕 이후에 신라왕실의 적극적인 후원을 받던 선종사원은 양길, 궁예 등 반신라 세력들이 확대되면서 점차 위축되거나 소실되어 갔다. 이후 남한강 유역에서 선사들의 활동이 다시 두드러진 때는 고려 태조 이후였다. 924년에 고려는 남한강 유역을 확보하였는데, 경북 지방에 침투하고 있던 후백제세력과 일전을 준비하고, 또 신라의 후원자임을 자처한 왕건이 경주로 가기 위한 교통로를 확보하는 의미에서도 남한강 유역에 대한 안정적인 지배는 매우 중요하였다. 특히 왕건이 선사들을 의도적으로 주석시킨 여주의 고달원, 원주의 흥법선원, 충주의 정토사 등의 사원이 모두 남한강 물길의 요충지에 위치하고 있다는 점에서 그 정치적 배경을 짐작할 수 있다.

흥법선원에 주석한 진공대사 충담(忠湛, 869~940)은 신라 귀족 출신으로 고달원의 개조 현욱의 제자인 심희의 문하였다. 당에 유학을 다녀와서 스승 심희가 있는 김해로 갔다가 후백제 견훤의 침입으로 전운이 감돌자 고려의 개경으로 옮겼다. 왕건은 충담을 왕사(王師)로 맞이하여 흥법선원을 다시 일으켜 그곳에 주석시켰다. 940년에 충담이 입적하자 왕건이 직접 비문을 지어 부도비를 세우는 각별함을 표시한 것을 보면, 흥법선원이 고려 초기에 남한강 일대 불교계에서 차지한 위상을 짐작할 수 있다.

그림 1-6 · 흥법사 터 전경

고달원의 원종국사 찬유(璨幽, 869~958)도 당에서 귀국하여 스승 심희를 찾아 봉림사로 갔다가 스승이 입적하자 924년에 왕건을 찾아갔다. 찬유 역시 왕건의 후원 아래 현욱의 입적 이후 쇠락했던 고달원을 다시 일으켰다. 현욱 당시에는 신라왕실의 후원을 받았던 사원이 이제는 후원자가 바뀌어 왕건의 후원 아래 다시 일어났다는 자체가 후삼국기의 정치적 변화 상황을 잘 보여 주고 있다.

정토사의 현휘(玄暉, 879~941)는 당에 유학갔다가 924년에 귀국한 뒤 곧바로 왕건을 찾아갔다. 왕건은 그를 국사(國師)로 대우하였고, 충주 정토사에 머무르도록 하였다. 현휘는 정토사에 17년간 주석하였는데, 그가 입적하자 왕건이 비의 제액을 직접 쓸 정도로 예우하였다.

이처럼 왕건이 당나라 유학에서 돌아온 선사들을 남한강 유역의 요충지에 주석시킨 데에는 이들을 통해 지방사회를 통제하고, 또 민심을 수습하겠다는 정치적 목적이 있었다. 선사들 역시 고려왕실이라는 강력한 후원에 기대어 사원을 열었기 때문에, 고려왕실과 남한강 선종사원의 긴밀한 관계는 태조 왕건 이후에도 계속되었다. 특히 광종은 불교사상의 통합을 꾀하는 정책을 추진하였는데, 즉위 초에 고달원의 찬유를 국사로 임명하고 개경으로 불러 설법을 들었으며, 이후 찬유는 광종 대의 불교정책에 깊이 관여하였다.

고려의 지배체제가 정비되고 중앙의 통치력이 안정되면서 남한강 일대 선종사원의 기능과 성격도 달라졌다. 또 종파의 변화 등 불교계 자체의 움직임이 지방의 사원에 영향을 주게 되었으며, 지방 사원도 중앙 불교계나 중앙 정치세력과 연결되어야 번성할 수 있기 때문에 지방의 독자적인 성격이 많이 약화되어 갔다.

예컨대 고려 현종 때에는 원공국사(圓空國師) 지종(智宗, 930~1018)이 원주 거돈사에 내려가 잠시 머무르다가 입적하였다. 지종은 주로 개경에서 활동하였으며, 거돈사에 머무른 시기는 채 1년이 되지 않지만, 지금 거돈사 터에는 그의 자취만이 뚜렷하게 남아 있을 정도로 거돈사에서 중요한 위상을 갖고 있다. 지방 사원에서 중앙과 왕실의 영향력이 어느 정도인지를 엿볼 수 있는 예라 하겠다.

선종사원은 아니지만, 지방사원과 중앙과의 연계성이라는 점에서 원주 법천사의 경우를 살펴보자. 법천사의 지광국사(智光國師) 해린(解麟, 984~1067)은 원주의 토호인 원씨(元氏)로서, 법천사(당시 이름은 법고사)에서 출가하였다. 21세 때에 왕흥사 대선장에서 급제하여 대덕의 법계를 받고 법천사로 돌아왔다. 이후 현종, 덕종, 정종, 문종 대에 걸쳐 국왕의

그림 1-7 · 거돈사 터 전경

극진한 예우를 받으며 승진하여 73세인 1055년(문종 9)에 왕사(王師)에 추대되었다. 해린은 현화사 주지를 지내는 등 개경에서 활동하다가 법천사로 내려와 얼마 뒤에 입적하였다. 해린이 법천사에 머무른 시기는 그리 오래되지 않았지만, 법천사가 그가 출가한 절이며 원주가 그의 세력 기반이었기 때문에, 그의 지원 아래 법천사는 대찰의 면모를 갖추었던 것으로 보인다.

해린의 장례도 국가적 지원 속에 이루어졌으며, 그가 입적한 지 15년 뒤에 그의 부도탑과 탑비가 건립되는데, 국가는 물론 인주 이씨 등 문벌 귀족들의 후원 아래 당대 최고의 양식과 기술로 조성되었다. 그런데 해린의 추모사업 과정에서 법천사와 인주 이씨 세력은 더욱 밀접한 관계를 맺었는데, 이러한 배경에서 1126년 이자겸의 난이 실패한 후 법천사의 성세도 기울어 갔던 것으로 보인다.

그림 1-8 · 법천사 터 전경

남한강의 선종사원들은 출발부터가 이 지역에 대한 통제력을 확보하려는 신라왕실이나 고려 왕건의 후원으로 이루어졌기 때문에, 이들 사원은 상대적으로 정치적 성향을 두드러지게 갖게 되었다. 고려가 안정된 이후에도 중앙권력과 결합하였으며, 그 때문에 이 지역의 지방사원이 번영할 수 있었다. 그리고 이러한 면은 중앙 불교문화의 흐름이 시차없이 곧바로 이 지역에 전달되는 배경이 되었다. 그리하여 남한강의 선종사원에는 당대 최고 수준의 불교문화유산이 남을 수 있었다. 이제 그러한 유산을 통해 남한강 일대 선종사원 속에 담겨 있는 역사를 찾는 탐방을 떠나 보자.

3. 남한강 폐사지를 찾아서

　남한강을 따라 흩어져 있는 폐사지를 찾는 여정은 충주에서부터 물길을 따라 내려올 수도 있고, 아니면 반대로 여주에서 충주까지 거슬러 올라갈 수도 있다. 어차피 물길은 오르고 내리는 것이니까. 여기서는 올라가는 길을 택해 보자. 왜냐하면 이들 폐사지 곳곳에 어려 있는 정치권력

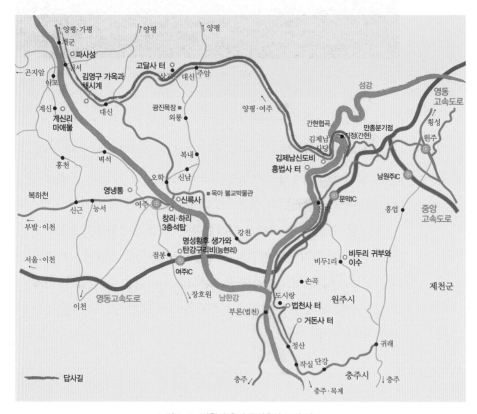

그림 1-9 · 남한강 유역 문화유산 표시 지도

과 문화의 파급이 결국 고려의 수도 개경을 기준으로 하는 것이기 때문이다. 남한강의 물은 위에서 아래로 흐르지만, 권력과 문화는 위로 거슬러 올라간 셈이니, 이를 염두에 둔 선택이다.

고달사 터

한강 하류에서 고달사로 가는 길에 여주 좀 못 미쳐 이포나루가 있고, 그곳에는 파사성이 남한강을 굽어보고 있다. 파사성이라는 이름은 신라 5대 파사왕이 쌓았다고 해서 붙은 것이지만, 신라가 남한강 유역을 차지한 것은 진흥왕 대 이후의 일이다. 어쨌든 파사성은 신라가 남한강 물길을 장악하기 위해 축조한 산성으로, 이곳에 올라서면 남한강과 여주 들판이 한눈에 들어오는 전략적 요충지임을 금방 알 수 있다.

이포나루는 서울의 마포와 광나루, 여주 신륵사 부근의 조포나루와 함께 한강의 4대 나루터였던 곳으로, 1991년 이포대교가 생기기 전까지 나룻배가 운행되던 곳이다. 이곳에서 배가 출발하면 서울까지 하루만에 도착할 수 있기 때문에 물산의 집산지 역할을 하였다.

여주에는 남한강변에 신륵사가 있고, 그 외에도 세종대왕의 영릉 등 적지 않은 문화유적이 남아 있어 이 지역이 가지는 경제적·문화적 중요성을 잘 보여 준다. 아쉽지만 이를 지나쳐 상교리 혜목산 자락에 이르면 삼면이 산으로 둘러싸인 아늑한 곳에 자리한 고달사 터가 탐방객을 맞는다.

수년 전까지만 해도 밭과 풀숲으로 뒤덮인 절터 곳곳에 석조물만이 덩그러니 남아 있었는데, 근자에 발굴조사를 마치고 깔끔하게 정비하였다. 풀숲을 헤치며 부도와 귀부 등을 찾는 폐사지 답사의 재미는 없어졌지만, 과거 고달사의 번성을 그려 보기는 더 쉬워졌다. 절터의 기대한 석조

그림 1-10 · 고달사 터 석조불대좌

수조, 금당 터 위에 덩그러니 제자리를 지키고 있는 거대한 대좌에서도 고달사의 영화로웠던 시절을 그려 볼 수 있다. 한창때에는 사방 30리가 다 절의 땅이었고 수백 명의 승려가 넘쳤다고 하는 전승이 허튼 말이 아님을 알 수 있다.

이 탐방의 목적은 나말여초에 고달사에 주석한 두 인물, 즉 원감국사 현욱과 원종대사 찬유의 자취를 더듬어 보는 것이다. 원종대사 관련 유산으로는 부도탑과 부도비가 모두 남아 있다. 부도비는 금당 뒤편에 자리하고 있는데, 1915년에 넘어져 여러 조각으로 깨진 비신은 현재 국립중앙박물관에 보관되어 있고, 절터에는 귀부와 이수만이 남아 있다. 귀부는 비의 받침돌로서 거북의 형상을 하고 있고, 이수는 비의 지붕돌로서 이무기의 형상을 하고 있다.

우리나라에 남아 있는 가장 오래된 귀부와 이수는 경주에 있는 태종

그림 1-11 • 원종대사 부도비(위), 부도탑(아래)

무열왕비의 것이다. 그런데 통일신라 말에 귀부의 머리는 거북의 형상이 아니라 용의 모습으로 만들어지기 시작하였다. 원종대사 부도비의 귀부도 마찬가지이다. 선이 굵고 힘찬 조각수법이 당대 최고의 수준으로, 마치 살아 움직이는 듯한 느낌이 든다. 귀부는 일부 조각이 깨져 있지만, 한가운데에 '혜목산 고달선원 국사 원종대사비'라는 제액이 쓰여 있다. 이 귀부와 이수는 현재 남아 있는 귀부와 이수 중 가장 규모가 크며 힘찬 모습을 자랑한다. 이 부도비는 975년(고려 광종 26)에 세웠다고 비문에 쓰여 있다.

부도비와 멀리 떨어져 절터의 한쪽 가장자리에 원종대사 혜진탑이 자리 잡고 있다. 이 부도탑은 통일신라 말기 이래 유행한 8각원당형이라는 부도 양식을 따르고 있다. 원종대사가 입적한 지 19년 만인 977년에 건립된 것으로 추정되는 이 부도탑은 다행스럽게도 거의 온전한 모습으로 남아 있다. 세부 표현이 사실적이고 생동감이 넘치는, 고려 초기의 걸작 중 하나이다. 특히 기단부의 중대석은 용 머리를 한 거북을 중심으로 4마리 용이 구름 사이로 꿈틀거리는 모습을 부조했는데, 거북이 머리를 오른쪽으로 돌린 모습이 독특하다.

그림 1-12 · 고달사지 부도

이 거북이 머리를 돌린 방향으로 산자락을 따라 올라가면, 절터의 가장 높은 곳에 고달사지 부도가 있다. 일반 사람의 눈에도 원종대사 부도보다 규모가 훨씬 크고 장중하며 조각수법도 더 뛰어남을 금방 알아차릴 수 있다. 방금 보고 온 원종대사 부도가 시시하게 느껴질 정도이다. 이 부도는 전체적인 조각수법으로 보아 원종대사 부도보다 앞서 만들어진 것으로 추정된다. 그래서 고달선원의 개조이며 868년(신라 경문왕 8)에 입적한 원감대사의 부도라는 설이 있으나, 확실한 증거는 없다. 그러나 이 부도를 만든 공력이나 정성을 생각하면 원감대사 외에 다른 누구를 떠올리기는 어렵다.

고달사지 부도는 그 장대한 규모와 화려한 조각, 전체적으로 균형 잡힌 모습에서 고려 초기에 만들어진 최고의 부도로 꼽아도 이견이 없을 것이다. 원종대사의 부도는 이 부도를 본떠 만든 것인데, 개산조의 부도를 감히 넘어설 수 없다는 겸양 때문인지, 아니면 장인의 솜씨가 모자란 탓인지, 결과적으로 고달사지 부도에 많이 미치지 못하고 있다.

고달사 터는 그리 크지 않지만, 절터에 남아 있는 당대 최고 수준의 부도와 그 밖의 석조유산을 통해 고려왕실의 후원 아래 영화를 누린 사찰임을 충분히 느낄 수 있다.

흥법사 터

고달사를 떠나 문막으로 가는 도중 섬강 가에 흥법사 터가 자리 잡고 있다. 영봉산 자락을 뒤로 하고, 눈앞으로 섬강까지 시원스레 평지가 펼

그림 1-13 · 흥법사 진공대사 부도비 귀부와 이수

쳐져 있는 풍광만으로도 흥법사를 찾는 즐거움이 있다. 지금은 민가와 밭으로 남아 있지만, 주위 1만여 평이 절터였음을 고려하면 당대에 이름을 날린 거찰로서 손색없음을 짐작할 수 있다.

흥법사 터는 아직 발굴조사가 이루어지지 않아서 폐사지다운 분위기가 완연하다. 눈에 띄는 것은 3층석탑 1기와 진공대사 부도비의 귀부와 이수뿐이다. 그러나 금당 터로 보이는 곳에 축대와 주춧돌 등 여러 형태의 석조부재들이 여기저기 흩어져 있고, 민가의 마당에 들어가도 절터였음을 짐작하게 하는 흔적들이 남아 있다.

고려 태조의 후원 아래 흥법선원을 중건하고 이곳에서 선풍(禪風)을 널리 일으킨 진공대사의 자취는 지금 귀부와 이수에서만 찾아볼 수 있다. 깨진 비신과 진공대사 부도탑은 국립중앙박물관에 소장되어 있다.

940년(고려 태조 23)에 진공대사가 71세로 입적하자 고려 태조는 손수 비문을 짓고 문신 최광윤이 당 태종의 글씨를 집자하여 새겨 진공대사비를 조성하였다. 그러니 진공대사 자신만이 아니라 그의 부도비를 통해서도 고려왕실의 후광이 이곳에 두고두고 미치게 되었던 셈이다.

진공대사비의 귀부와 이수는 보존상태가 좋은 편인데, 조각수법이 활달하고 웅장한 맛을 풍긴다. 입을 약간 벌리고 여의주를 문 용머리는 9세기 후반부터 유행한 양식으로, 고려 초까지 이어지고 있음을 보여 준다. 남한강 폐사지에 남아 있는 귀부와 이수로는 가장 이른 시기에 만들어진 것으로, 남한강 일대에서 부도비의 양상이 어떻게 변화해 가는지를 추적해 볼 수 있는 출발점이 되기 때문에 눈여겨볼 필요가 있다. 앞서 보고 온 고달사 터의 원종국사 부도비(975)보다 35년 가까이 먼저 만들어진 것이다.

법천사 터

흥법사에서 문막을 거쳐 원주시 부론면 법천리에 이르면 법천사 터가 나타난다. 봉명산 산자락에 펼쳐져 있는 넓은 절터에서 지광국사 해린이 활약할 때에는 1,000여 명의 승려가 머물러 있어 아침저녁으로 쌀 씻은 물이 남한강변까지 흘렀다는 전승이 그리 과장이 아니라는 생각이 절로 든다. 이런 법천사의 융성과 지광국사가 당시에 받았던 존승의 모습은 지광국사의 부도탑과 부도비를 통해서도 충분히 짐작해 볼 수 있다.

법천사의 가장 안쪽 산자락 중턱에 지광국사 부도비가 남아 있다. 지광국사가 이 절에서 입적하자 그 공적을 추모하기 위해 사리탑인 부도탑과 함께 이 비를 세웠으나, 부도탑은 일제강점기에 몰래 빼돌려졌다가 반환되어 경복궁으로 옮겨져 있다가 2017년 현재 복원 수리 중이다. 그래서 절터에는 부도비만이 옛 자리를 지키고 있다.

부도비는 지광국사가 입적하고 18년 뒤인 1085년(고려 선종 2)에 세워진 것으로, 독특하고 새로운 양식들을 표현하고 있다. 네 귀가 바짝 들린 귀꽃을 단 머릿돌은 일반적인 이수와는 다른 독자적인 양식이다. 귀부의 용머리는 목을 곧게 세우고 입을 벌린 채 앞을 바라보고 있으며, 독특한 무늬가 돋보이는 등딱지에는 '王'자를 새겨 장식하였다. '王'자를 새긴 사례는 매우 드물어서 이것만으로도 지광국사가 고려왕실로부터 얼마나 존중받았는지를 미루어 알 수 있다.

뭐니 뭐니 해도 부도비의 아름다움은 비신 조각에 있다. 비의 앞면 가장자리를 둘러싼 덩굴무늬, 비문 위 전액을 둘러싼 봉황무늬, 그리고 비신 옆면을 장식한 용무늬 등의 정교하고 화려한 모습은 당대 최고의 걸작이나. 비문에는 지광국사가 불교에 입문하여 입직할 때까지의 행장과

그림 1-14 •
법천사 지광국사 조사전 터 전경(위)과
부도비(가운데), 부도비 상단 탁본(아래)

공적을 추모하는 글이 새겨져 있다.

부도비가 새로운 양식을 자유롭게 구사한 것처럼 부도탑 역시 그때까지 볼 수 없었던 독자적인 새로운 양식으로 만들었다. 통일신라 이후의 부도가 8각을 기본형으로 만들어진 데 비해, 지광국사 부도탑은 일반 불탑처럼 4각의 평면을 기본으로 하고 있다. 그리고 부도 전체에 여러 가지 장식을 가득 베풀었는데, 조각이 매우 정교하며 소란스럽지 않다. 부도로서 다소 장중한 멋은 모자라지만 고려시대에 만들어진 부도 가운데 가장 우수한 작품이다. 조사전을 가운데에 두고 부도비와 부도탑이 나란히 서 있던 당시의 모습을 상상해 보자. 아마도 고려시대에 왕실의 후의를 가장 크게 받은 선사를 기리는 화려한 공간이 그려질 것이다.

법천사 터의 안쪽으로 작은 마을이 있는데, 그 마을 가운데에 당간지주 1기가 토단 위에 우뚝 서 있다. 이 당간지주는 통일신라 때 세운 것으로 추정되며, 지금의 마을 입구와는 반대편에 있는 것으로 보아, 본래는 이곳에 법천사의 출입로가 있었음을 알 수 있다. 이 당간지주는 아무런 장식 없이 소박한 모습으로, 통일신라시대의 변방 사찰다운 생김새이다. 이 소박한 당간지주와 화려함의 극치를 이루는 지광국사 부도비는 서로 어울리지 않는 분위기이다. 이 두 유산을 비교해 보면 사찰을 후원하는 권력과 문화의 힘이 어떠한지를 어렴풋하게 느낄 수 있을 것이다.

그림 1-15 · 지광국사 부도탑

그림 1-16 • 법천사 당간지주

그림 1-17 • 흥원창에서 바라본 남한강

법천사 주변의 남한강 가는 당시 수로교통의 요지였으며, 세곡을 모으는 흥원창이 설치된 곳이기도 하다. 『고려사』에는 흥원창에 대해 "고려시대 12주장의 하나로, 이 지역의 세곡을 수납하여 보관하고 남한강 수로를 통하여 경창으로 보내는 곳이다"라고 기록하고 있다. 법천사의 흥성이 남한강의 물길과 밀접히 연관되어 있음을 실감할 수 있다.

거돈사 터

거돈사 터는 흥원창에서 충주 목계나루에 있는 가흥창으로 남한강 물길을 따라가는 중간인 원주시 부론면 정산리에 있다. 한계산 기슭의 작은 골짜기를 끼고 그리 크지 않은 절터가 펼쳐져 있다.

발굴조사 결과 신라 후기인 9세기경에 처음 지어져 고려 초기에 확장

그림 1-18 • 거돈사 3층석탑

되고 조선 전기까지 유지된 것으로 밝혀졌다. 통일신라의 절터는 곧 지증 도헌이 주석하였던 안락사일 것이다. 절터에서는 중문 터, 탑, 금당 터, 강당 터, 승방 터, 회랑 등이 확인되고 있다. 지금은 절터를 잘 정비해 놓았지만, 폐사지의 쓸쓸한 분위기는 다른 어떤 곳보다 두드러진다. 절터 한쪽에 발굴조사하면서 나온 주춧돌이나 기단석 등 여러 가지 석조물을 모아 놓았는데, 유심히 살펴보면 예사 솜씨가 아닌 조각된 석물들을 발견할 수 있어, 과거 거돈사의 영화로운 시절을 떠올리게 된다.

금당 터 앞에 세워져 있는 3층석탑은 2단의 기단 위로 3층의 탑신을 올린 모습이다. 이 탑은 양식으로 보아 9세기 통일신라시대의 작품으로 짐작된다. 아마도 이곳에 처음 절이 세워졌을 때 만든 탑일 것이다. 탑 앞의 배례석에 새겨진 연꽃무늬는 법천사 조사전 터에 있던 배례석의 연꽃무늬를 떠올리게 한다. 가까운 거리의 법천사와 거돈사가 서로 교

그림 1-19 • 거돈사 원공국사 부도비

그림 1-20 · 신라 중원탑

류하였을 가능성을 엿볼 수 있다.

금당 터 뒤편 가장 높은 곳에는 본래 원공국사(930~1018) 부도탑이 있었다. 일제강점기에 일본인이 반출한 것을 1948년에 경복궁으로 옮겼으며, 지금은 국립중앙박물관 경내에 있다. 그리고 본래 부도탑과 나란히 있었을 부도비 또한 제자리를 지키지 못하고 거돈사 터에서 가장 동쪽 끝에 서 있다. 귀부와 이수뿐만 아니라 비신까지 온전하게 남아 있다는 점에서 매우 귀중한 비이다. 귀부인 거북 등딱지에는 卍 모양과 연꽃무늬와 더불어 '王'자를 돋을새김하였고, 비의 몸체에 비해 크게 만들어진 머릿돌에는 구름 속을 휘도는 여러 마리 용이 불꽃에 싸인 여의주를 다투는 모습이 화려하게 조각되어 있다.

이 비는 원공국사가 입적하고 7년 뒤인 1025년(고려 현종 16)에 세운 것으로, 당시 '해동공자'로 불리던 대학자 최충이 글을 짓고, 김거웅이 글

씨를 썼다. 고려시대 비문 중에서도 가장 뛰어난 글씨라는 평가를 받는
다. 당대 최고의 유학자들이 비의 건립에 참여하였다는 점에서 원공국
사가 어느 정도의 예우를 받았는지를 알 수 있다.

거돈사 터를 나서서 남한강 물길을 거슬러 충주에 이르기까지 남한강
변을 풍요롭게 만드는 다수의 문화유산을 곳곳에서 만날 수 있다. 충주
시 소태면에는 조선 초기의 사찰인 청룡사 터가 고즈넉한 분위기를 자
랑하고 있고, 충주시 가흥면에서는 조선시대의 조운창인 가흥창과 목계
나루터의 흔적을 찾아볼 수 있다. 그리고 가금면 탑평리 일대에는 고구
려의 남진을 증명하는 중원고구려비, 통일신라시대의 중원탑, 루암리
고분군이 자리하고 있다. 충주 일대가 고구려의 국원성, 통일신라의 중
원경이 설치된 정치와 문화의 중심지임을 증언하는 유적들이다. 이런
유적들 역시 남한강 물길을 따라 사람과 문화, 물산과 권력이 이동하였
음을 보여 주기 때문에 결코 그냥 지나칠 수 없다.

국립중앙박물관에서 만나는 남한강 폐사지의 유산들

앞서 살펴본 바와 같이 고달사, 흥법사, 법천사, 거돈사 등 남한강의
폐사지에 있어야 할 부도비나 부도 등 다수의 유산이 일제강점기에 일
본인들의 탐욕으로 말미암아 제자리를 지키지 못하고 여기저기를 떠돌
다가 지금은 국립중앙박물관 경내에 자리 잡고 있다. 그래서 남한강 폐
사지를 둘러보는 탐방은 최종적으로 국립중앙박물관을 찾아야 비로소
완성된다.

국립중앙박물관 본관 건물 앞에는 여러 기의 부도탑이 나란히 자리
하고 있다. 일제강점기에 전국에서 옮겨 와 경복궁 내에 있던 것을 다

그림 1-21 • 진공대사 부도탑

940년에 축조된 것으로 추정되며, 전형적인 팔각원당형 양식이다. 가운데 받침돌에는 구름과 용의 조각이 생동감 넘치게 표현되었으며, 지붕돌의 표현이 매우 섬세하여 당시 목조건축의 일면을 잘 보여 주고 있다.

그림 1-22 • 원공국사 부도탑

1025년에 제작된 것으로 추정된다. 전체적으로 모양이 단정하고 아담하며, 조각은 매우 장엄하고 화려하다.

시 옮겨 놓은 것이다. 이곳에는 흥법사 진공대사 부도탑, 거돈사 원공국사 부도탑이 있으며, 흥법사에서 옮겨 온 것으로 전해지는 염거화상 부도탑도 보인다. 염거화상 부도는 현재 남아 있는 가장 오래된 팔각원당형 양식의 부도로서 매우 중요하다. 여기에다 전시실 안에 있는 고달사지 쌍사자 석등을 더하면 남한강 폐사지의 유산을 모두 만나는 것이다. 다만, 법천사 지광국사 부도탑은 6·25전쟁 때 폭격으로 산산조각이 나서 겨우 복원해 놓은 것이라 옮기지 못하고 경복궁 내에 남아 있다가 2017년 현재 복원 수리 중이다. 이외에도 아직 전시는 되지 않았지만 충주시 동량면 하천리에 있는 정토사에서 옮겨 온 흥법국사 부도탑도 국립중앙박물관에 소장되어 있다.

이들 부도탑 등이 제자리를 지키지 못한 것은 안타까운 일이지만, 국립중앙박물관 경내에 나란히 있음으로써 고려 초기 부도양식의 변천양상을 한눈에 볼 수 있다는 점이 그나마 위안이 된다. 이들 부도탑을 찬찬히 들여다보면 당대 최고 수준의 작품임을 금방 알 수 있다. 그리고 시기에 따라서 달라지는 모습도 보이지만, 한편으로 서로 영향을 주고받은 듯한 공통된 양식도 엿보인다.

고려왕실의 적극적인 후원 속에 개경에서나 만들어질 법한 최고 수준의 문화가 이곳 남한강 변방에까지 꽃을 피우고, 이곳의 사원을 거점으로 그러한 문화가 다시 각 지역으로 퍼져 나가게 되는 양상을 짐작해 볼 수 있다. 나말여초의 격동기에 남한강의 사원들은 불교의 종교적 성소로서만이 아니라, 정치적·문화적 거점 역할을 충실히 하였던 것이다.

● 참고문헌

김혜완, 「나말여초 남한강 주변의 선종사원과 선사들의 활동」, 『한국고대사연구』 49, 2008.

서영일, 「남한강 수로의 물자유통과 홍원창」, 『사학지』 37, 2005.

양기석, 「남한강 유역의 고대사 연구」, 『강원문화연구』 4, 2000.

이인재, 「나말여초 북원경의 정치세력 재편과 불교계의 동향」, 『한국고대사연구』 31, 2003.

임기환, 「고구려, 신라의 한강 유역 경영과 서울」, 『서울학연구』 18, 2002.

최영준, 「남한강수운 연구」, 『지리학』 35, 1987.

2장

의주대로
옛길을 따라

신춘호

선택의 변

길(路程)은 인류역사의 발전과 문화의 생성, 소멸과정에서 매우 중요한 위치를 차지하고 있다. 역사공간으로서 '옛길'은 인류의 문화와 문화가 소통하고 문명이 교류했던 역사를 품고 있기 때문에 단순한 교통로의 의미를 넘어 이제는 하나의 '문화유산'으로 바라보는 인식들이 필요하다.

조선시대 제1대로인 의주대로는 한양에서 의주까지 한반도의 서북지역을 연결되었고, 중국을 오가는 주요 교통로로 기능을 했다. 그러나 남북의 왕래가 멈춘 이후부터 그 기능과 의미를 상실했다.

의주대로의 종착지인 '의주'에서 압록강을 건너면 본격적인 중국 연행노정(燕行路程)이 시작된다. 옛 사신들이 중국을 오가던 길이다. 국제질서 속에서의 정치외교적인 기능의 길은 물론이거니와 실크로드를 통해 유입된 서구의 문물이 중국에서 한반도로 전해지던 통로가 연행사로였고, 조선통신사로를 통하여 일본에 까지 그 영향을 미치던 '동아시아 문명길'이었다. 이 연행노정은 전통시대 대외교류사의 큰 맥이었고, 역사지리의 현장이었다. 연행노정의 국내여정이 바로 의주대로에 해당된다.

연행노정과 의주대로의 원형을 이해하고 '다시보기'하는 것은 역사지리 공간의 심리적 확장을 꾀하는 의미가 있다. 비록 의주대로의 기능은 쇠퇴하였지만, 옛길에서 긍정의 역사를 찾고 새로운 희망을 찾을 수 있으려면 우리는 이 길을 기억하는 노력들을 지속해야 한다.

1. 한양에서 의주로 가는 큰길

　의주대로는 조선시대에 한반도의 중심인 한양(漢陽, 지금의 서울)에서 북쪽의 의주(義州)를 연결했던 가장 중요한 길이었다. 전통시대로부터 근현대에 이르기까지 의주대로는 한반도의 대동맥으로 그 기능을 영위해왔다. 그러나 한국전쟁(1950~1953) 이후 남북간 인적·물적 교류가 단절되었고, 도로의 쓰임에 따라 새로운 길(통일로·자유로)이 개통되면서 의주대로는 우리의 삶과 기억에서 점차 잊혀 '역사 속의 옛길'이 되어 가고있다.

　남북분단의 현실로 북한지역의 의주대로 여정을 실답(實踏)할 수 없지만, 한반도를 벗어나 대륙을 지향하는 통일 이후의 시대를 염두에 둔다면, 의주대로의 역할과 의미를 새롭게 재조명할 필요가 있다. 연행(燕行)을 통해 새로운 세상을 경험하고 세계를 인식했던 선조들의 지혜를 되새겨 볼 수 있기 때문이다. 그런 의미에서 의주대로는 과거로부터 현재,그리고 미래에 이르는 역사의 현장이다.

"역사는 과거와 현재의 끊임없는 대화"라고 했던 E.H.카의 표현처럼 여전히 의주대로는 우리에게 다양한 방식으로 대화를 시도하는 역사의 현장이다. 그런 점에서 1절에서는 의주대로의 도로체계 형성과정과 다면성을 가진 '역사의 현장'으로서의 의주대로의 역할에 대해 살펴본다. 2절에서는 지리지와 고지도를 통해 의주대로의 원형을 파악하고 현재와 비교해 본다. 3절에서는 일상에서 언제든지 현장답사가 가능한 남한 지역 의주대로를 중심으로 역사적 의미가 서려 있는 현장을 소개한다. 특히 의주대로의 가장 큰 기능적 특징을 보여주는 연행노정의 현장을 중심으로 답사해 보기로 한다. 이 책의 6장 「연행문화와 연행노정을 따라」에서 의주대로의 역할과 중국지역 노정에 대해 소개하고 있으므로, 연계하여 읽어 보면 좋겠다.

도로체계의 형성과 조선 제1대로

조선은 한양 천도 후 1410년(태종 14) 도로제도를 정비하였다. 1426년(세종 8)에 도성안의 도로 폭을 규정하고 『경국대전』으로 그 제도를 규정하였다. 『경국대전』(제24권) 「공전」 「교량」 조에 따르면, 서울의 도로는 대로, 중로, 소로로 구분하였고, 대로의 폭은 56척, 중로 16척, 소로 11척이었다. 오늘날 미터법으로 환산하면, 대로 17.5m, 중로 5m, 소로 3.5m 가량이다. 도성의 도로망과 지방을 연결하는 도로망이 형성되었다. 국가의 주요도로망은 『증보문헌비고』의 9대로, 『대동지지』의 10대로, 『도로고』의 6대로 등으로 운영되었으며, 각 대로의 제1대로는 의주대로였다. 국가도로망의 핵심이 바로 의주대로였던 것이다.

의주대로는 다양한 별칭이 있다. 한양의 서북지역으로 향하는 교통로

그림 2-1 • 의주대로(한중연행노정답사연구회, 2015)

라 하여 서북로(西北路), 관서지역을 관통하므로 관서로(關西路), 의주까지 향하므로 의주로(義州路), 중국을 오가는 사행들이 빈번하게 넘나들었으므로 사행로(使行路/燕行路)라고도 불렸다. 한양을 기점으로 종착지인 의주까지 총 연장 약 1,080리의 교통·통신로였다. 이는 역원제가 국지적으로 실시되던 고구려시대부터 이루어지기 시작하여 전국적으로 실시된 고려시대에 그 기반이 조성되었으며, 조선 중종 대에 역원제가 정비되면서 그 모습이 완전히 갖추어졌다.

의주대로는 정치적으로 대(對) 중국 관계의 중요성이 컸던 탓으로 한양(서울)과 의주를 거쳐 중국과 연결되는 가장 중요한 도로였다. 이 길은 중국으로 통하던 중요한 육상 교통로로서 사신들의 내왕이 잦았으며, 양국 사신들을 위한 휴식처와 숙박소로서 모두 25개의 관(館)이 설치되어 있었다. 사신의 행렬은 15일 정도 걸렸으며, 공문서의 전달은 3급의 문서가 4~6일 정도 걸렸다. 도로에는 5리마다 정자, 10리마다 소예, 30리마다 대예, 유류를 두어 리수와 지명을 기입하였고 휴식처로서 여행자의 편의를 도모하였다.

통신의 구실로는 군사 문서의 전달을 주목적으로 하는 파발제를 들 수 있는데, 이는 임진왜란 이후 봉수제의 보완을 위하여 이루어진 것이었다. 파발제에서 서로(西路)로 불렸던 의주로의 파발은 기발(騎撥)이었다. 도

보인 보발(步撥)보다는 말을 이용하여 신속한 정보전달체계를 갖추었고, 이는 중국과의 외교채널이 매우 중요했기 때문이다. 참(站)은 원대(元代)의 역참제에서 유래한 용어로 역(驛)과 같은 구실을 하지만 숙식은 제공하지 않았으며, 대략 25리마다 하나씩 모두 45참이 설치되어 있었다. 이들 역시 군사 요지를 겸하는 행정 중심지 부근에 분포한 경우가 많았다.

교통 통신의 기능을 지녔던 의주대로는 지방 통치, 중국과의 관계, 국방 문제 등으로 인해 정치 군사적 기능이 더 강하였던 도로였다. 이후 근현대로 넘어오면서 일제에 의해 철도가 건설되었고 경의선 개통되면서 의주대로 역시 도로의 확장과 더불어 신작로 형성의 근간이 되기도 하였다.

의주대로 각 구간의 교통과 역참의 운영, 역참 간 거리 등 노정의 원형은 『증보문헌비고』, 『대동지지』와 『신증동국여지승람』, 『여지고』 등을 통해서 살펴볼 수 있다. 선조 30년에 승지 한준겸이 중조의 예에 따라 파발을 설치하여 변서를 전할 것을 청하는 등 임진왜란 이후 흐트러진 정보전달(통신)체계를 바로잡기 위한 노력들을 하였다. 특히 조선 후기 서북지역의 파발은 중국과의 관계를 중요시하였으며, 빠른 연락체계를 갖기 위해 기발을 운영하였다.

김정호가 편찬한 『대동지지』(권28) 「발참」 조에 따르면 당시 한양에서 의주까지 약 41개의 역참이 운영되었으며, 거리는 약 1,050여 리에 이르렀다. 서북쪽의 역참과 거리 개념이 명확히 서술되어 있다.

● 서북쪽 의주대로, 기발(騎撥)

경도·기영참 돈화문 밖·검암참 23리 양주·벽제참 22리 고양·분수원참 20리 파주·마산참 20리 파주·동파참 20리 장단·조현참 30리 장단·

청교참 25리 개성·청석동참 25리 개성(또는 자른참이라고도 한다)·병전기참 25리 금천·관문참 20리 금주·관문참 30리 평산·석우참 25리 평산·안성참 25리 평산·관문참 30리 서흥·서산참 23리 서흥·산수원참 22리 봉산·관문참 25리 봉산·동선참 20리 봉산·관문참 20리 황주·저복참 20리 황주·관문참 25리 중화·대정참 25리 평양(혹은 지려참이다)·관문참 25리 평양·부산참 25리 평양·관문참 25리 순안·냉정참 30리 영유·관문참 30리 보천·운암참 30리 안주·관문참 30리 안주·광통원참 25리 박천·관문참 25리 가산·구정참 30리 정주·관문참 30리 정주·운흥참 30리 곽산·임반참 30리 선천·청강참 30리 선천·차련참 30리 철산·양책참 20리 용천(어떤 이는 포원이라 한다)·소곶참 30리 의주·관문참 30리 의주·모두 41참, 1천 50리

조선의 전국 도로교통망은 조선의 지리학자들의 각각의 저술과 관점에 따라 구분되기도 한다. 여암 신경준(申景濬, 1712~1781)은 "도로는 사회·경제발전에 따라 중요성이 증대되는 것으로서 치도는 정사에서 중요한 과제"라고 인식하였다. 그는 훌륭한 도로체계를 가지려면 이정(里程)을 정확히 측정하고 도로표지도 갖추어야 함을 강조하였다. 특히 산천과 도리에 밝았으며『강계고』,『산수경』,『도로고』등을 저술하였다. 또한 조정의 편찬 작업에 참여하여『동국문헌비고』의「여지고」를 담당하였고,『여지승각』,『팔도지도』등을 감수, 전통지리학에 커다란 업적을 남겼다. 그의 학문적 역량과 경험이 투영된『도로고』는 영조 46년(1770)에 저술되었다. 당대 각 도의 이정을 기록하여, 전국의 역참과 도로망을 일목요연하게 제시한 문헌으로, 조선의 6대로 즉 의주, 경흥, 평해, 동래, 제주, 강화에 이르는 전국 6대 간선로와 경유지를 설명하고 있다.

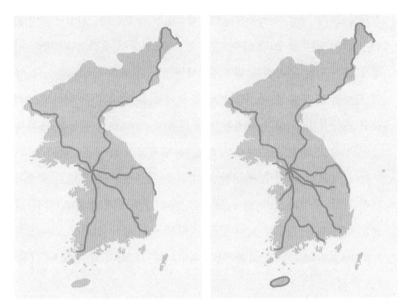

그림 2-2 • 『도로고』 6대로(왼쪽)와 『대동지지』 10대로(오른쪽)

신경준이 구분한 6대 간선로 체계에서 모든 출발점은 경도(한양), 즉 서울이다. 제1로인 '경성서북저의주도제일(京城西北抵義州路第一)'은 경성, 홍제원, 고양, 파주, 장단, 개성, 평산, 서흥, 봉산, 황주, 평양, 안주, 가산, 정주, 철산, 의주에 이르는 길이다. 이러한 구분은 당시 서울인 한양을 중심으로 각 방면의 극단지역을 방사상으로 연결하여 국토를 포괄하는 도로교통망이라고 할 수 있다. 『도로고』의 6대로 체계가 19세기 후반 김정호의 『대동지지』 「정리고」에서는 10대로 체계로 확충되었다.

역사의 현장으로서 의주대로

길(路)은 흔히 도로(道路)와 같이 얘기된다. 길의 사전적 의미는 "차나

우마 및 사람 등이 한곳에서 다른 곳으로 오갈 수 있게 만들어진, 거의 일정한 너비로 뻗은 땅 위의 선"이라고 하지만, 나아가 길은 사람이 걷고, 교통이 오가고 문화가 소통하는 공간이다. 역사성이 중층적으로 쌓여 있는 길에는 그만큼 사연도 많다. 길에 서린 역사에는 사람의 이야기가 있고, 그 안에는 희노애락의 요소가 모두 들어 있다. 의주대로 곳곳에는 역사, 인물, 사건, 미담, 철학, 웃음, 전쟁, 고난, 영광이 서려 있다. 의주대로를 단순히 인마(人馬)가 오가는 교통로로서의 의미만으로 대할 수 없는 까닭이다. 이 장에서는 의주대로에 서린 역사성을 좀 더 살펴보도록 한다.

전쟁과 피란의 길

유사 이래 한반도와 대륙을 관통하는 길 위에서는 숱한 전쟁의 소용돌이가 있었고, 전쟁의 폐해는 고스란히 백성들의 몫이었다. 전쟁의 참상을 피해 피란하거나 전쟁의 포로가 되어 타국을 경험하는 피로의 여정(被虜路程, 전쟁포로가 되어 잡혀가는 길)을 걷기도 했다. 1592년 임진왜란 당시 의주대로를 통해 전쟁을 피해 피란길에 올랐던 선조(宣祖, 1552~1608)의 경우가 그랬고, 1636년 병자호란으로 청의 심양으로 볼모의 길을 걸었던 왕세자 소현세자(昭顯世子, 1612~1645) 일행과 60만 조선 백성의 운명이 대표적이다. 전쟁을 피해 한양에서 의주로 향하는 선조의 피란행렬과 소현세자 일행의 볼모당시 참상과 사연을 접할 수 있는 행적(行蹟)이 의주대로 곳곳에 남아 있다.

16세기 후반에 일본을 통일한 도요토미 히데요시(豊臣秀吉, 1536~1598)는 1592년 임진왜란(壬辰倭亂, 1592~1598)을 일으켰다. 왜군은 부산과 동래를 함락하고 파죽지세로 궁궐이 있는 수도를 향해 진격했다. 선조

는 류성룡(柳成龍, 1542~1607)을
도체찰사(都體察使), 신립(申砬,
1546~1592)을 도순변사(都巡邊使)
로 삼아 왜적을 방어하게 했
다. 신립은 비장한 각오로 충
주 탄금대에서 배수진을 치고
결사 항전했지만, 중과부적(衆
寡不敵)이었다. 신립의 승전을
기대했지만, 패전소식이 알려

지자 선조는 급히 피난을 결심해야 했다. 몽진(蒙塵)행렬은 장대비가 내
리는 가운데 북으로 향했다. 백성들을 외면하고 급하게 도망치듯 궁궐
을 나선 어가행렬을 가로막은 백성들의 원성이 자자했지만, 행렬을 막
을 순 없었다. 당시 급박했던 피란의 상황은 임금이나 백성이나 모두에
게 고통이었을 것이다.

의주대로가 지나는 파주에는 선조의 몽진과정에 대한 사연이 남아 있
다. 파주 신산3리는 옛 지명이 신탄막, 새숯막, 새술막이다. 주막거리가
형성되기도 했다는 것을 보면 오가는 길손들이 쉬어갈 만큼의 번잡스러
움이 있었을 것인데, 지금은 그저 한적한 시골의 마을일 뿐이다. 마을유
래와 관련하여 다음과 같은 이야기가 전한다.

임진왜란으로 궁궐이 있는 한양이 위협을 받자 선조임금은 의주로 피
난을 떠나게 되었다. 선조가 파주를 지날 때 비가 억수로 쏟아져 어가가
비에 젖고 임금과 신하들의 옷도 모두 흠뻑 젖어 버렸고, 배도 고파 잠시
쉬어가려고 어가를 멈추었다. 불을 피워 옷을 말리고자 했지만, 이때 장

작이 비에 젖어 잘 타지 않았다. 마침 이 마을 백성이 평소 아껴 쓰던 숯을 지펴 어가를 수행하던 관원들의 옷을 말릴 수 있었다. 이 광경을 지켜보던 선조임금은 "이 숯은 처음 보는(新) 숯(炭)이군"이라 하였다 하여 '신탄(新炭)'이라 했으며, 그 후 주막(酒幕)과 신탄이 합쳐져 '신탄막(新炭幕)' 또는 '새술막'이라는 이름이 붙었다고 한다.

-'경기 옛길 속 민속'(경기문화재단, 2014)

병자호란 피로노정은 병자호란(1636~1637) 당시 청으로 잡혀간 소현세자, 봉림대군 일행과 60여 만 명의 조선백성들이 포로, 즉 피로인(被虜人)이 되어 이송된 노정을 말한다. 역사적으로 수많은 외침을 받고 전쟁을 치른 민족이지만, 60여 만 명의 백성이 타국으로 전쟁포로가 되어 끌려간 사례는 거의 없다는 점에서 병자호란 피로노정의 의미는 간단치 않다. 소현세자 일행의 피로노정 역시 의주대로의 노정과 연행노정을 따랐다. 청의 구왕(九王) 다이곤(多爾袞, 1612~1650)이 지휘하는 군대에 배속되어 심양으로 떠난 소현세자 일행은 청군이 철군하는 과정에서 군대의 이동 경로에 따라 경유지역이 다소 다르기는 했지만, 한양에서 개성, 의주를 잇는 볼모길은 대체로 의주대로의 구간에 부합된다. 당시의 행적을 『심양장계(瀋陽狀啓)』, 「심양일기(瀋陽日記)」 등을 통해 살필 수 있다.

병자호란 피로노정의 지리공간은 한양에서 임진강, 개성, 평양, 의주에 이르는 구간이 국내 해당되고, 압록강에서 심양에 이르는 연행노정 지리공간에 포함된다. 나아가 이를 더 확장해 보면 심양에서 북경까지의 연행노정 공간까지 확장된다. 바로 소현세자가 명·청 전쟁에 참전했던 공간이고 청의 입관(入關, 산해관을 거쳐 북경으로 들어가 중원을 장악한 일을 말함) 당시에 동행하여 북경에서 생활했던 사실이 있기 때문이다. 병자호란 이후 수많은 연행사신과 조선지식인들은 이 피로노정의 현장을 지나며 병자호란의 아픈 기억들을 상기했고, 조선의 현실과 청의 존재에 대한 새로운 자각을 했던 공간이었다.

그동안 우리는 병자호란 피로노정과 같은 역사적 길에 대한 가치와 의미를 부여하는 것에 소홀하였다. 이렇듯 병자호란 피로노정은 연행노정과 연계되고, 연행노정의 시작과 끝이 바로 의주대로라는 점을 상기한다면, 의주대로의 가치와 의미의 확장성은 더욱 커진다.

사행과 유람의 길

의주대로가 전국의 간선도로 가운데 가장 큰 비중을 차지하는 도로로 인식되고 도로의 정비도 잘 갖춰졌던 이유는 바로 국가적으로 중요한 기능을 수행했던 길이었기 때문이다. 전통적으로 한양과 서북지역을 연결하는 교통물류의 왕래가 빈번했던 도로망이었다는 점 외에도 국가 외교사절이 오간 사행로(使行路)로서의 기능이 때문이라고 할 수 있다. 전통시대 대외 교류의 대상이 중국이었던 점을 감안하면, 당시 명과 청의 사신들이 오가는 외교 통로이자 조선의 사신들이 중국을 오가던 길이기 때문에 이들의 왕래시 편의를 제공하기 위한 시설을 잘 갖추고 있었으며, 도로의 보수상태도 여타의 도로보다 잘 유지되었을 것으로 보인다. 특히 사신들의 숙식과 연향(접대)를 위한 관사가 잘 갖춰져 있었다. 과거 사행을 떠나는 사신들의 여정 역시 의주대로의 경로에서 크게 벗어나지 않았다.

옛 사람들은 명산대천(名山大川)을 찾아 유람하거나 경승을 탐미하는 여행길에 나서는 것을 선비가 적극적으로 해야 하는 일의 하나로 인식하기도 했다. "평생 동안에 만 권의 책을 읽고, 또 만 리를 여행하라(讀萬

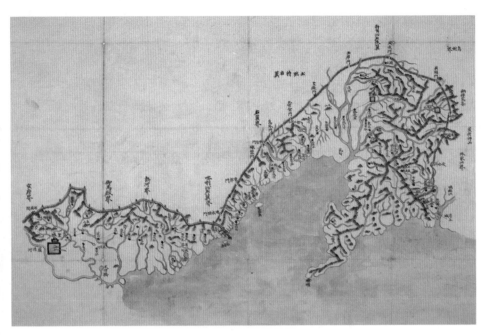

그림 2-4 · 「여지도-의주북경사행로」(규장각한국학연구원 제공)

卷書 行萬里路)"라는 말이 있다. 중국 명대의 문인이자 서화가로 저명한 동기창(董其昌, 1555~1636)은 그의 문집『화론』에서 "만 권의 책을 읽고 만 리의 길을 걸으면, 가슴 속에서 온갖 더러운 것이 제거되어 정로구학이 마음 속에서 생기고, 산수의 경계가 만들어져 이 모두가 이루어진 것이 산수의 전신이다"라고 한 바 있다. 남송의 조희곡(趙希鵠, 1195~1242)은 "가슴 속에 만 권의 책이 있고, 눈으로는 전 시대의 명전을 두루 보며, 또한 수레바퀴 자국과 말 발자국이 천하의 반은 되어야만 비로소 붓을 댈 수 있다"며 글과 산수자연의 설렵을 얘기하기도 했다. 『사기』를 지은 사마천(司馬遷, B.C.145/135?~B.C.87?)은 만 권의 책을 읽고 만 리를 여행했다는 것으로도 널리 알려져 있다. 이러한 말들은 모두 "책을 읽으면 선인들

의 지혜를 배울 수 있고, 만 리 여행을 통해 세상에 대한 견문을 넓히는 일"이니, 산수를 유람하고 자연을 즐기는 일 또한 공부의 연속이라는 의미를 뜻한다고 하겠다. 그런 관계로 옛 사람들은 팔도의 명승을 두루두루 찾았고, 개성, 평양, 안주, 의주의 연도에서 풍류를 즐겼으며, 묘향산을 비롯한 관서팔경을 노래했다. 모두 의주대로 연도에 있는 명승고적이다. 선인들의 산천유람에 관한 기록은 『유산기(遊山記)』로 남아 있다.

과거 외교사절인 중국사신단에 속해 답답한 조선을 벗어나 중화의 고장, 연경으로 사행견문을 떠났던 조선 지식인들의 행렬 역시 이러한 유람의 연장이었다고 할 것이다. 이들은 세상의 중심이라던 연경(燕京)에서 서구의 과학문명을 체험하고 중국문인들과 교류하였고, 자각하였으니, 연행을 통한 새로운 세계와의 조우, 견문을 '일생의 기회'로 여겼던 것이다. 의주대로는 바로 그들의 발걸음이 녹아 있는 '옛길'이고, 그들의 정신과 역사·문화적 소산이 스며 있는 '역사의 현장'이다.

연행노정은 한중관계사의 주요 공간이다. 전통시대 약 600여 년간 국가외교사절이 오갔던 길이었으나, 사행의 기능이 폐지된 지 100년이 훨씬 지났다. 이제는 기억으로부터 잊힌, 어쩌면 역사기록으로만 남은 공간일 수도 있다. 그러나 그 길은 지금도 여전히 존재한다. 일부는 멸실되었거나 변형되었고, 또 일부는 온전하게 원형을 간직한 채 그 자리에 있다. 연행노정과 그 일부로서 의주대로의 원형을 복원하는 일은 한국역사지리 공간의 심리적 확장을 꾀하는 의미가 있다.

2. 지리지와 고지도로 보는 의주대로

지리지로 보는 의주대로의 원형

김정호는 『대동지지』(권27) 「정리고」(1864)의 기록을 통해 전국의 도로 체계를 10대로로 구분하고 의주대로의 노정을 '서북지의주일대로(西北至義州一大路)'로 명명하였다. 한양의 서북지역인 의주에 이르는 제1대로라는 의미이다. 전체 노정에서 현장답사가 가능한 남한지역 의주대로인 서울(한양), 고양, 파주 구간을 중심으로 살펴보고자 한다.

● 한양에서 의주에 이르는 제1대로

경도·병전거리 10리·대·소 녹반현 넘음·양철평 3리 여기서 북쪽으로 면산 25리, 가라비장 25리로 마전과 적성 소로로 통한다. 관기 지남· 박석현 7리·검암참 3리 속칭 구파발이다. 덕수천을 건넘 장마로 물이 불면 건너지 못한다. 여현 7리· 신원 5리 갈림길 ○신원천을 건넌다. [고양] 10리 서울 45리 ○동으로 양주 40리, 서남으로 행주진 30리이며 세 갈래로 서북으로 김포 20리, 서로 부평 20리, 남으로 양천 30리 ○서로 임의진 35리이며 세 갈래로 서북으로 통진 30리,

그림 2-5 • 「대동지지」

서로 강화광성진 40리, 남으로 김포 10리 ○서북으로 교하 30리. 벽제
역·혜음령 5리·세류점 5리·쌍불현 5리길 왼쪽에 쌍미륵이 있다. 분수원
5리·신점 7리·광탄천 5리·[파주] 8리 서울 85리

제1대로에 대한 정보를 보면 한양에서 의주로 향하는 서북지역 경유
하는 지점의 거리표시는 물론 대로에서 벗어나는 중로, 소로에 대한 위
치와 거리, 고개, 하천의 이용에 관한 내용들도 기록하고 있어 이용객의
편리를 도모하고 있다. 위에서 살펴본 의주대로의 한양−고양−파주 구
간의 여정을 간선도로상의 주요 경유지별로 요약하면 다음과 같은 노정
을 따르게 된다.

漢陽−敦義門−餠塵巨理−綠礬峴−梁鐵平−館基−薄石峴−黔巖站(舊擺
撥)−德水川−礪峴−新院−(新院川, 德明川)−高陽−碧蹄驛−惠陰嶺−細柳店−雙
佛峴−雙彌勒−焚修院−新店−廣灘川−坡州−梨川−花石亭−(이후 민간인 통제
구역)−臨津渡−東坡驛−柳峴−長湍−吾木里−見樣巖−調絃撥所−板積川橋

현재 서울에서 구파발에 이르는 옛길의 원형은 거의 그 자리에 남아
있다. 단지 길의 너비가 확장되었다거나 도로가 포장된 도시 대로로 형
태가 바뀌었을 뿐이다. 『대동지지』지명 기록에 따라 현재의 위치를 파
악해 보면 병전거리는 서울 서대문구 홍은동 홍제원에서 홍제교 일대,
녹반현은 서울 서대문구 홍은동에서 은평구 녹번동으로 넘어가는 녹번
이고개를 말한다. 양철평은 의주까지 1천 리, 부산까지 1천 리라 하여
양천리라는 지명을 갖고 있는 곳이다. 서울 은평구 불광1동 일대(舊 질병
관리소 앞)에 표석이 있다. 관기는 서울 은평구 불광2동 일대(동명여고 앞 고

개), 박석현은 서울시 은평구 갈현동에서 구파발로 넘어가는 고개를 말한다. 검암참은 곧 구파발로 은평구 지하철 3호선 구파발역에 옛터 표석이 있다. 근래 은평 뉴타운이 들어서면서 박석고개와 구파발, 창릉모퉁이로 이어지는 옛길이 변형되거나 소멸되기도 하였다.

남한지역의 의주대로는 구파발을 거쳐 고양 벽제관, 혜음령, 광탄, 파주, 임진나루, 동파, 장단, 판적천(현 판문점 판교), 금교, 개성으로 향한다. 고양과 파주, 임진나루로 이어지는 의주대로에는 옛 지명이 남아 있고 유물유적도 더러 남아 있어서 역사의 현장을 찾는 즐거움을 느낄 수 있다.

판문점 판적천교 너머의 북한지역 의주대로는 남북의 분단현실로 인하여 상호교류가 어려운 실정이다. 현재 남한지역 의주대로의 노정은 판적천교가 남아 있는 판문점까지로 확인할 수 있으나, 임진강 너머의 DMZ(민간인통제구역)은 군의 방문허가를 받아야 민간인의 답사가 가능하다. 민통선 내의 관련 유적들은 대부분 군부대의 막사로 사용되거나 시설물 내에 있어서 특별한 허가를 얻지 않을 경우 조사가 어렵다. 그러므로 의주대로의 현장답사는 일반적으로 임진강 임진나루와 판문점입구까지로 한정하고 있다.

조선시대 제1대로서 의주대로는 한반도의 서북지역을 연결하고 중국을 오가는 주요 교통로로 기능을 했다. 남한지역의 의주대로는 경제발전과 남북관계의 변화과정에서 지금은 통일로와 자유로가 옛 의주대로의 기능을 흡수하고 있다고 볼 수 있다. 북한지역 의주대로의 경우 남북의 왕래가 멈춘 이후부터 그 기능과 의미를 상실했다. 북한으로 이어지던 의주대로는 임진나루–동파나루–장단을 거쳐 판문점 판적천교를 지나야 하지만, 군사분계선으로 가로막혀 실답이 어려운 현실에서 과거의 문헌기록을 통해서나마 의주대로의 노정을 이어볼 수 있을 것이다. 『대동지지』의 개성으로부터 시작되는 북한지역 의주대로(개성-평양-의주) 노정은 아래의 경로를 따른다.

開城-靑石洞撥所-大峴(이하 황해도)-金川-衣峴-平山-車嶺-寶山驛-石隅撥所-安城撥所-上車嶺-瑞興-土橋-山水院-鳳山-洞仙嶺-黃州-驅峴-中和(이하 평안도)-大同江-平壤-順安-冷井撥所-肅川-雲岩撥所-安州-廣通院-대정강-嘉山-曉星嶺-定州-當莪嶺-郭山-宣川-鐵山-西林山城-龍川-관진강-箭門嶺-義州

오늘날 북한을 오가는 이들은 서울-평양 간 통일로를 달려 개성으로 향한다. 한때 남북관광으로 민족의 발길이 빈번했었으나 이젠 이마저도 길이 막혔다. 남북관계의 경색국면이 언제까지 지속될지는 장담할 수 없으나 조속히 상호교류의 날이 와야 한다. 지금 비록 분단조국의 냉엄한 현실을 살고 있지만, 양측의 역사에서 공통의 기억을 갖고 있는 부분

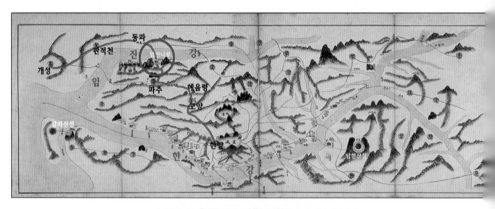

그림 2-6 · 「동국여도-경강부임진도」(굵은 선이 의주대로)

이 바로 의주대로이고, 사행노정(연행노정)이며, 우리민족의 역사지리공간이기 때문이다.

고지도 속의 의주대로

한양과 고양, 파주지역의 옛 지명과 도로의 형태가 자세히 그려진 고지도는 조선후기에 제작된 『동국여도』, 「여지도」, 「광여도」, 「해동지도」, 「지방도」 등에서 살필 수 있다. 한양의 외곽인 경기 북부의 고양과 파주는 한양으로 향하는 길목이었던 관계로 한양을 중심으로 한 지형의 이해가 필요하다.

한양의 자연지형은 남으로는 한강이 두르고, 북으로는 북한산이 펼쳐져 있다. 한양과 둘러싸고있는 지형을 잘 표현하고있는 고지도 가운데 『동국여도』에 수록된 「경강부임진도」와 『여지도』의 「경기도」(부분), 그리고 조선총독부 간행(1910~1920년대 간행)의 『1:5만 지도』를 통해 남한지역 의주대로의 원형을 살펴볼 수 있을 것으로 생각된다.

『동국여도』는 도성을 중심으로 전국적인 방어체제를 한눈에 볼 수 있도록 그린 군사지도의 성격을 지닌 만큼 『동국여도』에 수록된 「경강부임진도」는 도성을 중심으로 한 광역 방어체제를 보여 주는 지도이다. 유사시 장기항전의 중심지로 선택된 강화도와 남한산성, 그리고 북쪽으로부터 침입한 대규모 외적이 도성으로 향하는 마지막 관문인 임진나루를 바깥쪽 경계선으로 하여 그렸다. 임진나루는 한양 방어와 관련되어 중요한 요소 중 하나는 대규모의 적이 이동할 수 있는 육로와 수로이다. 1765년 별장이 관할하는 임진보와 장산보가 설치되었으며, 작은 성문의 이름은 진서문이다. 2016년 진서문의 옛 흔적이 발굴되기도 하였다. 한양에서 서북지역으로 통하는 중요한 관문으로 물류, 교통의 요지라고 할 수 있다. 「경강부임진도」에는 당시 한강과 임진강변의 주요 포구와 창고, 진, 그리고 한양을 중심으로 서북과 동북, 서남과 동남, 강화도 방향의 육로도 상세히 그리고 있다. 당시 한양(경성)을 배후지로 한 한강 유역의 모습을 소상하게 살펴볼 수 있다. 그림 중간 아래의 경도에서 서북방향인 개성을 향해 굵은 선으로 표시한 경로가 바로 한양을 출발하여 고양－파주－임진나루－장단 지역을 지나 북한의 개성으로 연결되는 의주대로의 노선이다.

한양을 위시한 경기도 전체를 묘사한 고지도 중 〈그림 2-7〉의 「여지도－경기도」(부분)을 살펴보면 한양을 출발하는 서북방향 의주대로의 노선(굵은 선)이 고양을 거쳐 파주 임진나루－장단－개성으로 향하는 것을 알 수 있다. 지도에서 산악지역은 초록색으로 표현하고, 하천은 푸른색으로 채색하였다. 도로의 표기는 서울인 한성을 중심으로 각 군현을 연결하는 도로가 붉은색으로 연결되어 있다. 군현

그림 2-7 • 「여지도－경기도」(부분)

사이에 작은 붉은색의 사각형은 역참으로 표시되어 있다. 서북 방향의 1대로인 의주대로 외에 경기남부지역은 물론 강화도 방면과 양주 방면, 그리고 연천 등 동북 방향으로 난 지선 노선도 상세하게 표현되어 있다.

이처럼 도로와 역제, 지형의 특징을 잘 살린 것은 그만큼 당대인들이 길(도로)의 중요성을 인식하고 있었다는 점을 지도상에 반영한 것으로 볼 수 있다.

고지도를 통해 조선후기 의주대로의 원형성을 살펴보았다. 이제부터는 근현대지도를 통해 도로의 변형상태를 살펴볼 필요가 있다. 현재 한양 도성을 출발하여 고양·파주 지역의 의주대로 옛길은 근대화와 도로 개설과정에서 멸실 또는 훼손된 경우를 제외하고는 대부분 원형을 유지하고 있다고 봐도 무방하다. 서양식 도로제도의 수용은 개화기를 거치면서 시작되었지만, 본격적인 도로체계나 철도구축시스템이 작동하기 시작한 것은 1960년대 이후 '경제개발5개년사업계획' 등을 통해 구축되었다고 할 수 있다. 물론 이전의 일제시기에 조선총독부의 치도사업 계획에 따라 도로 노폭의 확장과 신설 및 개보수 사업을 추진하였지만, 어디까지나 식민지수탈의 한 방편이었다. 의주대로의 옛길은 일제시기 도로의 개보수가 이루어지기 시작했던 무렵의 지도를 통해 원형의 일단을 확인할 수 있으리라 생각된다. 유용한 자료로 조선총독부 육지측량부가 발행한 『1:5만 지도』(이하 『조선총독부지도』)가 있다.

한양에서 고양의 경계인 구파발 일대는 현재의 의주길과 크게 다르지 않다. 도로의 확장이나 지세의 깍임(고갯마루) 등이 있으나 큰 변함이 없으므로 여기서는 주로 고양─파주 구간의 의주대로 노정을 살펴본다. 지도를 세 구간으로 나누어 보면, 첫째 고양지역(창릉천─여석현─망객현─벽제관─혜음령), 둘째 파주지역(혜음원지─혜음석불─윤관장군묘─파주목), 셋째 임진강 일대(서작포-화석정-임진나루)이다.

첫 번째 구간인 고양 구간의 『조선총독부지도』는 신작로가 형선된 이후로 도로가 확장된 지금의 현대지도와 비교해도 비슷하거나 거의 똑같은 노선을 취하고 있다. 고양지역에서 의주대로의 원형길이 남아 있는 구간은 삼송리 마을 안을 관통하여 여석현 방향의 통일로와 만나는 삼송주택 앞 삼거리까지 약 500m가량의 도로이다. 그리고 옛길의 원형이 남아 있는 곳이자 부분 멸실된 곳은 망객현 일대이다. 공릉천(곡릉천, 덕명천)을 지나 새원마을 안으로 고개를 오르면 바로 망객현이다. 정상까지는 옛길이 남아 있으나 정상에서 내려가는 구간은 군부대 안으로 통하는 길이다. 〈그림 2-8〉(1.고양지역)의 원 안에 표시된 구간이다. 망객현 고개 마루에서 의주대로 원형은 군부대 안으로 이어지고 있다. 옛길을 이용하는 이들은 서쪽의 서울시립승화원(舊벽제화장장)을 가로질러 우회한 후 고양대로(부대 정문 앞)에서 의주 길을 이어가야 한다. 그러나 이러한 일부 구간을 제외하면 고양 구간의 의주대로는 대체로 왕복 2차선의 원형이 유지되고 있는 셈이다. 서울시립승화원을 빠져나오면 고양대로와 통일로가 나뉘는 지점이 있다. 전통시대의 대로가 고양대로로 이어지는 의주대로였다면, 현재는 금촌-임진각으로 향하는 통일로가 그 역할을 대신하고 있다.

두 번째 구간인 〈그림 2-8〉(2.파주지역)의 경우에도 현재의 도로와 큰 차이를 보이지 않는다. 이 구간도 왕복 2차선의 도로가 파주 시내를 거쳐 임진나루까지 이어지고 있으며, 근래 도로 확장공사가 진행 중이다. 옛 파주목 관아는 현재 파주초등학교 일대이다. 파주초등학교 역사관 화단에는 역대 파주목사들의 선정불망비군이 조성되어 있으며, 파주목 관아의 문루 주초석이 남아 있다. 파주목 관아 건물은 일제강점기에 심

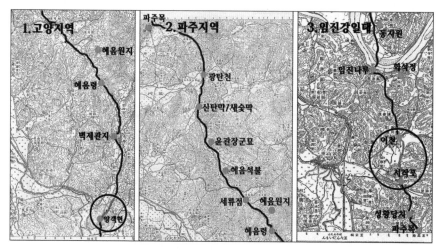

그림 2-8 · 「1:5만 지도」(조선총독부 육지측량부 1916~1927 발행)

상소학교 교사로 쓰이다가 한국전쟁 이후 완전히 사라졌다.

　세 번째 구간 〈그림 2-8〉(3.임진강 일대)은 파주읍에서 임진강 임진나루로 향하는 노선이다. 지금은 지명만 전하는 성황당치(고개)를 넘어 서작포에 이르면 의주대로 옛길은 원형이 사라지고 막히어 우회하여야 한다. 서작포는 과거 임진강의 물길이 이곳까지 연결되어 포구를 형성하였을 만큼 물산이 풍부했던 곳이었다. 2005년 무렵까지만 해도 농로 길에 의주대로의 원형이 일부 남아 있었으나 2000년대 후반 이 일대에 산업단지가 들어서면서 옛길은 완전히 멸실되었다. 〈그림 2-9〉의 원으로 표시된 구간이다. 멸실된 옛길은 우회하여 옛 이천원(梨川院)이 있던 독서말(이천원삼거리)에서 다시 만나 임진강 임진나루로 향한다.

　임진나루를 지키던 옛 진서문은 현대식 군 장벽 시설로 대체되어 예나 지금이나 군사시설의 역할을 하고 있으니 남한지역 의주대로는 사실상 임진나루와 인근 언덕에 있는 화석정이 종착지인 셈이다. 의주대로 옛길은 임진나루에서 배로 임진강을 건너면 동파나루였고, 동파역에는 동자원이라는 숙박시설이 있었다. 북쪽으로 길을 잡으면 장단군 관아지를 거쳐 판문점 내에 위치한 판적천교를 지나 의주대로는 개성으로 이어진다.

지금까지 고지도와 근현대지도를 통해 의주대로 노선의 원형들을 확인할 수 있었다. 의주대로 연도에는 여전히 우리가 보존하고 기억해야 하는 역사문화유적들이 산재해 있다. 기록하고 기억하지 않으면 이내 잊힐 것이다. 이어지는 3

그림 2-9 · 의주대로 옛길 소멸 구간(현대지도)

절에서는 의주대로의 다양한 기능 중에 연행노정의 역사성이 남아 있는 현장을 중심으로 살펴보고자 한다. 6장 「연행문화와 연행노정을 따라」에서 남한지역 의주대로에 남아 있는 연행의 흔적에 대해 소개하였으므로, 함께 읽으면 의주대로와 연행노정을 이해하는 데 도움이 될 것이다.

3. 의주대로 옛길을 따라서

의주대로는 조선시대 한성에서 평안도 의주까지 연결되는 간선도로의 역할은 물론이고 대(對) 중국 교통로, 즉 연행로의 기능이 더해져 전국의 간선도로 가운데 가장 중요한 기능을 담당하였다. 연행은 동아시아의 국제질서 속에서 중국의 북경(연경)을 오가던 사신들의 활동을 말한다. 매년 정기적으로 보내는 동지사 외에도 정치 외교적 사안에 따라 비정기 사행이 빈번하게 드나들었다.

연행노정은 서북지역으로 향하는 의주대로를 따랐기 때문에 특별한 노정의 변화는 없었다. 의주대로 연도에는 연행, 또는 사신들과 연계되는 역사유적이 상당부분 남아 있다. 서울─구파발 구간은 서울지역 관내 종로구, 중구, 서대문구, 은평구가 해당된다. 이 구간은 사행이 출발하는 지점이자 임무수행을 마치고 임금께 복명하는 사행 종결의 장소이기도 하다. 사행 관련성이 높은 유물유적들은 그 형태가 그대로 남아 있는 경우도 있으나, 원래의 자리에 표석을 세웠거나 지명만 전하는 곳이 대부분이다. 산, 고개, 하천과 같은 자연지리 환경은 그대로 남아 있기 때문에 지명, 유적 등을 종합적으로 살피다 보면 옛 사신들의 동선을 대략이나마 가늠해 볼 수 있다.

대부분의 사행단은 중국 체험에 대한 경이와 새로운 문물을 접한 내용들을 기록으로 남겼기 때문에 국내 의주대로를 경유하면서 남긴 기록들은 매우 소략하게 기술되고 있는 편이다. 연행록의 내용 또한 한양을 출발하면서부터 배웅하는 가족, 친구들과의 이별이나 지방관들과의 인연과 접대, 유람에 대한 기록들이 대부분이다. 연행록의 기록을 참고하여 의주대로의 주요 공간을 따라가 보도록 한다.

사행의 영송이 이루어지던 모화관과 영은문, 그리고 홍제원

조선조 사행단은 출발에 앞서 궁궐에 들어가 임금께 숙배(肅拜)하는

그림 2-10 · 영은문 주초(좌측 하단)과 의주대로 무악재

것으로 일정을 시작하였다. 임진왜란을 거치면서 경복궁이 소실되자 창덕궁, 창경궁에서 사신들로부터 하직인사와 복명인사를 받았다. 임금께 하직을 고하면 곧장 종로통을 거쳐 남대문으로 나가거나, 돈의문을 거쳐 모화관으로 나아가 사대와 전별연에 참여하는 것으로서 사행노정의 출발을 시작하였다.

모화관은 서대문구 영천시장 인근에 있었던 대표적인 사행공간이다. 조선 사신들은 중국으로 떠나기에 앞서 모화관에 모여 사대(査對)와 전별연을 펼쳤던 곳이다. 인근의 서대문독립공원에 옛 건축양식을 참고해서 세워진 독립관이 있다. 공원 안에 세워진 영은문 주초석과 독립문은 모화관과 더불어 사대(事大)와 교린(交隣)이라는 조선의 외교기조를 살필 수 있는 공간이다. 중국의 사신이 한양에 입성하면 영은문을 통해 모화관으로 들어와 조선 관리들의 영접을 받았다. 조선 말 갑오개혁 이후 자주독립국가임을 표방할 때 가장 먼저 사대주의의 상징인 모화관과 영은문을

그림 2-11 • 「서교전의도」(정선, 국립중앙박물관)

그림 2-12 • 홍제원 표석(홍제원아파트 공원)

헐고, 독립문을 세웠던 곳이다.

겸재 정선(1676~1759)이 그린 「서교전의도(西郊餞儀圖)」는 1731년, 중국 사행을 떠나는 친구 이춘제(사행의 副使)를 송별하는 장면을 그린 그림이다. 그림 하단에 모화관과 영은문이 보이며, 말을 탄 이들이 영은문을 지나는 장면이 그려져 있다. 또한 「서교전별도(西郊餞別圖)」라는 그림에도 사행단이 서교에 전송 나온 이들과 작별하는 장면이 잘 묘사되어 있는데, 당시 영송의 일면을 엿볼 수 있다.

인왕산과 안산을 가로지르는 무악재는 한양에서 서북으로 나가는 첫 관문이랄수 있다. 무악재를 넘어서면 홍제원이 있다. 사행단의 전별연은 두 곳에서 펼쳐졌다. 고위관료 중심의 전별연이 모화관에서 열렸다면, 가족, 친지, 동료들이 베풀어 주는 전별 공간은 무악재 너머 홍제원 일대였다. 조선시대 한양 서북지역을 오가는 공용여행자들의 숙박시설이자 백성을 구휼했던 홍제원은 일제강점기에 '홍제목장(弘濟牧場)'으로 바뀌었다가 이내 사라졌다. 홍제원이 가지는 공간의 의미를 퇴색시키고 민족정신 말살의 의도를 갖고 목장을 설치한 것은 아닌가 생각된다. 지금은 인왕산 아래 홍제원 아파트가 들어서 홍제원 옛터는 표석과 지명으로만 남았다. 사행이 발행하는 시기에는 홍제원 인근에 병전거리라는 시장이 형성되었다. 홍체천과 홍제교 일대까지 사행을 전별하는 인파가 몰리면서 홍제원 시장이 형성되었고, 인절미를 파는 떡집이 많았기로 병전거리(餠廛, 떡가게)라는 지명이 붙게 된 것이다. 그러나 병전거리 지명은 문헌에만 남아 있고, 지금은 그 흔적조차 찾기 어렵다.

의주대로 연로의 역사문화축제, '통일로 파발제'

구파발은 한양(서울)과 고양의 경계이다. 구파발은 옛 역참이 있었음을 알려주는 지명이다. 과거 역원제의 주요 역참인 검암참(黔巖站)의 자리이다. 조선은 임진왜란을 거치면서 정보전달체계를 정비하였고, 의주대로를 따라 서북지역으로 향하는 파발의 기능을 보강하여 의주로 가는 파발은 기발을 운용하였다. 중국과의 관계를 우선시했기 때문에 기동성이 뛰어난 파발마를 운영했던 것이다.

파발은 말을 사용하여 보다 신속히 전달하는 기발(騎撥)과 도보에 의해서 전달하는 보발(步撥)로 나뉜다. 은평구 구파발지역은 서울에서 의주로 향하는 서로(西路)에 해당하며, 파발 3대로(大路) 가운데 유일한 기발로, 서로의

그림 2-13 • 통일로 파발제의 '파발행렬' 가두행진 장면

첫 번째 역참이 검암참이다. 현재 검암참은 '구파발(舊擺撥)'이라는 지명으로 남았고, 검암참과 영조임금의 사연과 관련하여 정조가 친히 글을 내려 세운 '검암기적비(黔巖紀蹟碑)'가 남아 있다. 오늘날이야 손쉽게 전화하고, SNS를 통해 신속한 정보의 송신이 가능하지만, 과거에는 파발이 그 역할을 했던 것이다.

이러한 지역성과 역사성이 가미된 지역문화축제가 은평구 구파발 옛터 일대에서 열린다. 파발을 주제로 열리는 '통일로 파발제'는 조선시대 파발제를 재현하고 있는 축제로 1996년부터 개최되었다. 매년 10월 초 열리는 '은평누리축제'와 더불어 열린다. 파발제는 조선시대 파발제도의 가치와 의미를 계승한 지역의 역사문화축제이다. 지하철 3호선 구파발역 분수광장에서 조선시대 파발제의 원형을 복원하여 치러지는 축제다. 축제는 파발재현극, 파발행렬, 어가행렬, 파발문 통문 전달식 등 고증재현 프로그램으로 진행된다. 조선시대 무사복장을 한 파발기수들이 조정의 관리로부터 서북지역으로 보내는 명을 전달받는 '파발문 통문 전달식' 장면을 연출하고, 파발대장기를 앞세워 은평구청까지 말을 타고 가두행진을 하는 '파발행렬'이 축제의 하이라이트이다. 잊혀져 가는 전통과 문화를 복원하여 지역역사문화콘텐츠로 활용하는 사례로 의주대로 역사의 현장을 찾는 이들은 참고할 만하다.

의주대로 변에 묻힌 역관 김지남

고양 삼송리 고개는 여석현(숫돌고개)라 한다. 임진왜란 시 조선을 도와 참전한 명의 원군 이여송 장군이 숫돌 성분을 지닌 이 고개의 바위에 칼을 갈았다고 하여 '숫돌고개'라는 이름이 붙여졌다고 하는 곳이

그림 2-14 • 역관 김지남 묘역(우봉 김씨 묘역)

다. 당시 이곳은 이여송장군이 왜군과 접전하다 퇴패했던 벽제관 전투의 현장이다.

숫돌고개를 너머는 역관 김지남(金指南, 1654~1718)의 묘역이 있다. 그는 1712년(숙종 38) 조선과 청이 「백두산정계비」(1712)를 획정할 때 조선측 통역으로 참가한 역관이다. 「백두산정계비」는 조선과 청나라 사이에 백두산 일대의 국경선을 획정하고 이를 표기하기 위해 세운 비석이다. 김지남은 역관으로서 조선의 이익을 대변하려 노력했다.

그는 1698년 화약제조법에 성공, 이를 자세히 정리한 『신전자초방』을 저술했고, 특히 조선외교사를 집대성한 『통문관지(通文館志)』를 편찬(1714)하여 외교사의 맥을 세운 인물이다.

청나라의 수도 연경까지의 거리는 3,000리 길, 왕복 5~6개월이 걸리는 긴 여정이다. 조선시대 중국으로 향하는 사신단은 국제교류의 핵심이자, 세계로 향하는 통로였다. 사신들의 행렬을 통해 조선은 세계와 소통

할 수 있었다. 의주 길은 바로 사행노정이자, 무역의 통로였다. 사신단과 짐꾼에 이르기까지, 사행을 통해 조선의 외교와 국제무역이 이루어졌다. 그 사이에 역관이 있었다. 역관의 역할은 무엇보다 중요했다. 중국이 세계의 중심이라고 생각했던 시대, 역관들은 누구보다 먼저 세계를 경험했고 새로운 변화에 발 빠르게 대응하며 시대를 앞서 변화를 주도했던 집단이다. 김지남은 평생을 역관으로 오갔던 의주대로 변에 묻혔다.

유적이 말하는 역사성, 혜음원지와 혜음석불, 윤관묘

혜음원지 – 혜음석불 – 윤관장군묘역 – 신탄막 – 광탄교 – 파주목으로 이어지는 구간은 연도에 역사문화유적이 많이 산재하고 있어서 길을 지나면서 볼거리 역시 다양하다. 혜음원지와 혜음석불, 윤관장군묘는 고려시기의 역사로 거슬러 올라가는 역사성을 갖는다.

그림 2-15 • 혜음원지

혜음원지는 고려시대에 운영되던 국영객관으로 왕의 남경(서울)순행 시 숙소로 쓰이거나 여행자들의 편의를 도왔던 대규모 사찰이자 숙박 처였다.

수차례 발굴과정을 통하여 혜음원의 역사·문화적 가치를 복원하고 있는 중이다. 현재 국가사적으로 관리되고 있다. 생각하건대 혜음원이 설치, 운영되었던 당시에는 혜음령에서 혜음원지로 내려가는 길의 노선 이 현재와는 약간 달랐을 것으로 추정된다. 혜음사와 혜음원의 기능이 사라진 후로는 산을 넘지 않고 고개를 곧장 넘어 세류점 방향으로 향했 을 것이다. 지금의 도로가 그것이다. 최근 혜음령 고개 아래 터널이 뚫 리면서 옛길의 존재감이 더욱 줄어들고 있어 아쉬운 생각이 든다.

『1872년 지방지도』의 「파주지도」에는 혜음령(惠蔭嶺)−세류점(細柳店)− 석방(石坊)−미륵현(彌勒峴)−분수원(汾水院)으로 이어지는 의주대로(義州大路) 상에 '미륵현'이라는 지명이 나오는데, 용미리 석불입상(龍尾里石佛立像, 보물 제93호)이 소재한 곳이다. 용미리 석불입상은 '미륵불(彌勒佛)'이다. 혜음 석불, 쌍불입상이라고도 불린다. 고려시대에 제작된 것으로 보이는 이 석불입상은 천연 바위벽을 이용해 그 위에 목, 머리, 갓 등을 따로 만들 어 얹어놓은 2구(軀)의 거대한 불상이다. 거대한 자연석을 그대로 이용 했기 때문에 위압감은 있어 보이나 신체 비율이 조화를 이루지 못하고 있다는 느낌을 받기도 한다. 원립불은 남상(男像), 방립불은 여상(女像)이 라고 하는데, 고려시대 지방 불상양식을 연구하는 귀중한 예로 높이 평 가되고 있다고 한다.

석불입상 조성경위와 관련해서는 고려 선종과 원신궁주의 기도와 불 사로 왕자 한산후(漢山候)가 태어났다는 기자전설(祈子傳說)이 전해지고 있 어서인지, 지금도 이곳에는 자식 점지를 기원하는 이들이 많이 찾는다.

고려 선종이 후사가 없어 원신궁주를 맞이했다. 그러나 여전히 왕자가 없었다. 이것을 못내 걱정하던 궁주가 어느 날 꿈을 꾸었는데, 두 道僧이 나타나 "우리는 장지산 남쪽 기슭에 있는 바위틈에 사는 사람들이다. 매우 시장하니 먹을 것을 달라"고 하고는 사라져 버렸다. 꿈을 깬 궁주가 하도 이상하여 왕께 아뢰었더니 왕은 곧 사람을 장지산에 보내어 알아오게 하였는데, 장지산 아래에 큰 바위 둘이 나란히 서 있다고 보고하였다. 왕은 즉시 이 바위에다 두 도승을 새기게 하여 절을 짓고 불공을 드렸는데, 그 해에 왕자인 漢山候가 탄생했다는 것이다.

그림 2-16 • 용미리 석불입상(혜음석불)

의주대로 변의 이정표마냥 먼 곳에서도 금방 알아볼 수 있는 석불입상은 중국으로 떠나는 사행단의 수행원들에게도 깊은 인상을 남기고 그 자리에 서 있었을 것이다. 사행 길의 명소였던 관계로 많은 사신들이 직접 유람하거나 시문을 남겼는데, 이해응의 『계산기정』(1803)에도 이 혜음석불을 묘사한 시문이 전한다.

혜음석불(惠陰石佛) / 이해응

쌍불현에는 돌미륵이 어깨를 나란히 하고 서 있는데 그 키가 수십 척이나 된다. 머리에 이고 있는 것은 하나는 네모지고 하나는 둥글다.

曇雲如浪護山頭　물결같은 흐린 구름 산 머리를 지키는데
石佛分身并兩肩　돌부처 분신하여 두어깨를 나란히하고 있다.
萬劫風磨猶卓立　만겁을 바람에 갈리면서도 그대로 우뚝서서
懸應太始上干天　멀리 태초와 호응하여 위로 하늘을 지른다.

　사신이 파주목으로 향하는 길목에서 만나는 또 다른 명소는 윤관장군 묘역이다. 혜음석불을 지나면 옛 원이 있었던 분수원을 지나 윤관장군 묘역에 다다른다. 이해응의 「광탄교(廣灘橋)」라는 시에 잘 드러난다. "지나는 곳에 윤시중교자총비(尹侍中轎子塚碑)가 있다. 예부터 이곳이 윤씨·심씨(沈氏)가 다투어 송사하던 곳이라고 일컬어왔다"라고 하여, 고려 말 명장이자 문하시중을 지낸 윤관장군의 묘역을 지나면서 당시 파평윤문과 청송심문의 산송분쟁 사연을 상기하기도 하였다.

그림 2-17 · 윤시중교자총비와 전마총비

수백 년 동안 두 문중이 산송분쟁으로 서로에게 상처를 주고받았던 아픈 역사를 단절하고자 노력했던 것으로 알려졌고, 근래 문 중간의 대승적 결단과 합의로 수백 년 산송분쟁이 종결되었다. 이러한 사연은 의주대로 현장 답사에서 만나는 미담(美談) 스토리의 하나가 될 수 있을 것이다.

임진강 임진나루, 물산과 문화가 흐르는 길

옛 파주목(현 파주초등학교 일대)의 소재지가 인근 금촌으로 옮겨진 탓에 관아가 있던 주내(州內)는 한적한 시골 소도시로 전락하고 말았지만, 조선시대 파주목은 인근의 4개 군현을 관할하는 영향력이 있었다. 파주목 관아가 관할하는 서북교통 물산의 요지가 바로 임진강 임진나루였다.

그림 2-18 • 임진강 임진나루(건너편은 동파나루)

한반도 허리를 동서로 가로질러 흐르는 임진강은 한강과 합류되어 서해바다로 이어지는 약 700리(274km)에 달하는 긴 강이다. 임진나루는 앞서 「경강부임진도(京江附臨津圖)」에서 살펴본 바가 있다. 군부대의 통문이 가로막혀 있는 임진나루는 옛 진서문의 위치에 그대로 있다. 군부대의 협조를 얻어야만 내부답사를 할 수 있는 임진나루는 민통선을 흐르는 임진강의 길목이자 대표적인 포구이다. 조선시대에는 경기북부와 한양을 잇는 수로교통의 요충지였다. 남과 북을 이어주고 물산과 문화가 소통하던 가장 번화했던 나루터였다.

임진강은 어민들은 제한적인 어로 활동을 통해 참게, 황복, 등을 잡으며 임진강을 매개로 하는 삶과 문화를 유지하고 있다. 임진강변에 세워진 화석정과 숱한 정자, 누각, 임진적벽은 '임진 8경'으로 시인묵객들의 시선을 받았고, 조선을 오가던 명·청 사신들의 유람처로 인기가 있었다. 임진강 너머는 민간인의 출입이 제한되는 구역이다. 남한지역 의주대로는 더 이상 앞으로 나아가지 못한다. 분단의 장벽이 가로막고 있기 때문이다. 북한지역 의주대로의 일면을 살펴보는 것은 그래서 당분간 미뤄둬야 한다.

의주대로는 조선시대 한반도 북부와 중부지역을 연결했던 가장 중요했던 국가 도로망이었다. 무엇보다도 의주대로는 정치적으로 대 중국 관계를 중요시하였다. 한양(서울)과 의주를 거쳐 중국과 연결되는 가장 중요한 육상 교통로로서 사신(使臣)들의 내왕이 잦았다. 의주대로는 중국과의 관계를 우선시했던 관계로 의주대로는 국방은 물론 교통로상의 제1대로가 될 수밖에 없었다.

그러나 무엇보다도 조선 지식인들이 중국을 통해 세계를 경험하던 통로였다. 이 길을 통해 조선의 문화와 학문이 중국에서 꽃피웠고, 서구의

문물이 이 의주대로를 따라 조선에 유입되었으니, 의주대로는 세계로
향하던 길이자 동서 문물교류의 길로도 의미가 확장될 수 있다. 의주대
로의 원형을 이해하고 길 위에 서린 역사·문화적 가치를 재조명하는 것
은 잊혀져 가는 우리 역사의 역사지리공간의 의미을 회복하고 확장하는
일이다. '의주대로 다시보기'가 필요한 이유이다.

　우리 주변의 의주대로는 한나절만 투자하면 모두 둘러볼 수 있다. 걸
어도 이틀이면 충분하다. 신발 끈을 질끈 동여매고 길 위에 서 보는 것
은 어떨까?

● 참고문헌

『광여도』.

『輿地圖』.

『東國輿圖』.

『朝鮮五万分一地形圖』.

『大東地志』, 「程里考」.

『계산기정』, 이해응, 1803.

김종혁, 규장각한국학연구원 지리지 종합정보 「지리지 이야기」.

류명환, 『여암 신경준과 역주 도로고』, 도서출판역사문화, 2014

신춘호, 「연행노정 공간의 역사문화콘텐츠 활용 방안 일고―'스토리테마파크'의 스토
　　리를 활용한 병자호란 역사관광콘텐츠 기획을 중심으로」, 『漢文古典硏究』(제3집),
　　한국한문고전학회, 2015.

――, 「燕行路程 영상아카이브 구축 및 콘텐츠 활용 방안 연구―한양(漢陽)~심양
　　(沈陽)구간영상기록(물)을 중심으로」, 한국외대대학원 박사학위논문, 2014.

――, 「古地圖를 통해 본 義州大路 원형 복원 일고―고양~파주구간 영상기록 과정
　　을 중심으로」, 『韓國古地圖硏究』 제6권 제1호, 한국고지도연구학회, 2014.

오상학, 「대동여지도 지명에 관한 연구―경기도 지명 중심으로」, 『지리학논총』 제45
　　호, 2005.

이윤희, 『파주역사문화기행』, 파주문화원, 2003.

이현군, 규장각한국학연구원, [고지도] 「해동지도─고양군, 파주목」(해제).

이혜은, 「朝鮮時代의 交通路에 對한 歷史地理的 硏究─漢城─義州間을 事例로」, 이화
여자대학교 석사학위논문, 1976.

양보경, 「상징경관으로서의 고지도 연구」, 『문화역사지리』 제21권 제1호, 2009.

조병로, 「역사가 발전하고 삶이 이동하는 공간」, 『문화재사랑』, 문화재청, 2011.

최완기, 『한양』, 교학사, 1997.

가사문학관, 『오늘의 가사문학』, 가사문학관, 2015.

경기문화재단, 「삼남길·의주길 연구」, 『경기옛길 삼남길·의주길 개발및 활용 연구보
고서』 1, 2014.

● **참고사이트**

사행록 역사여행 http://saheng.ugyo.net

한국국학진흥원 '스토리테마파크' http://story.ugyo.net

한중연행노정답사연구회 http://cafe.daum.net/chinaview

3장

영남대로
옛길을 따라

송찬섭

선택의 변

길은 서로 다른 장소를 연결해 주는 통로이다. 그러나 길은 단순히 이동수단에 그치지 않는다. 길은 관의 명령체계와 통치가 이루어지는 근본이고, 침략과 방어의 역할, 문화의 전파와 상업을 매개하는 역할을 한다. 길을 따라 사람들이 왕래하면서 문화가 전파되었고, 농업기술이 보급되었으며, 산업이 발전하였다.

옛길은 민중의 애환과 시대의 사회상을 반영한다. 구종들을 이끌고 위세 있게 부임지로 행차하는 지방관, 말을 타고 하인을 거느리고 여행 가는 양반들, 복마에 물건을 가득 싣거나 지게를 지고 한 무리를 지어 가는 상인들, 죄인을 호송하는 포졸들, 세금으로 쌀가마를 짊어지고 가는 농민들, 가끔은 혼례인지 교군들이 가마를 메고 가기도 한다.

옛길은 눈물과 한뿐만 아니라 희망이 교차한 곳이었다. 옛길은 선비에게는 청운의 꿈을, 장돌뱅이에게는 거부의 꿈을, 억눌린 삶을 박차고 반역을 꿈꾼 이들에게는 새로운 세계와 연결시켜 주는 통로였다.

역사는 과거와 현재의 끊임없는 대화라고 한다. 오늘만큼은 속도·성장·발전이라는 무시무시한 단어는 잠시 잊고 옛길을 따라 느리게 걸어 보자. 영남대로 옛길에서 만나는 옛사람과의 대화를 통해 역사와 접점을 이루는 나를 발견해 보자.

1. 길이 이루어지기까지

큰 바위 힘 넘치고 구름은 도도히 흐르네.

산속의 물 내달아 흰 무지개 이루었네.

성난 듯 낭떠러지 입구 따라 멀어져 웅덩이 되더니

그 아래에 먼 옛적부터 이무기 숨어 있네.

푸르고 푸른 노목들 하늘의 해를 가리었네.

나그네는 유월에도 얼음과 눈을 밟는다네.

깊은 웅덩이 곁에는 관도(官道)가 서울로 달리고 있어

날마다 수레며 말발굽이 끊이지 않는다네. (하략)

―이황, 「용추」

문경새재를 올라가다 보면 제2관문인 조곡관 근처에 있는 용추는 매우 험한 곳이다. 지금은 길을 잘 닦아 놓았지만, 예전에는 잔도(棧道)가 설치될 정도였다고 한다. 그런데 퇴계 이황의 시를 보면 그 옆으로 서울로 가는 길이 있었다고 한다. 수레와 말이 제대로 지나갔을까 의문스럽지만 이렇게 험한 곳에도 길은 필요했던 것이다.

인간에게 길의 의미는 매우 크다. 동물들도 그들의 삶을 이끌어 가는 과정에서 길을 사용한다. 그러나 인간은 동물들과는 달리 도구를 가지고 지형을 변형시키거나 활용하는 등 능동적이면서도 계획적으로 길을 만들고 사용하므로 큰 차이가 있다. 또 길의 역할도 매우 다양하다. 사람과 물자의 수

그림 3-1 · 문경새재의 용추
폭포 옆길에 퇴계 이황의 시를 새긴 기념물이 서 있다.

송로이고, 국가 운영에서 행정통신, 조세공물의 수송수단이며, 각종 정보가 교환되는 문화의 전파로이기도 하다. 따라서 길은 역사와 발전의 상징이 될 수 있다. 길의 위치와 변화를 통해서 그 사회의 역사와 문화의 발전 정도를 파악해 볼 수 있다. 또 국가에서 길을 만들고 통제하는 것은 중요한 통치행위의 하나였다. 따라서 고려나 조선에서 가장 큰 통치구역을 길을 가리키는 '道'로 표시한 것도 그런 의미라고 할 수 있다. 실제로 도의 초입에 교귀정을 두어 신구 관찰사가 업무를 인수인계하도록 하였다.

길은 형태나 규모도 다양하다. 가장 잘 닦인 도로는 역시 수도의 대로이다. 흥인지문과 돈의문을 잇는 대로, 경복궁에서 황토현까지 육조 등 주요 관청이 늘어선 대로, 종루부터 숭례문까지의 대로 등이 가장 큰 도

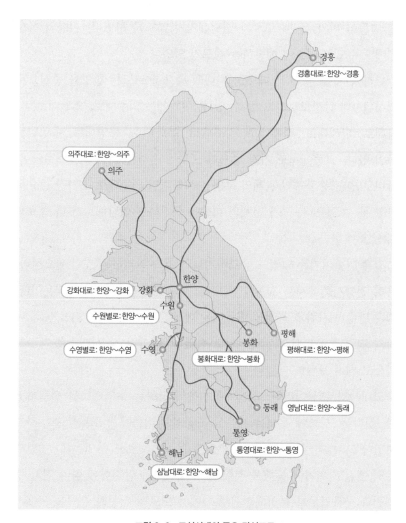

그림 3-2 · 조선시대의 주요 간선도로

로이다. 특히 한양의 육조거리는 폭이 100m에 달하였다. 그 밖에도 성
문과 성문을 연결하는 중로 그리고 중로와 중로를 연결해 주는 소로 등
의 도로망을 훌륭하게 갖추고 있었다. 그리고 도로 양편으로는 배수로

를 만들어 비가 올 때 도로가 질퍽해지지 않도록 하였다. 지방의 읍성 내에도 수도의 대로에 해당하는 정로가 있었다.

나라 전체를 두고 볼 때 조선시대의 중요한 도로는 한양을 중심으로 형성된 9대 간선도로라고 할 수 있다. 여기에는 의주대로, 영남대로, 삼남대로, 평해대로, 경흥대로, 강화대로, 봉화대로, 통영대로, 수영별로 등이 있다. 그중에서도 가장 중요한 도로에 속하는 것이 의주대로와 영남대로였다. 중국과의 관계와 무역을 생각하면 의주대로가 가장 중요하다고 볼 수 있으나, 국가 전체의 비중을 생각하면 영남대로가 더 중요하지 않을까 한다.

길은 만들어지는 과정도 중요하거니와 계속 관리하는 것이 필요하다. 특히 전통사회에서는 교통뿐 아니라 통신과도 관계가 되기 때문이다. 길은 단순히 사람과 물건을 이동하는 데 쓰였을 뿐 아니라 이를 통해 나라의 명령과 공문서를 전달하기도 하였다. 따라서 각 시대별로 제도를 만들고 계속 보완해 나갔다.

고대사회부터 이러한 교통과 통신을 담당하는 우역제도를 설립하였다. 신라는 "사방에 우역을 세우고 조정의 관리들에게 도로를 보수하게 하였다"(『삼국사기』 권3, 「신라본기」 제3 소지마립간 9년 3월조)고 하였는데, 영남대로의 옛길도 여기에 속했을 것이다. 고대국가가 발전함에 따라 점차 행정권과 군사업무가 분리되면서 초기에는 도로의 건설과 운영을 군에서 맡았다가 점차 우역을 전담하는 관청을 만들고 소속관리들을 임명하였다. 이러한 교통·통신체제는 신라가 발전하는 데 큰 역할을 하였을 것이다.

신라가 삼국을 통일하고 행정구역을 개편하는 데 교통로는 중요한 역할을 하였을 것이다. 군사통신로, 병참수송로 역할을 했던 도로는 삼국

통일 후 행정통신, 교역, 문화교류의 기능을 더 발휘하게 되었다.

고려의 후삼국통일 이후에도 지방제도를 정비할 때 나라의 신경중추가 될 수 있는 우역의 정비는 필수적이었다. 고려의 우역 설치와 간선도로망 건설은 왕도의 위치, 국토의 지형조건, 조정의 정책 등을 바탕으로 성립되었다. 고려는 당의 제도를 모방하여 중앙관제를 3성6부(三省六部)로 조직하였는데, 도로의 관리와 역의 운영은 병부에서, 도로·교량·나루의 건설과 보수의 책임은 공부에서, 도로를 이용한 세곡과 토공의 수송은 호부에서 담당하였다.

그 가운데 실제 도로 운영에서 가장 중요한 역할을 한 기관은 병부 산하의 공역서(供驛署)였다. 성종 때에는 역을 정비하고 역민(驛民)에게 토지를 지급하여 역무를 맡게 하였다. 역제도가 완비되면서 역·나루·포의 명칭을 개정하였다. 당시 전국에 22개의 역도(驛道)와 525개 역이 있었는

그림 3-3 · 문경 영남대로 옛길에 있는 고모산성의 주막

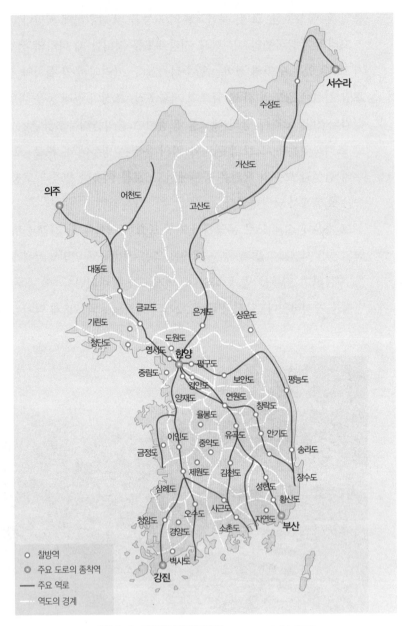

서수라

수성도

가산도

고산도

어천도

의주

대동도

금교도

기린도
청단도

은계도

상운도

도원도

영서도
한양
평구도

중림도
경안도
양재도
보안도
평능도

율봉도
연원도
창락도

이인도
중약도
유곡도
안기도
송라도

금정도

제원도
김천도

삼례도
성현도
황산도
장수도

청암도
오수도
사근도
자여도
부산

경양도
소촌도

벽사도

강진

○ 찰방역
◉ 주요 도로의 종착역
— 주요 역로
— 역도의 경계

그림 3-4 • 조선 후기의 우역제도(「영남대로」, 133쪽에서 재구성)

데, 이를 위치나 교통량에 따라 대·중·소의 3단계로 나누어서 관리하였다. 중앙의 공역서는 전국의 역무를 총괄하고, 외국 사신과 지방으로 파견되는 관리들에게 말을 제공하고 사신을 영접하는 일을 맡았다.

각 역에는 역장 2~3인이 배치되어 역의 운영을 책임졌으며, 중앙으로부터 역도를 순행하면서 암행 관찰하는 관리들도 두었다. 역의 크기에 따라 일정한 토지가 지급되었다. 이는 역의 운영과 역에 소속된 호구들의 일에 대한 대가였다. 또 각 역에는 공무여행자들을 영접하기 위한 역관(驛館)이 있었는데, 그 운영을 위해 별도의 토지가 배정되었다.

그러나 고려 말에는 국내외 정세가 불안하여 역의 기능이 마비되었다. 밖으로는 거란, 몽골, 홍건적 등의 침략이 계속되었다. 이들은 간선도로를 따라 침입하였으므로 행정 중심지와 군사기지를 연결하는 역로 주변은 항상 전쟁터가 되었다. 한편으로는 바닷길이 막혀 세금으로 걷은 곡식을 육로로 운송하면서 역무가 가중되었다.

조선시대 들어 역제는 『경국대전』 반포 당시 완비되어 조선 말기까지 큰 변화 없이 운영되었다. 초기에는 고려의 제도를 답습하여 주요 지역에 한하여 찰방(종6품)을 파견하고, 그 외의 역도에는 역승(종9품)을 파견하였다. 그 뒤 모든 역도는 찰방도로 승격하였다. 찰방은 직급이 현감과 같았으나 서열은 현감보다 위였으며, 관찰사의 명령만 받도록 규정되었다.

조선시대의 역도는 41개로서, 하나의 역도는 보통 7~8개의 군현을 묶어 관할구역으로 설정하였다. 역도의 관리책임자인 찰방은 역도 안에 분포하는 역의 운영, 역민의 통솔, 토지의 관리 등을 맡았다.

역의 운영은 국가에서 지급하는 토지로 이루어졌다. 여기에는 공수전, 인위전, 마위전 등이 있었다. 공수전은 역의 경비에 해당하여 역의 크기에 따라 달리 지급하였고, 인위전은 역리에게 주었으며, 마위전은 역마를 사육하는 데 드는 비용을 마련하기 위한 것이었다.

찰방역의 행정조직은 군현과 마찬가지로 6방으로 이루어졌다. 그 밖에도 다양한 서리가 있었다. 경상도 유곡역의 경우 역리 32명, 지인 14명, 사령 10명, 역노 16명, 역비 6명(『여지도서』) 등 꽤 많은 인력이 배정되었다. 역에는 관사가 있고 역을 중심으로 마을이 형성되어 역의 일을 맡은 이들이 살았다. 그러나 이런 곳에는 종가, 사당, 조상의 묘소 등이 거의 없어서 오래된 마을은 아니었음을 알 수 있다.

역과 함께 또 하나 국가가 설치한 기구가 원(院)이다. 원은 조선시대에 공무나 사사로운 용무로 지나다니는 길손들에게 숙식을 제공하던 시설이었다. 이는 고려시대부터 있었는데, 주로 사찰에서 설립한 사설기관이었으며 불교식 명칭을 가지고 있었다. 명산대찰을 순례하는 수도승과 일반 신도들에게 휴식처를 제공하였으며 행상들에게도 숙식을 제공하였다. 조선에는 원을 국유화하여 지방의 수령이 승려, 향리, 관리 중에서 원주(院主)를 임명하였으며, 그 밖에 원호(院戶)를 2~3호 배정하였다. 그러나 지방의 유지들이 자발적으로 설립, 운영하였던 곳도 적지 않았다.

원은 여행자가 많이 다니는 곳이나 험한 길, 대읍의 성문 밖, 나루터 부근 등에 설치되었다. 원의 운영비는 국가에서 대로, 중로, 소로의 원을 나누어서 토지를 지급하였다. 그러나 토지의 규모가 작아서

그림 3-5 · 흐린 사진 속의 원(院)의 모습
문경새재의 신혜원으로 1978년 새재도립공원 조성공사 때문에 사라졌다(『영남대로』, 277쪽).

원을 정상적으로 운영할 수 없었기 때문에 방치되는 원이 늘어났다. 실학자 유형원(1622~1673)에 따르면, 원의 설립자가 죽은 뒤에는 대부분 방치되었으며, 점차 원에 관리자가 있는 경우가 드물었다고 한다.

이처럼 원이 차츰 사라지면서 민간에서 주막을 만들었다. 이는 상업의 발달에 따른 것이었다. 교통의 요지에도 주막촌과 정기 시장이 자리 잡았는데, 이러한 곳이 근대에 들어와서 급성장하였다. 따라서 과거 원의 이름을 그대로 사용하는 주막촌이 많았다.

이러한 길에 대해 이야기할 때는 당시 길을 닦은 주민들의 노고도 함께 생각해야 할 것이다. 이 길 위에서 짐을 나르고 가마 메는 일을 담당한 것도 주민들이었다. 특히 가마를 메는 일은 사신을 접대하고 이웃고을의 수령을 대우하기 위한 것인데, 수령에 기생하는 자들이나 토호들이 농민들에게 이런 부담을 주기도 하였다. 따라서 정약용은 정해진 경우 외에는 모두 가마 값을 내도록 하여 백성의 숨을 돌리게 해야 한다고 주장하였다.

근대화 과정에서 길과 전통경관은 거의 소멸하였다. 각종 도로 표식, 장승, 적석(積石), 토후(土堠) 등은 기독교의 전파와 함께 파괴된 것이 많았다. 이러한 과거의 전통에 집착하는 것이 부질없을지도 모른다. 그러나 옛 도로의 경관을 보존하는 것은 큰 의미가 있다. 그 속에 민족의 생활사가 들어 있기 때문이다. 또 이를 기록으로 정리할 필요가 있다.

2. 영남대로의 발달과 기능

조선시대의 간선도로 가운데 가장 중요한 도로는 영남대로가 아닐까?

당시 의주대로가 쌍벽을 이루었지만 그 길은 지금 우리가 직접 가 보기 어렵기 때문에 여기서는 영남대로를 통해 옛길을 살펴보고자 한다.

영남대로는 언제 어떻게 형성되었을까? 한반도 남부의 중요한 교통축인 영남대로는 신라의 삼국통일을 계기로 한강 유역과 낙동강 유역을 연결하는 간선교통로로 등장하기 시작하였다. 삼국시대에는 소백산맥의 장벽을 경계로 대립하였던 고구려와 신라가 각각 평양과 경주를 중심으로 하는 독자적인 교통망을 발전시켰으나, 통일을 계기로 한반도의 교통망은 경주로 집결되는 단일체계로 통합되었다.

그 뒤 후삼국을 거쳐 고려가 재통일을 이루자 개성을 중심으로 모든 교통로가 통합되었다. 이때 영남대로는 개성과 경주를 연결하는 행정·경제·문화적 기능을 가진 대동맥으로 발달하였다. 고려 말 왜구의 침입이 계속되면서 왕도 개경과 왜구의 침입을 받지 않는 안전지대인 영남 북부지방을 연결하는 교통로가 가장 중요하였다.

조선이 세워지고 행정 운영에 적합한 한양으로 도읍이 정해지면서 교통로는 더욱 체계화되었다. 이에 따라 한양을 시발점으로 하고 동래의 부산포를 종점으로 하는 영남대로가 구체화되었다. 해안에서 멀리 떨어졌기에 여말부터 세곡 운송로로 이용되었던 한강과 낙동강 수로를 연결하는 교통로를 따라 새로운 간선도로를 개발하였던 것이다.

영남대로는 서울로부터 남한강 유역과 낙동강 하곡을 지나 부산에 이르는 380km의 길이다. 조선시대에는 한양과 동래를 잇는 최단코스였다. 현재의 경부고속도로는 옛길을 비켜서 만들어졌는데, 길이가 428km 정도이다.

조선시대에 영남에서 서울로 이르는 길은 좌로, 중로, 우로의 세 갈래가 있었다. 좌로는 울산, 경주, 영천, 의흥, 의성, 안동, 풍기, 죽령을

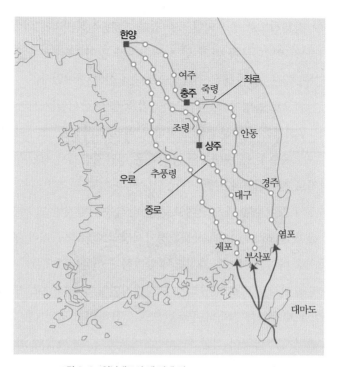

그림 3-6 · 영남대로의 세 갈래 길("영남대로』, 134쪽에서 재구성)

넘어 단양으로 가는 길, 중로는 부산, 밀양, 청도, 대구, 칠곡, 선산, 상
주, 조령을 넘어 음성, 이천, 광주 등을 거치는 길, 우로는 김해, 현풍,
성주, 김천, 추풍령을 넘어 영동, 청주, 죽산, 양재를 지나는 길이었다.
좌로는 15일, 중로는 14일, 우로는 16일 걸리는 길이었다. 따라서 대부
분은 가장 빠른 중로, 곧 문경새재 길을 택하여 왕래하였다. 새재 길은
하늘재를 대신하여 조선 태종 때 개척하였다고 한다. 그러나 1977년의
발굴조사 때 조령관 터에서 신라 토기가 발견됨에 따라 그보다 훨씬 이
전부터 이 길이 있었음을 알 수 있다.

영남대로가 통과한 지역은 조선시대에 가장 인구가 조밀하고 물산이

풍부하여 경제적으로 중시되던 곳이었다. 『세종실록지리지』의 호구 수를 보더라도 영남대로를 따라 인구 밀집지가 많이 나타난다. 또 상주, 선산, 인동, 대구, 밀양 등은 전국적으로 중요한 곡창이었다.

길은 한편으로 농업기술, 작물, 수공업 등을 발전시키는 계기가 되었다. 조선 후기에는 남방문물을 전파하는 역할도 하였다. 고구마, 담배, 고추, 호박, 옥수수 등 신대륙의 농산물은 영남지방에서 시험재배한 후 전국 각지로 전파되었다고 한다.

조선 후기 왜란 이후에 영남대로는 큰 타격을 받았지만 그 뒤 다시 복구되어 갔다. 특히 17, 18세기에는 정기시장의 발달과 장거리 교역로의 개척 등으로 다양한 기능을 가지면서 활발하게 이용되었다.

한말에 들어서는 도로의 관리가 부실해지면서 황폐화하고, 도로변의 주민들이 도로용지를 잠식하여 논밭으로 이용하면서 길의 너비가 불규칙하게 좁아지고 굴곡이 심한 모습으로 바뀌었다. 이 때문에 이 시기에 조선을 방문하였던 외국인의 눈에는 조선의 도로사정이 매우 열악한 것으로 인식되었다.

일제가 들어오고 근대화되는 과정에서 옛 도로는 크게 손상을 입었다. 특히 1950년 한국전쟁에서 영남대로 지역은 막대한 피해를 입었으며, 전후의 복구사업으로도 더욱 모습이 바뀌었다. 도로를 둘러싼 전통 경관이 완전히 변질된 것이다.

영남대로의 중요한 고을로는 충주, 상주, 대구, 밀양 등이 있다. 충주를 중심으로 가흥, 괴산, 연풍 등이 포함되며, 상주를 중심으로 문경, 함창, 선산, 김천 등이, 대구를 중심으로 칠곡, 영천, 경산 등이 그리고 밀양을 중심으로 청도, 동래 등이 포함된다.

상주와 충주는 조선 전기에는 각각 충청도와 경상도의 감영자리로서

영북과 영남의 결절지(結節地) 역할을 하였다. 일종의 관문촌락으로 지역성이 다른 두 지역을 연결해 주는 전략적 위치이자 한 지역에서 다른 지역으로 출입이 쉬운 교통 요지에 자리 잡았다. 이러한 촌락은 배후지가 넓은 교역의 중심지 역할을 하며, 행정·문화 등 종합적 기능을 가진 종주도시로 발전하였다.

본래 상주는 고대 성읍국가로 발달하기 시작하였다. 상주는 신라의 북방 및 서방 진출의 전진기지였으며, 충주는 고구려의 남방 진출 전진 기지였다. 신라가 충주 일대를 점령하면서 두 곳 모두 신라의 이주자와 토착민에 의해 지역 중심도시로 발전하였다. 삼국통일 이후에는 전국에 간선도로를 중심으로 9주를 설치하였는데, 상주는 신라지역의 세 개의 주(상주, 강주, 양주) 가운데 하나였다. 북방의 침입과 왜구의 침입이 빈번했을 때는 피난처로서도 중요한 역할을 하였다. 상주와 충주는 각각 경상도와 충청도의 감영자리로서도 중요한 역할을 하였다. 그러다가 임진

그림 3-7 · 조령원

영남대로에서 가장 규모가 큰 원으로서 1913년에 파괴되어 석축만 남아 있다가 도립공원을 조성하면서 복원하였다.

왜란 후 감영이 각각 공주와 대구로 이전하면서 도시기능이 약화되었고 조령의 교통량은 줄어들었다.

조선시대의 역도(驛道)는 총 41개이다. 이 가운데 경상도가 11개로 전국에서 가장 많았다. 영남대로와 직접 관련된 역도는 유곡도, 김천도, 황산도이며, 나머지 8개의 역도도 영남대로의 영향권에 속하였다. 이 중에서 가장 중요한 곳은 영남지방 72읍의 교통량이 집중된 유곡이었다. 유곡도에는 모두 18개 역이 속하였다.

원은 경상도의 상주, 선산, 밀양 등지에 10~20개, 문경, 칠곡, 청도 등에 10여 개가 있었다. 특히 조령, 관갑천잔도, 팔조령, 작천잔도 등 고갯길이나 험한 길에 설치되었으며, 그 밖에 대읍의 성문 밖, 나루터 부근에 설치되었다.

문경새재의 경우 새재 제3관문 조령관 북쪽 연풍현에 신혜원이 설치되었다. 그리고 제1관 주흘관 북쪽 1km 지점에 조령원이 있었다. 조령원은 경상도의 신구 관찰사가 문서를 교환하던 장소인 교귀정에서 500m 아래쪽에 자리 잡고 있다. 이로 미루어 볼 때, 조령원에서 휴식을 취한 구관과 신혜원에서 출발한 신관이 교귀정에서 인수인계를 하였을 것이다. 그러나 원은 점차 사라졌다. 문경현의 경우, 『여지도서』에 따르면 조령원을 비롯하여 모두 11개의 원이 있었으나 지금은 모두 못쓰게 되었다고 한다.

그 외에 파발참(擺撥站)이 있다. 임진왜란 때 명나라군이 사용한 것을 모방한 통신체계로서, 공문서의 신속한 전달을 위해 만들었다. 영남대로에는 약 12km 간격으로 파발참이 설치되었다. 발참에는 발장 1~2명과 파발꾼 10~30명이 있었다. 문경에 있는 유곡발참에는 발장 1명, 파발꾼 30명이 있었다.

3. 문경에서 찾는 옛길의 흔적

문경새재의 세 관문, 주흘관·조곡관·조령관

길은 어디선가 산을 만나고 산을 넘기 위해서는 고갯길이 만들어진다. 그리고 고갯길 가운데서도 중요한 곳에는 관문이 설치되었다. 영남대로에서 중요한 고개는 양재역 남쪽의 다리내고개, 양지와 죽산 고성 사이의 좌정고개, 차령산맥의 임오치, 소백산맥의 조령, 문경과 유곡 사이의 관갑천잔도, 선산과 칠곡 사이의 소야고개, 달성과 청도 사이의 팔조령, 성현, 삼랑진과 물금 간의 작천잔도 등이 있다.

그 가운데서도 가장 험한 고갯길은 조령이다. 영남대로는 한강 유역과 낙동강 유역을 이어 나가면서 이루어졌는데, 이를 가로막는 것이 소백산맥이다. 여기에는 죽령, 계립령, 이화령, 추풍령 등 여러 고개가 있으며, 그 가운데서도 조령과 죽령이 큰 편이었다.

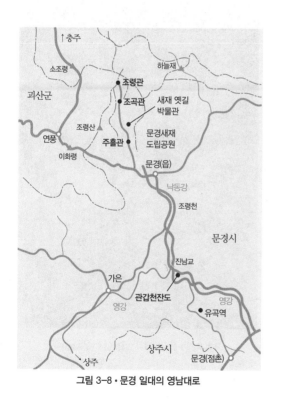

그림 3-8 · 문경 일대의 영남대로

조령에는 삼중의 관문이 있어서 그 중요성을 말해 준다. 아래로부터 1관문인 주흘관(문경시 문경읍 상초리), 2관문인 조곡관, 3관문인 조령관이 있다. 임진왜란 때 밀양, 대구 방면의 왜장 고니시 유키나가(小西行長)와 경주에서 북상하던 가토 기요마사(加藤淸正)의 부대가 이곳에서 합류했을 정도로 군사적으로 중요한 지점이었다.

임진왜란 이후 1594년 충주 수문장 신충원의 건의에 따라 성을 쌓고 관문을 설치한 것이 조곡관이며, 그 뒤 숙종 34년(1708)에 제1, 제3관문을 설치하였다. 따라서 문경은 가장 중요한 전략요충지가 되었다. 특히 조령을 넘어오면서 도의 경계가 달라지기 때문에 행정·경제·문화 등 모든 점에서 차이가 있다.

제3관문에서 내려오거나 제1관문에서 올라가는 길을 모두 택할 수 있다. 이화령휴게소에서 문경으로 난 32번 국도를 따라 6.5km쯤 가면 제1관문으로 가는 2번 시도로가 나오고, 여기서 약 2.5km를 가면 제1관문 주차장이 나온다. 제3관문은 이화령에서 국도로 소조령을 거쳐 간다. 문경읍이나 점촌, 충주나 수안보에서 버스를 이용해도 좋다.

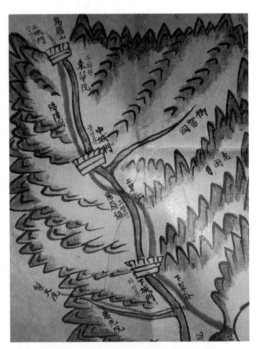

그림 3-9 · 문경새재의 삼관문(1872년 지방지도)
새재의 삼중관문이 잘 나타난다. 상성문, 중성문, 하성문이 곧 조령관, 조곡관, 주흘관이다.

그림 3-10 · 조곡관

　여기에는 관련된 유적지가 많다. 제1관문 길을 따라 좀 더 올라가면 조령원 터에 이르는데, 규모가 상당히 크고 온돌시설도 있었다고 한다. 더 올라가면 바위에 새긴 선정비가 보이고 이를 지나 교귀정이 나타난다. 신구 경상감사가 업무를 인수인계하는 자리였다. 성종 대에 현감 신승명이 지었는데, 김종직이 교귀정으로 이름을 붙였다고 한다. 그리고 조곡관을 들어서면 옛 오솔길이 보인다. 옛길을 일부 남겨 두었다. 이곳을 걸어 보면서 새재를 넘는 옛 사람의 심정을 느껴 보는 것도 좋을 것이다.

　또 이곳에는 처음으로 옛길박물관이라는 흥미로운 박물관이 세워졌다. 제1관문 주차장에서 검문소를 지나면 바로 나타난다. 본래 문경새재박물관이라는 향토박물관이 있었는데, 이를 2009년에 옛길과 여기에 따른 역사·문화를 종합적으로 보여 주는 박물관으로 개편하였다. 이 옛길박물관에서 영남대로를 중심으로 전국의 옛길에 관한 많은 정보를 찾아볼 수 있다.

가장 험한 길, 관갑천잔도(토끼비리)

고갯길은 험하기 마련이지만 그 가운데 특별히 험한 길은 잔도이다. '벼랑을 따라 나 있는 잔도(緣崖棧道)'라고 하듯이 험한 곳에도 길이 필요하기 때문에 어려운 작업을 통해 만들었다. 대표적인 잔도가 관갑천잔도(串岬遷棧道)이다. 천(遷)은 천도(遷道), 곧 하천변의 절벽을 파내고 만든 길을 뜻하고, 잔도도 절벽을 깎아서 만든 길이니 비슷한 용어를 겹쳐 쓴 셈이다. 그만큼 험한 길임을 뜻한다고 하겠다.

고모산성이 있는 고모산(문경시 마성면 신현리)은 새재를 통해 한강 이남지방으로 연결하는 교통로가 발달하였다. 낙동강 지류인 소야천과 가은천이 합하는 곳에 용연이 있고, 용연의 동쪽 벼랑이 관갑천이다. 수면으로부터 10～20m 위의 석회암 절벽을 깎아서 길을 만들었으며, 토천 또는 토잔이라고도 불렀다.

문헌에 따르면 고려 태조 왕건이 견훤과 전투를 벌이기 위해 남하하다가 이곳에 이르렀는데 길이 막혔다. 마침 토끼 한 마리가 벼랑을 따라 달아나기에 이를 쫓아가다 보니 길을 낼 만한 곳을

그림 3-11 · 관갑천잔도(토끼비리)
바위를 깎아 길을 만든 흔적이 잘 드러난다.

발견하여 벼랑을 잘라 길을 냈다(『신증동국여지승람』 권29 문경현 형승조). 여기서 토끼비리(토천)라는 이름을 얻었다고 한다. '비리'는 '벼루'의 문경 방언으로, 낭떠러지 아래 강이 흐르거나 해안을 낀 곳을 가리킨다. 길이는 2km를 조금 넘으며, 영남대로에서 가장 험준한 길이다.

3번 도로가 진남교와 만나는 곳, 여기에 휴게소가 있어서 그 옆길로 올라가거나 반대쪽으로는 찻길을 이용해서 진남문까지 차로 올라갈 수 있다. 용연벼랑 옆을 깎아 길을 만들었는데, 凹자형으로 깎여 있는 곳이 여러 곳 있어서 애써서 다듬은 길임을 알 수 있다. 그 길로 올라가면 강 밑으로 진남교반이 보인다. 교반은 다리 주변을 뜻하는데, 진남교 다리 주변의 경관을 경북팔경 가운데 으뜸으로 친다.

토끼비리 위로는 새재로 올라가고 아래로는 영남대로의 가장 중요한 찰방도인 유곡역으로 간다. 그 근처의 토끼비리를 거쳐 넘어가는 돌고개도 주막, 서낭당 등을 잘 복원해 놓았다. 토천의 끝 봉우리에 고모산성이 있는데, 둘레가 990척이라고 하니 크지는 않다. 그러나 임진왜란 때 왜군이 성을 지키는 병사가 있을까 두세 번 엿보고 나서 없다는 사실을 알고

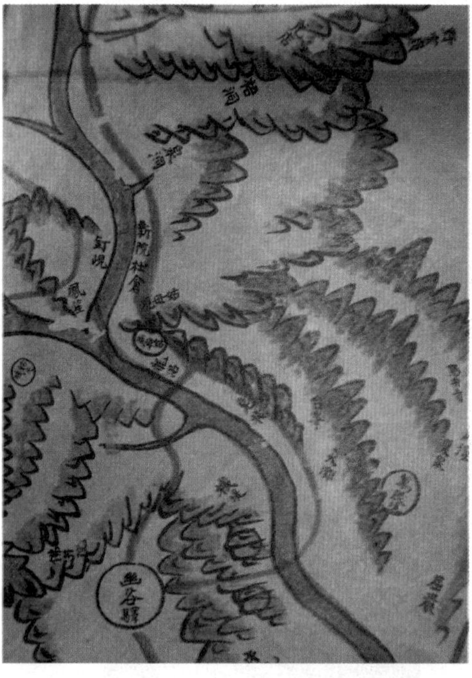

그림 3-12 • 관갑천잔도와 유곡역(1872년 지방지도)

관갑천잔도(여기서는 '토끼비리 잔도'라는 뜻으로 '토잔'이라고 표기하였다.)와 그 아래 유곡도를 관장하는 찰방역인 유곡역이 보인다.

서는 노래를 부르고 춤을 추며 지나갔다고 할 만큼 매우 중요한 곳이다. 현재 복원 중이니 토천과 함께 묶어서 돌아보면 좋을 것이다.

여기에 버금가는 곳으로는 삼랑진의 작원관 옆 작천잔도가 있다. 작(鵲)은 작원관에서 땄다. 강변에 기차 터널이 있는데, 예전의 작천잔도를 닦아서 철길을 만든 것 같다. 조선시대의 지도를 보더라도 절벽과 강 사이로 "요충지로서 좁고 험한 길"이라고 기록되어 있다. 작원관에서 중리동 하주막까지 약 3.5km에 달한다. 터널 바깥쪽에는 작원진 나루터가 있고, 작천잔도에서 조금 내려가면 양산시 원동으로부터 물금에 이르는 약 8km의 황산천잔도가 있다. 그 밖에 문경새재 제2관문인 조곡관 아래 용추 부근도 천도에 해당한다.

영남의 목구멍, 유곡역

영남대로의 유곡도를 관장하는 찰방역인 유곡역은 '영남의 목구멍'이라고 할 만큼 중요한 곳이었다. 진남교에서 견탄리를 거쳐 옛길로 내려오면 점촌의 북쪽에 점촌북초등학교(본래 유곡초등학교)가 있고, 그 앞에 관찰사비, 찰방비, 역리비 등 비석이 있다. 서낭당이 있던 서낭당고개를 돌아가면 유곡역 터에 1990년 세운 사적비가 서 있다(정확한 명칭은 '幽谷驛道事蹟碑').

여기서 옛 도로를 따

그림 3-13 • 유곡역 앞 비석거리

라 내려가면 점촌시내로 접어들고, 옛 함창고을과 마주치는 곳에 모전동이 나온다. 여기는 옛날 모전점이 있었는데 이곳이 커져서 점촌동이 되었고 지금은 문경의 중심지가 되었다. 이 길을 따라 내려가면 함창 읍치로 가게 된다. 1890년 함창 농민항쟁으로 관아에서 농민들에게 끌려 모전점까지 쫓겨난 수령이 유곡역을 통해 서울로 올라갔다고 한다.

낙동강의 가장 큰 나루, 낙동나루

길은 물과도 만난다. 그래서 이를 건너는 나루도 길의 일부이다. 다리는 만들기도 어렵지만 수로를 통행하는 선박의 운행에 장애가 되기도 한다. 그렇지만 육로가 수로에 차단되었다가 다시 육로로 바뀌는 일이 자주 있으면 곤란할 것이다. 영남대로는 하안을 따라 평행한 길이 대부분이어서 이러한 곳이 많지 않다. 넓은 도하지점은 낙동강 나루이고, 그

그림 3-14 • 낙동나루 터

밖에 달천, 견탄 등 작은 나루가 있을 따름이다. 이러한 나루터는 도로까지 접근하기 쉽고 수레와 인마가 통행하기 쉽게 인공으로 길을 뚫기도 하였다. 나루터는 우역의 보조기관이었으므로 큰 나루에는 도승(종9품)을 배치하여 선박과 선부를 관장하게 하였다. 때로는 기찰을 하기 위해 소규모의 병력을 배치하기도 하였다.

상주시내에서 25번 도로와 비슷하게 가는 옛 도로로 동쪽 길을 향하면 낙동강과 마주하는 곳에 낙단교가 서 있고, 낙단교를 건너면 오른쪽에 낙동나루 터가 있다. 낙동나루는 낙동강 1,300리 물길 가운데서도 가장 큰 나루였다. 낙동강 하류지방의 각 조세창고에서 한양으로 세곡을 실어 나르던 뱃길의 최상류 종착지점이었다. 낙동강 700리라고 한 것도 부산에서 여기까지의 거리를 말하였다. 그곳에서 강을 따라 조금 위로 올라가면 관수루라는 정자가 있다. 1976년에 다시 건립하였는데 강을 환히 내려다보며 즐길 수 있는 자리이다. 근처 낙정역과 낙정마을도 찾을 수 있다. 옛 도로를 따라 내려가면 선산 방향이며, 912번 도로를 타고 동쪽으로 가면 예천으로 향한다.

● **참고문헌**

도도로키 히로시, 『일본인의 영남대로 답사기』, 한울, 2000.

신경림, 『남한강』, 창작과비평사, 1987.

신경림, 『새재』, 창작과비평사, 1979.

신정일, 『영남대로』, 휴머니스트, 2007.

정약용, 『목민심서』 중 공전 6조.

최영준, 『영남대로―한국 고도로의 역사지리적 연구』, 고려대 민족문화연구소, 1990.

옛길박물관 http://www.oldroad.go.kr/

경북 문경시 문경읍 새재로 520(문경시 문경읍 상초리 242-1)
Tel: 054) 550-8365~8 Fax: 054) 550-6427

4장

조선의
문예부흥기로 떠나는
남한강 뱃길여행

김양식

선택의
변

18세기 전후 200여 년은 한국 역사상 문예부흥기로 일컬어
진다. 임진왜란과 병자호란을 거친 조선은 17세기에 자기 학
문으로서 성리학을 자리매김한 뒤 이를 바탕으로 18세기에
실학과 진경문화를 꽃피운다.

그 무렵 여행문화 역시 절정을 이룬다. 수많은 시인·묵객들
이 명승지를 찾아 글을 짓고 그림을 그렸으며, 여행기를 남
겼다. 그들은 뛰어난 자연경관에 감탄하였고, 발로 밟은 옛
유적지에서 역사의 숨결에 심취하고, 선인들의 자취에 감흥
하며 자연과 시간여행을 즐겼다.

이러한 여행문화로 인해 전국에 명산과 명승지가 크게 발달
하였다. 그 가운데 '단양팔경'을 비롯한 충북 지역 남한강 주
변의 명승지는 전국에서 으뜸이었다. 더욱이 뱃길로 풍류여
행을 즐길 수 있었던 남한강 명승지는 시인·묵객들의 관심
대상이었다. 그것은 현재까지도 남아 있는 수많은 글과 여행
기, 바위글씨, 그림 등을 통해서 알 수 있다.

조선의 문예부흥기로 떠나는 남한강 뱃길여행, 그것은 조선
후기 진경문화의 진면목을 볼 수 있는 시공간의 여행이 될
것이다.

1. 역사 무대에 오른 남한강 명승지

한강 수계는 백두대간 중부 서쪽에 자리 잡은 강원도 정선·영월, 충청북도의 단양·제천·충주·괴산 등지에서 흘러내린 물길이 모아져 거대한 남한강 물줄기를 형성하면서 서쪽으로 흐르고 있다. 이곳은 곳곳에 아름다운 산과 계곡이 흐르고 산간에서 흘러나온 물길이 물길을 만나 큰 강길을 이루고 있다. 강길 옆에는 큰 포구가 형성되고 마을이 자리 잡고 있었으며, 오늘날까지도 기암괴석이 어우러진 아름다운 경관을 곳곳에서 자랑하고 있다.

특히 남한강은 한반도의 허리를 흐르는 동맥과도 같아서 이곳을 차지하기 위해 고구려·백제·신라 사이에 치열한 정복전쟁이 있었다. 통일신라시대에는 중원경이 설치되어, 경주 다음으로 정치와 문화 중심지 역할을 하였다. 고려시대에는 충주 지역을 중주(中州)라 하여 국토의 중앙으로 인식하였고, 충주에서 여주에 이르는 남한강변에서 화려한 불교문화를 꽃피웠다. 조선시대 역시 당시 가장 큰 교통로였던 영남대로가 통과하여 남한강 뱃길을 중심으로 인적·물적 교류가 활발하였던 곳이다.

더욱이 남한강은 아름다운 산과 물이 흐르고, 동서남북으로 길이 이어져 있어 여러 명승지와 그를 찾는 시인·묵객들이 많았던 곳이다. 명승지는 하루아침에 형성되는 것이 아니다. 오랜 세월을 거치면서 많은 사람의 발길이 닿아 세상에 알려지고 문화의 숨결이 쌓이면서 명승지로 자리 잡게 된다. 그렇게 형성되는 명승지는 '지리지'에 잘 나타나 있다.

명승지에 대한 최초의 종합 정보지리지라 할 수 있는『고려사』「지리지」(1454)에는 산 이름과 제사 사실 정도만 기록되어 있다. 반면에 조선 초기의 지리지인『세종실록』「지리지」(1454)에는 중앙집권 통치가 강화되면서 전국의 산천에 대한 정보가 명산과 진산을 중심으로 수록되어 있는데, 명산 31개, 진산 109개, 산 81개 등 총 221개가 소개되어 있다. 그중에서 남한강 수계를 이루는 명산은 죽령산(소백산), 월악산, 속리산이다.

그러나 이러한 명산은 국가 안위와 국방 및 풍수 차원에서 언급된 것이다. 인문지리적인 차원에서 명승지를 소개한 것이 아니다. 15세기 중엽까지만 해도 산에 대한 이해는 명산과 진산 중심으로 이해되었을 뿐, 산 일반에 대한 보편적 이해와 지리 정보는 자리 잡지 않았다.

그렇지만 산에 대한 지리정보는 점점 확대되었다. 그 결과 16세기 『동국여지승람』단계에 이르면 현재까지 계승되고 있는 산천과 명승지에 대한 기본 윤곽이 자리 잡는다.

조선 중기의 대표적인 지리지로 1530년(중종 25)에 중종의 명에 따라 이행 등이 편찬한『신증동국여지승람(新增東國輿地勝覽)』은 산천 외에 유교문화를 향유하는 사림층의 성장으로 명승지에 대한 시문과 기문 등이 수록되어 있어 당시의 명승지 문화를 엿볼 수 있다. 『신증동국여지승람』은 연혁, 풍속과 형승(形勝), 산천, 누정(樓亭), 인물, 제영(題詠) 등으로 구성되어 있다. 『세종실록』「지리지」보다 풍부한 지역정보를 제공하고, 해당 지역의 명산과 명승지 등을 체계적으로 엿볼 수 있다. 특히 1,871개에 이르는 산 외에 하천·고개·계곡·바위·폭포 등과 같은 자연요소와 마을·우물·사찰·고적·명승·누정 등과 같은 인문요소도 포함되어 있다. 남한강 주변 대표적인 산천과 명승고적은 소백산, 월악산, 한벽루, 수안보 온천, 조령, 죽령 등이 있었다.

16세기 사림문화의 발달로 자리 잡은 명승문화는 조선 후기에 이르면 절정을 이룬다. 이는 유교적 자연관과 수련문화에 기초를 둔 것으로 명산대천을 찾아다니며 자연과 합일되고 극기복례하려던 선비들의 풍류문화의 소산이기도 하다. 정치적으로는 유학자들이 과거를 통해 사대부의 길이 제한되자, '산림처사(山林處士)'를 자처하면서 고을 산천에 관심을 갖고 명산대천에서 풍류를 즐기던 문화와도 밀접한 관련이 있었다.

그래서 조선 후기에는 다양한 지리지가 편찬되고 문인들이 명승지를 기행하고 남긴 여행기나 시문이 풍부히 남아 있어 이를 통해 사대부나 선비들이 즐긴 명승문화를 자세히 엿볼 수 있다. 17세기부터는 구곡과 팔경문화도 발달하였다. 유학자들은 자신들이 사는 지역에서 산수가 수려한 계곡과 아름다운 경관을 선정하여 각각 구곡과 팔경을 설정한 뒤, 정자를 짓고 풍수를 즐기며 시문을 짓는 등 자연 속에서 풍류를 즐기는 명승문화가 절정을 이루었다.

16세기까지만 해도 자연은 천지의 이치가 구현된 공간이었다. 아름다운 자연경관을 찾는 목적도 심신 수련과 선학의 발자취를 찾는 수신(修身)과 수학(修學)의 방편이었을 뿐이다. 유학자들에게 명산과 명승지는 우주의 이치를 몸으로 터득하는 장소이자 공부 텍스트였다.

그러나 17세기 들어 유학자들은 자연 자체의 아름다움을 주목하였을 뿐 아니라, 성리학으로 이념화된 자연보다도 아름다운 경관 그 자체를 탐구하고 즐기는 풍류의 공간으로 접근하였다. 아울러 자연의 아름다움을 통해 극기복례의 지혜를 터득하는 심신 수련의 장소로 받아들였을 뿐 아니라, 자연의 아름다움을 체득함으로써 높은 도학의 경지에 오른 것으로 인식하였다. 이는 곧 빼어난 명산·명승지와 자신을 일치시킴으로써 높은 도학의 경지에 오른 자신을 표상화한 것이다. 자연히 아름다운 경관을 찾는 문인과 시인·묵객들의 발길이 늘어나면서 명승지는 발달하였다.

당시 명승지를 한눈에 파악할 수 있는 지리책은 조선 후기 최대의 종합 지리책이라 할 수 있는 『여지도서(輿地圖書)』이다. 이 책은 1530년에 『동국여지승람』이 신증된 이후 250여 년이 지난 1757년(영조 33)부터 1765년에 걸쳐 국가적인 차원에서 편찬된 종합 지리지이다. 그 때문에 18세기 중엽까지 알려진 모든 자연 및 인문지리 정보가 체계적으로 정리되어 있다.

『여지도서』에는 각 군현마다 명산이 소개되어 있는데, 16세기 『신증동국여지승람』에 나오는 산들과 대동소이하다. 사실상 16~18세기 200년 동안 명산은 특별히 증가하지 않은 것으로 볼 수 있다. 반면에 이름 있는 명승지는 3배 이상 크게 증가하였다. 이는 교통이 발달하고 문화 수준이 향상되면서 여행 인구가 늘어난 데다가, 17세기 이후 명산과 명승지 유람이 크게 성행한 결과이다.

실제 18세기 전후 아름다운 명산과 명승·산수 유람은 특이한 문화현상이었다. 실학이 융성하고 경제가 발전하자 여행문화도 발달하였다. 여행의 정취를 담은 문학작품과 예술작품이 쏟아져 나왔다. 단적인 예로 현재 남아 있는 명산 여행기, 즉, 유산기(遊山記)는 모두 450여 편이나 된다. 대부분 18세기 전후 200여 년 동안 쓰여진 것들이다. 이들 여행기에 등장하는 산도 백두산, 금강산, 지리산, 속리산 등 134개 이상이나 된다. 이것은 당시 문화사조로 나타난 진경문화의 한 모습이자 문예부흥의 실제라 할 수 있다.

조선 후기 명승지는 당시 쓰여진 여러 책에서 확인된다. 조선 후기 실학자로서 실증적 역사서인 『연려실기술(燃藜室記述)』을 편찬한 이긍익(李肯翊, 1736~1806)은 그의 글 「지리전고(地理典故)」에서 전국의 명승지를 소개하였다. 한 예로 현재의 충북 지역에 있는 명승지는 모두 13개였는데, 그 가운데 12개가 〈표 4-1〉과 같이 충주에서 단양에 이르는 남한

표 4-1 · 『연려실기술』에 소개된 충북 지역 남한강 명승지

지역	명승지	특징
단양	도담	세 바위가 한복판에 솟아 있음
	구담	석벽이 하늘에 높이 솟아 있고 강선대, 채운봉, 옥순봉이 솟아 있음
	가은암 외	상선암, 중선암, 하선암이 있음
	이요루	단양 서쪽에 있으며, 김일손의 기문이 남아 있음
	운암	단양 동남쪽 사인암 상류, 서애 유성룡의 정자 터가 남아 있음
	석굴	영춘에 있으며, 맑고 찬 물이 흘러나옴(온달동굴)
제천	의림지	못 서쪽에 후선정 정자가 있음
	한벽루	청풍에 있으며, 큰 강물을 굽어봄
충주	달천	속리산에서 발원하고, 금천 앞에서 청풍강과 합류함
	탄금대	선인 우륵이 거문고를 연주함

출처: 이긍익, 『연려실기술』 별집 제16권, 「지리진고」.

강 주변에 집중되어 있다.

이긍익 외에 성해응(成海應, 1760~1839) 역시 『동국명산기(東國名山記)』에서 당시의 명산과 명승지를 종합적으로 정리하여 소개하고 있다. 그는 규장각에 근무하면서 각종 서적을 광범위하게 섭렵했고, 북학파 실학자들과 교유하여 실학의 기초를 마련한 인물이다.

성해응은 규장각에서 수많은 서적을 읽었고 고증학적인 방법으로 저술을 한 만큼, 당시 세상에 알려진 명산과 명승지를 집대성하였을 것으로 보인다. 성해응이 꼽은 전국의 명산과 명승지는 96개였다. 그 가운데 충청도에 위치한 것이 38개로 가장 많았다. 남한강이 흐르는 충주에 3개, 제천에 5개, 단양에 13개 등 20개가 집중 분포하였다. 따라서 단양에서 충주에 이르는 남한강, 특히 도담삼봉과 구담이 있는 단양은 조선후기 전국 최고의 관광지였음을 알 수 있다. 그래서 지금도 이들 명승지에 가면 그곳을 다녀간 수많은 문인과 시인·묵객들이 풍류를 즐기며 바위에 새긴 이름이 곳곳에 남아 있다.

단양을 중심으로 남한강 명승지가 부각된 데에는 빼어난 자연경관이 많은 것이 일차적인 조건이 되었으나, 여러 역사적인 이유도 있다. 그 하나는 영

그림 4-1 · 단양의 옛 지도(1872)
명승지를 크게 그려 강조하고 있다.

남대로 동로(東路)가 지나는 길목에 있었기 때문이다. 조선 후기에 들어와 경북 안동·영주 등지의 선비들은 과거시험차 한양으로 가기 위해 소백산 죽령을 주로 이용하였다. 죽령을 넘은 선비들은 단양 땅을 밟아 뱃길로 한양에 가곤 하였다. 그에 따라 단양을 찾는 문인들이 많아지고 그들에 의해서 명승지가 소개되면서 전국적인 명성을 얻게 되었다.

특히 단양이 부각된 이면에는 퇴계 이황의 역할이 컸다. 일찍이 퇴계 이황은 1548년에 자청하여 단양군수로 부임한 뒤 단양의 여러 절경을 둘러보며 현재의 '단양팔경'에 해당하는 명승지를 지정하고 그 이름을 하나씩 지어 준 뒤 시문(詩文)을 남겼다. 또한 햇살 좋은 봄날 단양 명승지를 유람한 뒤 「단양산수가유자속기(丹陽山水可遊者續記)」라는 글을 남겼다. 퇴계는 이 글에서 구담·도담 등지의 명승절경의 아름다움을 묘사하고 기암괴석에 이름을 새로 붙여 후대에 전하였는데, 이 글이 후배 문인들에게 커다란 영향력을 미쳤다.

이황의 글이 영남 문인에게 큰 영향을 미쳤다면, 기호 문인들에게는 우암 송시열(宋時烈, 1607~1689)의 족적이 큰 영향을 미쳤다. 우암은 함께 북벌을 꿈꾸던 효종이 죽은 뒤 1666년에 괴산 화양동으로 내려와 살았는데, 1670년에 단양에 있는 구담·도담 등지를 유람하고 청풍 팔영루의 편액을 쓰는 등 단양 등지의 명승지에 대한 의미를 더하였다. 이는 자연히 그의 제자들에게 영향을 미쳤다. 특히 우암의 수제자인 수암 권상하는 월악산에서 흘러내리는 황강에 구곡을 설정하고 서재를 지어 수일암(守一菴)이라는 우암의 편액을 걸었다. 이곳은 숙종과 영조가 정선으로 하여금 황강구곡을 그리도록 할 정도로 주목을 받은 곳이다. 그 때문에 노론계 인사와 문인들이 남한강 명승지를 유람할 때 꼭 방문하는 장소가 되곤 하였다.

더욱이 우암 사후 화양서원과 만동묘가 건립되어 있던 화양동은 기호 문인과 노론계 인물들의 성지와도 같았다. 많은 문인이 남한강을 따라 화양동을 찾거나, 화양동에 갔다가 남한강을 유람하면서 스승의 발자취를 되새기곤 하였다.

이렇게 16세기에 부각된 남한강 명승지는 17세기 이후 시간이 지날수록 더욱 부각되었다. 특히 남한강 명승지가 주목받은 것은 그곳을 찾은 문인들이 남긴 시문과 화가들이 그린 명승지 그림 등이 유통되면서 홍보 매체가 되었기 때문이다.

2. 남한강 뱃길여행을 가다

명승지는 처음부터 명승지가 된 것이 아니라, 그곳을 찾는 사람들에 의해 입소문이 나기 때문이다. 또한 글소문도 아름다운 자연경관과 옛 유적지를 명승지로 자리매김하게 만든다.

그러기 위해서는 사람들이 명승지를 찾아야 한다. 명승지를 찾아가는 길은 여행길이다. 여행은 아주 오래전부터 있어 왔지만, 대중적인 여행은 조선 후기에 들어와서이다. 조선 후기에 이르면 교통로가 발달하고 경제적인 여유가 생기면서 관료층과 시인·묵객들이 명승지를 찾아 풍류를 즐기고 자취를 남기곤 하였다. 특히 성리학을 공부한 문인들은 "어진 자는 산을 좋아하고 지혜로운 자는 물을 좋아한다" 하여 경치 좋은 산수를 유람하는 것을 수신(修身)의 일환으로 여기고, 명산대천을 찾아 여행길에 오르곤 하였다.

명승지를 찾은 여행객의 흔적은 바위에 새겨진 이름 석 자를 통해 알

그림 4-2 · 아름다웠던 황강의 옛 모습(「황강서원도」, 「남한강실경산수도」, 서울역사박물관 제공)

수 있다. 지금도 옛 명승지를 찾아가 보면 그곳을 다녀간 수많은 사람의
이름이 바위에 새겨져 있다. 분명 그들은 명승지를 찾아 풍류를 즐기고
그 흔적을 영원히 남기고자 바위에 이름을 새겼으리라.

그뿐만이 아니다. 명승지를 찾은 시인·묵객들은 명승지의 아름다움
과 감회를 때로는 시나 여행기 또는 일기에 담아내었다. 이러한 문학전
통은 이미 고려 말부터 성립되어 조선 후기에 이르면 절정을 이룬다. 그
래서 지금도 그들이 남긴 수많은 글을 통해 100년 전, 300년 전 명승지
의 정취와 감흥을 엿볼 수 있다.

그중에서 조선 후기 '남한강 뱃길여행'은 돈 많은 위정자뿐 아니라,
선비들도 가고 싶어 하던 풍류기행 코스였다. 그 가운데 남한강 상류에
위치한 4군(단양·청풍·영춘·제천)은 아름다운 강물과 기암괴석 등으로 충청
도 50여 개 고을 가운데 가장 아름다운 곳으로 알려졌으며, 17~18세기

그림 4-3 • 여주부터 단양에 이르는 남한강 뱃길(『대동여지도』)

문인들이 풍류를 즐기고 그것을 글과 그림으로 표현하고자 하였던 전국 최고의 명승지이자 여행지로 손꼽혔다.

특히 단양팔경을 비롯해 청풍 한벽루 등 남한강 주변의 명승지가 뱃길여행지로 부각된 것은 그 당시 이른바 '사군산수(四郡山水)'라는 관광 브랜드가 유행하였기 때문이다. 사군은 단양·청풍·영춘·제천을 말한다. 이들 네 지역은 17세기 이후 산수를 유람하고 풍류를 즐기고자 하는 문인들이 가장 선호하는 곳 가운데 하나였다. 윤선도는 1664년에 배를 타고 사군산수를 유람하면서 구담과 도담의 아름다움을 극찬하였고, 1650년에 단양군수로 부임한 박환(朴煥)은 김육 등과 함께 도담 등 사군산수를 유람한 뒤 화가로 하여금 그림을 그리게 하였다. 다산 정약용도 1790년 여름 죽령을 넘어 단양 운암 → 사인암 → 삼선암 → 구담 → 도담을 여행한 일이 있었다.

이와 같이 18세기 전후 남한강 뱃길여행은 전국 최고의 여행 일번지로 부각되었다. 현재 남아 있는 대표적인 남한강 뱃길여행기는 〈표 4-2〉와

표 4-2 · 남한강 뱃길여행기

여행자	여행시기	여행 코스	여행기
김창흡	1688	덕소→양평 용문산→여주 신륵사→충주 목계→탄금대→청풍 황강역→한벽루→단양 옥순봉→구담→도담→사인암→하선암→단양군 관아→구담→한벽루→제천→영월→의림지→정방사→목계	단구일기 (丹丘日記)
신광하	1773	영월 청령포→제천 의림지→충주 탄금대→청풍 황강→한벽루→옥순봉→구담→장회마을→삼선암→사인암→단양읍→도담→영춘→영월	사군기행 (四郡紀行)
한진호	1823	서울→광주→양평 용문산→여주 신륵사→충주 목계→청풍 황강→한벽루→옥순봉→구담→사인암→도담→제천 의림지→박달고개→충주 탄금대→가흥→원주→서울	도담행정기 (島潭行程記)
서응순	미상	단양→도담→석문→사인암→삼선암(상선/중선암/하선암)→구담→옥순봉→청풍 한벽루→의림지	사군산수기 (四郡山水記)
이만부	미상	청풍 황강→한벽루→옥순봉→구담→도담	사군산수기 (四郡山水記)

같다.

남한강 뱃길여행기 가운데 가장 선도적이고 후대에 큰 영향을 미친 것은 김창흡(金昌翕, 1653~1722)이 저술한 『단구일기(丹丘日記)』이다. 김창흡은 36세이던 1688년 3월 4일 서울에서 출발하여 뱃길로 한 달에 걸쳐 여주 → 충주 → 단양 → 제천 → 영월을 여행하면서 아름다운 자연경관을 예찬하고, 고적을 찾고 뱃놀이를 하면서 풍류를 즐겼다. 때로는 자신의 내면을 들여다보면서 심신 수련의 방편으로 삼기도 하였다. 그 시기에 쓴 뛰어난 시만도 300여 수에 이른다. 이 일기는 그 이후 여러 문인에게 읽혔는데, 남한강 뱃길여행의 지침서 역할을 하였다.

실제 한진호(韓鎭㦿, 1792~?)는 31세이던 1823년 4월 12일부터 5월 13일까지 한 달 동안 남한강을 뱃길로 여행하였다. 여행 코스는 김창흡과 거의 동일하였다. 아마도 김창흡의 여행기를 따라 남한강 산수를 유람한 것으로 보인다. 한진호 역시 김창흡처럼 제천 의림지를 유람한 뒤 걸어서 박달고개를 넘어 충주로 이동하였다. 또한 이들 여행객들이 빠지지 않고 들른 곳은 단양 구담·도담 등 단양팔경과 청풍 한벽루, 그리고 탄금대와 같은 저명한 명승지였다.

김창흡과 한진호 두 사람의 남한강 뱃길여행은 135년의 편차를 두고 비슷한 시기에 비슷한 길로 이루어졌다. 두 사람이 기록한 뱃길여행기 내용도 풍부하다. 이를 통해 18~19세기 남한강 뱃길, 여행문화, 명승지 분포와 특징, 고적과 문물, 민속 등을 자세히 엿볼 수 있어 흥미로운 여행기이다.

이와 같이 조선 후기 여행 1번지로 부상한 남한강 뱃길여행을 다녀온 이들은 여행 중에, 또는 여행을 마치고 견문한 것을 글이나 그림으로 남겼다. 당시에 그려진 남한강 명승지 그림으로 현존하는 것만도 60점이 넘을 정도이다.

그 가운데 남한강 명승 그림을 체계적으로 그린 첫 화가는 김창흡의 제자이기도 한 겸재 정선(鄭敾, 1676~ 1759)이다. 정선은 1737년에 남한강

그림 4-4 · 「단구승유도(丹丘勝遊圖)」(글: 이광사, 그림: 최북, 개인 소장)

그림 4-5 •「단양 옥순봉도」
(윤제홍, 「한산구구옹첩」, 개인 소장)

상류 사군산수를 그려 화첩을 제작한 일이 있다. 현재 그가 그린 단양 도담 삼봉, 봉서정, 하선암 그림이『구학첩(邱壑帖)』에 수록되어 있다. 그 그림에는 당대 최고의 시인으로 평가받는 이병연의 글도 실려 있어 시화첩 모범을 보여 준다. 이는 후대 문인과 화가들에게 큰 영향을 미쳤다.

당대 최고의 명필가로 알려진 이광사(李匡師, 1705~1777)는 1749년 늦은 봄에 청풍 한벽루에서 놀면서, 직업화가 최북으로 하여금 도담삼봉에서 뱃놀이하는 그림을 그리도록 하고, 그린 시기와 목적, 참석자 5명의 이름을 기록하였다. 이것이「단구승유도」로 전해지고 있다.

윤제홍(尹濟弘, 1764~?)은 1822년에 청풍부사로 있을 때 옥순봉을 자주 다녀왔는데, 그의 나이 81세 무렵인 1844년에 기억을 되살려「옥순봉도」를 그렸다. 그는 바람이 잠잠해지고 햇살이 밝은 날이면 한벽루에서 배를 저어 거슬러 올라가 옥순봉에 가서 놀다 흥이 다해서야 돌아오곤 하였다. 그가 그린「옥순봉도」를 보면, 당시의 모습을 엿볼 수 있다. 배 앞뒤에서 뱃사공이 노를 젓고, 일행은 천막을 치고 가운데 일렬로 앉아 있다. 그리고 피리를 잘 부는 자를 대동하여 풍류를 즐겼다.

이와 같은 윤제홍의 묘사는 당시 일반적인 남한강 뱃길여행의 모습을

그림 4-6 · 「단양 옥순봉도」(김홍도, 「병진년화첩」, 리움미술관 제공)

보여 준다. 실제 뱃길여행 때 타던 배는 그림과 같은 쪽배 모습이었고, 이때 피리를 부는 악사나 화가를 대동하여 풍류를 즐기고 풍광을 화폭에 담기도 하였다. 이런 모습은 당시 그려진 여러 그림에서 확인된다.

이는 단원 김홍도(金弘道, 1745~?)의 그림에서도 확인된다. 김홍도는 남한강에서 가까운 연풍현감을 지냈다. 일설에 의하면 남한강 명승지 그림을 그려 올리라는 정조의 명을 받고 특별히 임명되었다고도 한다. 그러나 '남의 중매나 일삼으면서 백성을 학대하였다'는 모함을 받고 1795년 만 3년 만에 연풍현감에서 파직되었다. 김홍도는 재직 시 단양 지역을 유람한 기억을 되살려 『병진년화첩(丙辰年畵帖)』을 제작하였는데, 그 속에 「옥순봉도」, 「사임암도」, 「도담삼봉도」 등이 수록되어 있어 당시의 실경을

그림 4-7 • 단양 「사인암도」(이방운, 「사군강산삼선수석첩」, 국민대학교 박물관 제공)

엿볼 수 있다. 「옥순봉도」를 보면, 1명의 뱃사공이 모는 작은 배를 탄 두 사람이 옥순봉을 유람하는 모습이 생생히 나타나 있다.

이와 같이 명승지를 찾아 글과 그림을 남기는 명승 여행문화는 당시 일반적이었다. 청풍부사로 있던 안숙은 1802년 가을에 청풍 도화동, 단양 도담, 제천 의림지 등지를 여행하였다. 안숙은 추억이 될 명승 여행을 기억에 남기고자 여행기를 쓰고 이방운(李昉運, 1761~1815?)에게 그림을 그리게 하여 화첩으로 만들었는데, 그것이 남한강 뱃길여행과 명승문화를 잘 보여 주는 『사군강산삼선수석첩(四郡江山參僊水石帖)』이다. 모두 14장의 그림이 수록되어 있어 당시의 경관과 여행문화를 살펴볼 수 있다. 안숙 일행은 뱃길로 청풍·단양·제천을 유람하였고, 배가 닿을 수 없는 단양 사임암 같은 곳은 가마나 말을 타고 여행을 즐겼다.

3. 옛 남한강 뱃길여행의 현장을 찾아서

전국 최고의 명승지로 손꼽히던 단양팔경

남한강 뱃길여행에서 가장 손꼽히던 곳은 단양이었다. 조선 후기 전국에서 명승지가 가장 많았던 곳으로는 단연 단양을 꼽을 수 있다. 다산 정약용은 울산에 계신 아버지께 문안드리고 한양으로 돌아올 때는 길을 바꾸어 단양을 둘러볼 정도로, 단양은 조선 후기 여행 1번지였다. 그래서 명승지로 부상한 옥순봉·구담봉·상선암·사인암·석문·도담삼봉 등은 찾는 이가 많아지면서 여러 문학작품과 그림의 소재가 되곤 하였다.

그 가운데 대표적인 8곳을 꼽아 팔경을 설정하였다. 현재 확인 가능한 것은 '단구팔경'이다. 단구라는 명칭은 김일손(1464~1498)이 처음 사용한 단양의 또 다른 이름이었다. 단구팔경에 속한 명승지는 구담, 도담과 석문, 은주암, 상선암, 중선암, 하선암, 운암, 사인암 등이었다. 이는 권신응(1728~ 1787)이라는 화가가 1744년에 그린 그림을 모은 『모경흥기첩(暮景興起帖)』에서 확인된다. 아름다운 경관을 팔경화하는 것은 동양에서 산수를 즐기고 감상하는 전통이었다.

현재 단양의 명승지를 팔경화

그림 4-8 • 「단양 도담도」
(이방운, 「사군강산삼선수석첩」, 국민대학교 박물관 제공)

한 개념은 '단양팔경'이다. 단양팔경이란 말이 처음 등장한 것은 1920년 대부터인데, 그것도 단양에 이주한 일본인들이 주도하였다. 1924년에 조선총독부 제3대 총독 사이토 마코토가 단양 도담삼봉을 방문한 것을 계기로 단양팔경 유람도로가 1925년에 준공되자, 단양 이주 일본인들은 단양팔경을 소개하는 그림엽서를 발행하는 등 대대적으로 관광자원으로 소개하였다.

명승지도 누가 다녀가고 누구의 문예작품 속에 등장하느냐에 따라서

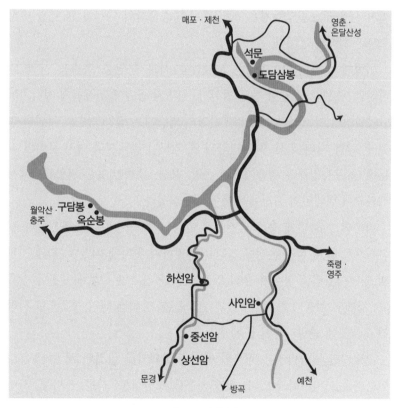

그림 4-9 · 단양팔경

정치적·사회적·문화적 위상이 달라지는 권력의 실체이다. 그런 의미에서 식민지 공간에서 만들어진 단양팔경은 두 가지 의미를 지닌다. 하나는 팔경의 설정 주체가 일본인들이었다는 점이다. 물론 단양 사람들도 참여하였겠지만, 단양팔경을 새롭게 정의하고 홍보한 것은 일본인이라는 점에서 식민지성을 피할 수 없다. 또 하나의 문제점은 전통적인 명승과 명승문화의 단절을 가져왔다는 점이다. 전통적인 명승문화는 역사와 문학과 예술이 어우러진 인문주의와 인간과 자연의 합일을 추구한 성리학적 자연관에 기초를 두었다. 반면에 1920년대에 설정된 이후 오늘날까지 사용되는 단양팔경은 조선 후기 명승문화의 단절된 채 관광 대상으로만 인식되고 있다.

이렇게 설정된 단양팔경은 도담삼봉·석문·구담봉·옥순봉·사인암·하선암·중선암·상선암 등을 말한다. 식민지 공간에서 새롭게 시각화된 단양팔경만 강조되면서 나머지 단양의 명승지는 점차 명승의 지위를 잃었다. 그에 따라 조선 후기 단양의 옛 지도나 지리지와 여러 문인의 시문에 자주 등장하는 명승지였던 운암, 용담, 은주암 등은 단양팔경에서 제외되어 현대인의 시선에서 멀어지게 되었다.

더욱이 1984년에 충주댐 건설로 단양 지역 명승지가 수몰되거나 부분적으로 물에 잠겨 온전한 경관을 유지하지 못하게 되었다. 퇴계 이황의 연인이었던 두향이가 묻혀 있는 옥순봉 건너편 강선대는 물에 잠겼고, 강변의 아름다운 마을이었던 단양읍촌·장회촌 역시 물속으로 사라지고 그곳에 관광시설이 들어섰다.

그렇지만 단양팔경은 역사의 맥이 단절되거나 굴절된 채 여전히 그 아름다움을 자랑하고 있다. 팔경 가운데 도담삼봉, 석문, 구담봉, 사인암, 옥순봉 등 5개가 국가 명승지로 지정되어 있을 정도이다. 이 가운데 대표적인 도담삼봉과 구담봉, 옥순봉을 찾아가 보자.

도담상봉은 단양군 매포읍 하괴리에 있다. 『신증동국여지승람』에서는 "세 바위가 못 가운데 우뚝 솟아 있고, 도담에서 흐름을 거슬러서 수백 보쯤 가면 푸른 바위가 만 길이나 된다"고 묘사하고, 『여지도서』에서는 "금강산에 이와 같은 물이 없고 한강에 이와 같은 강이 없으니 우리 조선에서 제일가는 강산이다"라고 할 정도로 도담상봉의 경관을 극찬하고 있다.

현존하는 도담삼봉 그림으로 가장 오래된 것은 겸재 정선이 그린 「삼도담도(三島潭圖)」이다. 정선은 3개의 봉우리를 기암으로 표현하면서 가운데 봉우리 옆으로 유람객을 실은 쪽배를 그려 뱃놀이의 정취를 보여 주고 있다. 이 그림에 당대 최고의 시인 이병연의 글이 실려 있는데, 그는 "나는 이제 늙었다. 다시는 멀리 유람을 갈 수 없다. 그렇지만 매양 가

그림 4-10 • 정선, 「삼도담도」
(『구학첩(邱壑帖)』, 리움미술관 제공)

을 바람이 일면 그래도 쇠피리 하나 차고 일엽편주에 몸을 싣고 삼도담 가운데에서 달맞이를 하고 싶다"라고 하였다. 이 그림과 글을 통해 도담삼봉의 뱃놀이 풍경과 정취가 어떠하였는지 엿볼 수 있다.

현재 도담삼봉은 충주댐 건설로 인해 수면 아래로 많이 가라앉아 옛 아름다움을 온전히 볼 수 없다. 정선이 그린 「삼도담도」를 보면, 가운데 봉우리 아래는 사구가 있어 나무도 자라고 있었으나, 지금은 봉우리만 솟아 있을 뿐이다. 그

그림 4-11 · 단양 도담삼봉 현재 모습

럼에도 도담삼봉은 여전히 명승지로서 지위를 유지한 채 관광객의 발길
을 유혹한다.

구담봉은 단양군 단성면 장회리와 제천시 수산면 괴곡리에 있는 해발
338m의 봉우리이다. 높이 치솟
은 기암절벽이 마치 거북이 모
양과 같아서 붙여진 이름이다.
『여지도서』에는 "잇달아 겹쳐 있
는 산봉우리와 까마득한 절벽이
좌우에 중첩되어 있고 강물이
그 사이를 흐른다. 남쪽 낭떠러
지는 푸른 빛깔로 뒤덮인 절벽
인데, 물속에 꽂혀 있다. 우러러
보면 마치 하늘을 찌를 듯 우뚝

그림 4-12 · 「단양 구담도」
(이방운, 「사군강산삼선수석첩」, 국민대학교 박물관 제공)

솟아 있으니 기묘하고 웅장하다"라고 표현되어 있다. 그래서 구담봉은 조선 후기 단양 최고의 명승지로 손꼽히며 문인들의 시심을 사로잡아 현재 309건이 넘는 시가 문집에 실려 있을 정도이다. 이 역시 충주댐 건설로 많은 부분이 물에 잠겨 옛 정취를 많이 잃었지만, 그 아름다운 모습은 여전히 다른 어느 명승지보다 뛰어나다.

　구담봉 옆에 있는 옥순봉은 희고 푸른 바위들이 죽순처럼 1,000여 척이나 힘차게 치솟아 붙여진 이름이다. 『여지도서』에는 "구담의 서쪽, 서로 바라다보이는 곳에 있다. 돌로 된 봉우리 네댓 개가 우뚝 늘어서 있다. 굽어보면 맑은 연못에 담겨 있는데, 그 빛이 맑고 깨끗하다. 하나하나가 가지런히 깎여 있으니, 마치 도끼를 사용한 듯하다. 퇴계 이황 선생이 '옥순'이라는 이름을 지어 주었는데, 돌 위에 새긴 '단구동문(丹丘洞門)'이라는 네 글자는 이황의 친필이라고 한다"라고 기록되어 있다. 이황은 아름다운 경관에 반해 '옥순'이라는 이름을 붙이고 그곳에 친필로 서명까지 해 놓은 것이다.

그림 4-13 · 오늘날의 구담봉 모습

그때가 1548년, 이황의 나이 48세 때였다. 이황은 옥순봉과 구담봉 사이에 있는 돌받침에 다음과 같은 시를 새겨 놓았는데, 이황이 느낀 감흥을 추체험할 수 있다.

碧水丹山界　푸른 물 붉은 산 있는 곳에
清風明月樓　맑은 바람 밝은 달의 누각
仙人不可待　신선을 기다릴 수 없어
惆愴獨歸舟　구슬프게 홀로 돌아가는 배

이황은 옥순봉을 푸른 물 위에 떠 있는 청풍명월 누각에 비유하면서, 아름다운 옥순봉을 홀로 남겨 놓은 채 뒤돌아가는 아쉬움을 토로하고 있다. 역사 속에서 이황만큼 옥순봉을 사랑한 이도 없을 것이다.

이런 사랑 이야기가 전해지고 있다. 이황이 단양군수로 재임할 때 자신이 아끼던 기생 두향이 옥순봉을 너무 사랑한 나머지 청풍군에 속한 옥순봉을 단양군으로 옮겨 줄 것을 청하자, 이황은 청풍군수에게 부탁

그림 4-14 • **옥순봉 시**(김정희, 『계당서첩(溪堂書帖)』

그림 4-15 • 「**옥순봉도**」(이윤영, 고려대학교 박물관 제공)

그림 4-16 • 「옥순봉도」(김홍도, 간송미술문화재단 제공)　　　그림 4-17 • 「옥순봉도」(윤제홍, 리움미술관 제공)

하였다. 청풍군수가 거절하자, 이황은 옥순봉에 '단구동문'이라는 글자를 새겨 단양 땅임을 표시하였다. 이 정도로 이황과 두향의 사랑은 깊었으나, 두 사람은 9개월 만에 헤어진 뒤 그리움을 난과 매화와 거문고로 달랠 뿐이었다. 이황의 죽음 소식을 접한 두향은 옥순봉이 바라보이는 강선대에 묻어 달라는 유언을 남기고 스스로 목숨을 끊었다고 한다. 지금도 강선대 옆에 두향의 묘가 남아 있다.

　두향과 러브스토리를 남긴 이황은 옥순봉 외에도 구담봉, 채운봉, 현학봉 등 주변의 빼어난 경관에 이름을 지어 주었다. 이는 무명의 자연경관이 단지 이름을 얻은 것으로 끝나는 것이 아니라, 이황이 차지하는 위상 때문에 일종의 문화권력까지 획득하게 되는 것이었다. 이황이 즐기고 이름 붙이고 글을 남긴 곳이기에 옥순봉의 가치는 더욱 높아져, 이황을 흠모하는 수많은 시인·묵객들과 문인들이 옥순봉을 찾아 이황의 뒤를 이어 글을 남겼으니, 안정복, 이지함, 김홍도, 김정희 등이다. 추사 김정희는 1814년경 둥근 달이 든 밤에 옥순봉 주변을 유람한 뒤 옥순봉을 만 송이 부용처럼 깨끗하고 아름답다고 칭송할 정도였다.

옥순봉의 빼어난 미모는 당연히 화폭에 옮겨질 수밖에 없었다. 겸재 정선이 옥순봉을 그린 이후, 현존하는「옥순봉도」만도 김홍도가 그린 2점, 윤제홍이 그림 2점, 엄치욱이 그린 1점이 남아 있다. 이들 그림은 모두 1800년 전후에 그려진 것들이다. 심지어 정조가 김홍도에게 남한강 명승지를 그리도록 할 정도로 남한강 명승지는 주목을 받았다.

이렇게 남겨진 글과 그림은 옥순봉을 자연경관에서 인문경관으로 바꾸어 널리 세상에 알리는 홍보 매체가 되어 다시 많은 사람들을 명승지로 불러 모으는 역할을 하였다.

오늘날 옥순봉이 행정구역상 제천시 수산면 괴곡리에 있으면서도 단양팔경의 하나로 꼽히는 것은 이황 이후 옥순봉에 잠재된 단양 중심의 문화권력이 남아 있기 때문이다. 현재 옥순봉은 단양팔경 외에 제천 10경에도 속해 있으며, 국가 명승지로도 지정되어 있다.

이황이 이름 붙인 '옥순' 대신 다른 이름을 지어 보는 것도 500년의 역사문화에서 자유로워지는 길인지도 모른다. 그것은 나만의 시선으로 명승지에 대한 상징코드 만들기이다. 그리고 나만의 글을 쓰고

그림 4-18 • 오늘날의 옥순봉 모습

그림을 그려 보면 이황 이후 만들어진 옥순봉의 문화권력을 해체하고 자연경관에 대한 재해석과 의미 부여가 될 것이다.

아름답되 아름답던 청풍 한벽루

단양 다음으로 명승지가 많았던 곳은 월악산, 황강, 한벽루, 의림지 등이 있던 제천이다. 황강은 월악산 송계계곡에서 흘러내린 물줄기가 남한강에 닿게 되는 지류이다. 이곳이 특별히 주목을 받게 된 것은 수암 권상하가 말년을 보낸 곳이자 그의 사당이 있었기 때문이다. 또한 1726년(영조 2)에 건립된 황강서원이 있었는데, 송시열·권상하·한원진 등의 위패를 모신 서원이다. 그래서 이들의 문인과 노론계 시인·묵객들이 황강을 즐겨 찾았다.

특히 남한강 뱃길여행은 반드시 청풍을 거쳐야 하며, 청풍에 가면 반드시 오르는 곳이 있었으니, 그곳이 바로 한벽루이다. 한벽루는 조선 후기 남한강 여행객들이 꼭 오르고 싶은 누각이었다. 한벽루는 1317년에 승려 청공(淸恭)이 왕사(王師)가 되고, 청풍현이 군으로 승격된 것을 축하하기 위해 청풍현 관아 안에 세운 누각이다. 남한강이 내려다보이는 이곳은 누각에 앉아 바라보는 경관이 천하제일인지라, 남한강 뱃길여행에서 빼놓을 수 없는 코스가 되곤 하였다.

한벽루에서 바라보는 청풍의 강줄기와 주변 산수는 매우 아름다웠던 모양이다. 그래서 한벽루는 고려시대부터 시인·묵객들의 마음을 빼앗아 시심을 불러 일으키곤 하여 한벽루를 소재로 한 시가 200수가 넘을 정도이다. 그 가운데 하나로『신증동국여지승람』에 실려 있는 양숙(梁肅)의 시는 한 폭의 그림과 같다.

樓外亂紅紅杏雨　한벽루 밖 어지러이 붉은 것은 붉은 살구꽃 꽃비요
溪邊軟綠綠楊煙　시냇가 연푸른 것은 푸른 버들 연기로다.
一區明月淸風景　이곳 밝은 달 맑은 바람 아름다운 경치를,
莫向俗人容易傳　사람들에게 쉽게 전하지 마소.

　한벽루의 아름다운 봄 풍경이 그려진다. 이는 현재 남아 있는 한벽루 그림을 통해서도 고스란히 느껴 볼 수 있다. 현전하는 한벽루 그림은 겸재 정선이 그린 「한벽루도」를 비롯해 네 점이 있다. 그 가운데 한벽루와 한벽루에서 바라다보이는 아름다운 풍광이 가장 잘 나타난 것은 이방운이 1803년경에 그린 「금병산도」이다. 한벽루에는 담소를 나누고 있는 양반 사대부 3명이 앉아 있고, 남한강에는 배 4척이 떠 있으며 강 건너 단풍으로 물든 금병산은 아름답기 그지없다.

　이와 같은 한벽루의 아름다움은 고려시대 건립된 이후 조선왕조 500년 동안 계속 이어져 김정·류성룡·허균·윤선도·정선·권상하·김창협 등의 시심을 빼앗고 오늘에까지 전해지고 있으니, 그곳에 올라 시간을 초월한 아름다움을 느껴 보는 것도 유익한 시간여행이 될 것이다.

　한벽루는 밀양 영남루와 남원 광한루와 같은 형태이다. 본채 옆으로 작은 부속채가 딸려 있다. 이들 세 누각은 모두 국가지정 보물이다. 그 가운데 한벽

그림 4-19 • 「금병산도」
(이방운, 「사군강산삼선수석첩」, 국민대학교 박물관 제공)

루가 가장 간결하고 단아한 외관을 갖추고 있다. 누각 구조는 앞면 4칸과 옆면 3칸의 2층 누각에 앞면 3칸과 옆면 1칸의 계단식 익랑건물이 이어져 있다. 기둥 사이는 모두 개방하여 주변 경관을 감상할 수 있도록 만들었다. 누각 안에는 '청풍 한벽루'라고 쓴 추사 김정희의 편액과, 청풍의 아름다움과 한벽루의 경치에 관해 쓴 하륜과 송시열·김수증의 편액이 걸려 있다.

현재 충주댐 건설로 1983년에 제천 청풍문화재단지로 자리를 옮긴 한벽루(보물 제528호)에 오르면, 아름다운 청풍호반이 펼쳐지고 절로 콧노래가 나올 정도로 아름다움을 유지하고 있다. 누각에 올라 청풍호반을 굽어보면서 옛 감흥을 느껴 볼 수 있다.

다만 명승과 권력은 동전의 양면이란 점을 기억할 필요성이 있다. 명승지는 일정한 정치적·사회적·문화적 권력이 시각화되기 때문에, 누가 명승지를 이용하고 글을 남겼는지 등에 따라서 역사적 평가가 달라질 수밖에 없다. 특히 한벽루는 청풍 관아 안에 있었기 때문에, 주 이용자가 관료층과 그 지인일 수밖에 없었다. 조선 후기 청풍은 경치가 아름답고 뱃길로 왕래가 손쉬워 정치 실세가 선호하는 지역이었다. 실제 안동김씨나 청송심씨·파평윤씨와 같은 명문세가의 문인들이 수령을

그림 4-20 • 1800년 전후 청풍의 옛 모습
(『청풍부도』, 「남한강실경산수도」, 서울역사박물관 제공)
청풍관아 모습과 호반, 강 건너 금병산 등이 아름답게 표현되어 있다.

많이 지냈다. 한 예로 청풍부
사 윤제홍(1764~?)은 1823년
에 한벽루에서 손님들과 함
께 놀다가 강으로 내려가서
배에 기생을 태우고 노래를
하고 퉁소를 불면서 풍류를
즐기곤 하였다. 이런 관료들
의 놀이문화는 거의 일반적
이었을 것이다.

그림 4-21 • 오늘날의 한벽루 모습

　일반인들이 한벽루에 올라 풍류를 즐길 수는 없었다. 조선시대 한벽
루와 그곳에서 바라다보는 아름다운 경관은 지배층의 독점물이나 다름
없었다. 한벽루에 올라 명승 속에 숨겨진 권력의 장치와 표현을 찾아보
는 것도 의미 있는 일이 될 것이다.

신립 장군의 넋을 노래하던 탄금대

　조선 후기 남한강 뱃길여행에서 반드시 거쳐야 하는 곳이 충주이다.
충주의 명승지는 가흥과 달천, 탄금대 세 곳이 손꼽힌다.
　달천은 속리산에서 발원한 물이 보은·괴산을 거쳐 오면서 남한강과
만나는 지류이며 그 지점에 탄금대가 있다. 가흥은 가흥창이 있고 그 옆
에 목계나루가 있어 큰 도회지를 이루고 번창하던 곳이었다. 그 밖에 충
주 임경업 장군의 사당을 여행객들이 종종 들르곤 하였다.
　특히 탄금대에 오른 여행객은 그 감회를 읊곤 하였다. 그 이유는 이
곳에서 우륵이 가야금을 타서 그런 것이 아니라, 임진왜란 때 신립

그림 4-22 · 남한강에서 바라본 탄금대 모습

(1546~1592) 장군이 장렬히 전사한 곳이기 때문이다. 그래서 탄금대에 오른 시인문객들은 신립 장군의 의로운 죽음을 회상하며 그 감회를 시로 읊곤 하였다.

1688년 3월 4일 서울에서 남한강 뱃길여행을 떠난 김창흡은 덕소에서 배를 타고 남한강을 거슬러 올라 양수리와 여주 신륵사를 거쳐 여행 4일째인 3월 7일 충주 가흥창을 지나 목계나루에 도착하였다. 그리고 다시 길을 떠나 통일신라가 삼국통일을 기념하여 세운 중원탑평리7층석탑(국보 제6호)을 구경한 뒤 탄금대에 이르렀다.

탄금대에 도착한 김창흡 일행은 평온하던 마음을 유지하지 못하고 격동한다. 바로 임진왜란 때 신립의 지휘 아래 8,000명의 병사가 배수진을 치고 싸우다 전몰한 곳이기 때문이다. 그는 비운의 장수 신립 장군의 충절을 기려 그를 국상(國殤)으로 애도하면서 다음과 같은 시를 짓는다.

> 배가 탄금대 아래로 지나가니
> 뱃노래 곡조가 홀연히 변하였도다.……
> 나라에 장수가 제대로 없어서
> 맹졸을 적에게 다 주어 죽게 했구나.……
> 배에 가득 눈물이 뿌려지고

쓸쓸한 성곽엔 슬픔만 가득하네.
가자가자 빨리 노 저어 가자
이 노래가 마음을 아프게 하는구나.

이처럼 신립 장군의 죽음을 가슴 아프게 노래한 탄금대 시문은 수없이 많다. 그러나 오늘날 탄금대는 2008년에 명승지로 지정되어 많은 관광객을 불러 모으고, 신립의 충의심을 기리는 탄금대비를 비롯하여 신립장군순절비, 악성우륵선생추모비 등이 조성되어 있지만, 김창흡과 같은 감흥을 느끼는 이는 없는 듯하다.

탄금대에 올라 굽이치는 남한강 물줄기를 바라보며 시간을 거슬러 감흥에 젖어 봄 직하다. 그리고 옛 시인·묵객처럼 감흥을 글이나 그림, 시로 표현하는 인문여행을 즐겨야 할 것이다.

● **참고문헌**

고연희, 『조선 후기 산수기행예술 연구』, 일지사, 2001.
국립청주박물관, 『그림과 책으로 만나는 충북의 산수』, 2014.
박은순, 「조선시대 남한강 실경산수화 연구」, 『온지논총』 26, 2010.
윤경희, 「김창흡의 단구일기 연구」, 『민족문화연구』 41, 고려대 민족문화연구원, 2004.
이순미, 「조선 후기 충청도 사군산수도 연구」, 『강좌 미술사』 27, 2006.
이창식, 『단양팔경 가는 길』, 푸른사상, 2002.
정치영, 「유산기로 본 조선시대 사대부들의 여행」, 『경남문화연구』 27, 2006.
최원석, 「한국의 산 연구전통에 대한 유형별 고찰」, 『역사민속학』 36호, 2011.

5장

서울 서촌을 그린
그림의 현장

임기환

선택의 변

요즘 서촌을 찾는 사람들의 발길이 끊이지 않는다. 서촌은 인왕산 아래, 경복궁의 서쪽 일대를 일컫는 말이다. 조선시대 정궁인 경복궁의 옆 동네라는 점에서도 금방 알 수 있듯이, 서촌은 조선 초기에 특별한 거주 구역이었다. 처음 왕실 사람들이 거주한 이래 점차 사대부, 중인 등의 삶의 터전으로 변화하였으며, 근대에 들어서도 근대 문화의 선각자들이 이곳에 자리를 잡고 자신의 이상을 꿈꾸었다. 이렇게 서촌은 신분과 계층을 달리하는 수많은 사람의 내력을 안고 있는 역사의 깊이가 남다른 곳이다.

진경산수화의 대가 겸재 정선(鄭歚)은 누구보다 서촌을 사랑한 인물이었다. 그래서 서촌의 곳곳을 그림으로 남겨 그 아름다운 모습을 오늘에까지 전하고 있다. 서촌을 담은 옛 그림을 통해서 근대 이후 그 아름다운 경관과 역사의 자취가 어떻게 사라졌는지, 그 어두운 욕망의 잘못들을 짚어 보면서 오늘 우리가 과거의 유산들을 어떻게 지켜 가야 하는지 성찰하는 길을 떠나고자 한다. 동시에 많은 것이 사라지고 눈에 보이지 않지만 켜켜이 쌓여 있는 역사는 결코 완전히 지울 수 없다는 역사의 무거움도 동시에 느끼는 답사길이 될 것이다.

1. 서촌의 역사와 사람들

'서촌'은 경복궁 서쪽에 있는 마을을 일컫는 별칭이다. 정확하게 말하면 인왕산 동쪽과 경복궁 서쪽 사이 일대를 뜻한다. '서촌'이라는 별칭은 근대 이후에 사용된 말이지만, 이 글에서는 편의상 서촌이라고 통칭하기로 한다.

서촌의 역사, 특히 서촌에 살던 사람의 역사는 조선시대 내내 계속 변화하였다. 처음 서촌에 거주한 사람들은 왕실 사람들이었다. 경복궁의 서쪽이라는 지리 환경에서 볼 때, 이 일대의 너른 터전을 왕족과 왕실 사람들이 차지한 것은 자연스러운 일이다. 기록으로 확인되는 인물만 해도 태조의 아들 이방원과 이복동생 이방번을 들 수 있다. 이방원의 집은 지금 우리은행 뒤쪽 인왕동과 옥류동 일대로 추정되며, 이곳 어디에선가 세종이 태어났다. 이방번의 집은 그 북쪽, 지금의 군인아파트 자리로 짐작된다.

그 뒤 인왕동 상류인 수성동 계곡 근처 산자락에는 세종의 아들 안평대군의 거처인 비해당(匪懈堂)이 자리하고 있었다. 이곳 비해당은 안견에게 「몽유도원도」를 그리게 하는 꿈을 꾼 곳이기도 하다. 안평대군은 그 뒤 서울 성곽 바깥에 무계정사를 마련하여 이 두 곳을 오갔는데, 얼마 지나지 않아 한 살 위인 형 수양대군에 의해 반역을 모의했다는 누명을 쓰고 사약을 받아 죽고 말았다. 안평대군의 비해당에는 그 뒤 큰아버지인 효령대군이 머물렀다.

조선 중기에 이르러 이 서촌에 명문 사대부 가문들이 하나둘씩 자리를 잡아 간다. 먼저 조선 중기의 학자로서 조광조(趙光祖)의 제자이며 기묘명현(己卯名賢)의 한 사람인 성수침(成守琛, 1493~1564)을 들 수 있다. 그는 기묘사화(己卯士禍) 때 스승 조광조를 비롯한 많은 사림(士林)이 사화를 당하자 관직을 그만두고 백악산 아래에 청송당이라는 서실(書室)을 짓고 이곳에 머물며 후학을 양성하는 데 힘을 쏟았다. 그의 아들 성혼(成渾)과 율곡 이이(李珥)가 대표적인 제자였다.

16세기 말 17세기 초에도 사대부들이 계속 서촌으로 모여들었던 듯하다. 대표적으로 송강 정철의 생가는 지금의 청운초등학교 자리에 있었다. 권율도 필운대에 집을 마련하였는데, 이곳은 그의 사위인 이항복이 물려받았다. 후일 고종 때 그의 후손 이유원이 이 필운대를 찾아와서 바위에 석각(石刻)을 남김으로써 오늘날 그 자취를 기억할 수 있게 되었다.

서촌 하면 떠오르는 대표적인 명문 사대부 집안은 안동김씨 중 장동파 집안이었다. 이 집안은 서울에서 청풍계와 장의동 일대에 자리 잡았기 때문에 통상 장동김씨라고 부른다. 장동김씨가 처음 서울에 본격적으로 터를 잡게 된 때는 병자호란 때 충의로 이름을 얻은 김상용(金尙容)·김상헌(金尙憲) 형제의 증조부 김번(金璠)과 그의 형 김영(金瑛) 때이다.

이들 형제가 나란히 문과에 급제하여 벼슬을 지내면서부터 김영은 청풍계(淸風溪), 김번은 장의동(壯義洞, 壯洞)에 터전을 마련하였다. 그 뒤 김영의 후손은 서울을 떠났고, 청풍계는 김번의 증손자 김상용의 소유가 되었다.

서촌에서 김상용·김상헌 형제와 그 후손들의 자취는 매우 뚜렷하였다. 김상용은 지금 인왕산 아래 청운초등학교 뒤편 청운동 52번지 일대인 청풍계에 머물렀으며, 김상헌은 그 동쪽 건너편 백악산 기슭인 장의동, 즉 지금의 궁정동 일대에 집을 마련하였다.

장동김씨 집안은 1636년 병자호란 때 김상용·김상헌 형제의 충의로 인해 명문 가문으로 떠올랐다. 김상용은 청나라가 침공해 오자 왕실 사람들을 수행하여 강화도에 피난했는데, 강화도가 함락되자 누각에서 화약을 터뜨려 순절했다. 동생 김상헌은 병자호란이 일어나자 척화론을 강력히 주장하였으며, 항복 이후 안동 청원루로 은거했다. 그는 1641년에 청나라로부터 위험 인물로 지목되어 청나라에 끌려갔지만, 70세가 넘은 나이에도 끝까지 뜻을 굽히지 않아 청나라 사람들도 모두 찬탄하였다고 한다. 4년 만에 귀국한 그는 절개와 의리를 상징하는 인물이 되었다.

이와 같이 김상용·김상헌 형제는 병자호란을 통하여 성리학의 명분론에 충실함으로써 서인들의 정신적 지주로서 위상을 굳혔고, 이후 장동김씨들이 노론의 가장 강력한 리더로서 활동할 수 있는 기반이 되었다. 김상헌의 손자인 김수흥(金壽興)·김수항(金壽恒) 형제는 숙종대에 모두 정승을 지냈으며, 김수항의 맏아들 김창집(金昌集)은 숙종 말년에 영의정이 되어 노론을 이끌었다. 그러나 숙종대에 당쟁이 격화되면서 김수항과 김창집이 정치적 사건으로 사사(賜死)되는 가문의 아픔을 겪었다.

이렇게 김상헌 이래 장동김씨 집안에서 정치적 거물들이 계속 이어졌지만, 정작 가문의 이름을 역사상에 남기게 된 힘은 학문과 문예에서 나왔다. 김수항의 여섯 아들, 이른바 '육창(六昌)'이 모두 학문과 문장으로 이름을 날렸는데 그중 둘째 김창협(金昌協), 셋째 김창흡(金昌翕), 넷째 김창업(金昌業)이 당대 서울의 학문·문학·예술 분야에 큰 영향을 끼쳤다. 김창협은 송시열의 수제자였을 뿐만 아니라, 뛰어난 문장가였다. 김창흡은 학문뿐만 아니라 시(詩)에서 일가를 이루었다. 김창업은 뛰어난 화가였고, 연행기의 걸작 『연행일기(燕行日記)』를 저술했다. 김창업의 『연행일기』는 조선 후기 3대 연행록의 첫머리를 장식하며, 훗날 홍대용과 박지원의 연행록에 큰 영향을 주었다. 이들 형제는 문학과 예술에서 조선의 현실을 중시하는 이론을 전개했으며, 그 이론에서 조선풍을 구현하는 문학과 회화가 나왔다. 진경산수화를 완성한 겸재 정선이 바로 김창흡의 문인이었다.

정조는 『일득록(日得綠)』에서 장동김씨 인물을 다음과 같이 평가하였다.

김상헌의 학문과 절개는 우리나라뿐만 아니라 청나라 사람들도 공경했으니 문장은 오히려 부차적이다. …… [김상헌·김상용] 형제의 절개는 고금에 견줄 만한 사람이 없다. 김수항은 할아버지 김상헌에게 부끄럽지 않았고, 김수흥은 동생 김수항에게 부끄럽지 않았다. [김수항의 아들들인] 김창집은 충절을 다했고, 김창협과 김창흡은 학문과 문장으로 뛰어났으며, 김창업·김창즙·김창립이 모두 명성을 날렸으니 참으로 드문 명문가이다.

18세기 무렵부터는 서촌에 중인(中人) 계층들이 자리를 잡기 시작한 것으로 보인다. 특히 경복궁의 서쪽이라는 지리적 위치에서 보면 궁궐이나 중앙 관청에서 근무하는 서리직들의 거주지로 가장 적합한 곳이기 때문이다. 이들은 비록 신분은 중인이지만 상당히 높은 수준의 지식을 바탕으로 궁궐과 관청에서 전문직에 종사한 사람들이었다. 그래서 조선 후기에 들어서면서 이들은 양반들의 전유물이었던 한시(漢詩)를 향유하는 시사(詩社) 모임들을 이루기 시작하였다.

17세기 초 중인들의 시사는 삼청동 일대에서 시작되었는데, 18세기 중후반에 이르면 중인 시사의 주요 무대는 웃대, 즉 서촌 일대로 옮겨졌다. 웃대의 시사는 규장각 서리들이 중심이 된 옥계시사(玉溪詩社)를 통해 절정을 맞았다.

이들이 만든 「옥계십이승첩(玉溪十二勝帖)」이라는 기록에 의하면 1786년에 천수경(千壽慶) 등 13명의 시인이 함께 옥계시사를 결성하였다. 당시 시사를 주도한 천수경이 옥류동 송석원에 거주하였기에 '송석원시사(松石園詩社)'로 불리기도 하였다.

옥계시사 동인들의 직업을 보면 맹주였던 천수경은 서당 훈장으로 중인 자제들을 가르쳤고, 장륜은 감인소 사준으로 책을 교정 보는 일을 하였다. 그리고 이양필은 승정원 서리, 김낙서·임득명·김태한·노윤적은 승정원과 규장각 서리였다. 규장각 관직이 정조 이후 문신들의 최고의 문인직이었던 것처럼 규장각 서리직 역시 서리직으로서는 최고의 자리였다. 이들은 모두 양반 못지않은 풍부한 문학적 소양을 갖춘 사람들이었다. 옥계시사는 이들 외에도 많은 사람들이 동인으로 활동하며 30여 년이나 지속되었다. 이러한 옥계시사의 오랜 활동은 웃대라는 동일한 거주 공간과 중인이라는 신분적 동류의식이 작용했던 것으로 보인다.

당시 옥계시사는 장안의 화제가 되어 문인들이 초청받지 못하면 부끄럽게 여겼으며, 해마다 봄·가을이 되면 큰 백일장도 열었다고 한다. 점

차 동인들이 늘어나서 1793년의 모임에는 73명이 참여했고, 그 뒤 백전
(白戰)이라는 일종의 백일장 대회에는 수백 명이 참여했다고 한다. 서울
의 순라군(巡邏軍)도 백전에 간다고 하면 잡지 않을 정도였다고 한다. 옥
계시사는 1818년 천수경이 죽자 쇠퇴하면서 1830년대까지 그 명맥만
유지했다.

구한말이 되면서 송석원이 있던 옥류동이나 청풍계에는 그 주인공들
이 바뀌기 시작하였다. 옥류동 일대는 고종 때에는 민태호(閔台鎬)·민규
호(閔圭鎬) 형제가 차지했다가, 일제강점기에는 대표적인 친일파 윤덕영
의 거대한 저택이 들어섰다. 청풍계는 구한말 이후에는 민가들이 들어

정선의 『장동팔경첩(壯洞八景帖)』

정선이 남긴 『장동팔경첩』은 간송미술문화재단과 국립중앙박물관에
각각 소장되어 있다. 두 화첩 모두 종이에 엷은 색으로 완성되었는
데, 장첩의 순서는 다음과 같다.

● **간송미술문화재단 소장본**
자하동(紫霞洞), 청송당(聽松堂), 대은암(大隱巖), 독락정(獨樂亭), 취미
대(翠微臺), 청풍계(清風溪), 수성동(水聲洞), 필운대(弼雲臺)

● **국립중앙박물관 소장본**
취미대, 대은암, 독락정, 청송당, 창의문, 백운동, 청휘각(晴暉閣),
청풍계

이 작품들은 크게 백악산 일대(취미대, 대은암, 독락정, 청송당), 인왕산 기
슭(청풍계, 청휘각, 필운대), 그리고 백악산과 인왕산의 중간 지점(창의문, 자
하동, 백운동)으로 구분할 수 있다.

섰고, 일제강점기 때 물길이 복개되는 등 계곡의 원형이 심하게 손상되었다. 그 이후에도 수많은 변화를 겪으면서 옛 모습과는 전혀 다른 모습이 되었다.

세월이 흐르면 달라지지 않을 수 없는 것이 하나의 이치이다. 다만 그러한 변화의 궤적이 역사로 기록되지 않아 안타까울 뿐이다. 다행스럽게 서촌을 그린 옛 그림들이 다수 남아 18세기 당시 모습을 전해 주고 있다. 겸재 정선의 그림이 대표적이다.

이제 이들 그림을 따라 그 현장을 답사하면서 옛 모습을 어렴풋하게나마 마음 속에서 복원해 볼 일이다.

2. 서촌을 그린 그림과 장소

서촌을 그린 여러 그림을 들고 그림의 장소와 현장들을 둘러보도록 하자. 먼저 탐방길을 정하는 것이 중요한데, 일단 탐방의 용이성을 위해 지하철 경복궁역에서 출발하여 가까운 곳부터 둘러보는 방식을 취하도록 하겠다.

경복궁이나 경복궁역에서 우리가 답사할 서촌 쪽을 바라보면 당당한 자태의 인왕산이 먼저 눈에 들어온다. 따지고 보면 서촌이란 인왕산 동쪽 자락의 여러 계곡을 끼고 있는 지역이니, 비록 인왕산을 오르지 않더라도 인왕산 그림부터 시작하는 것이 좋을 듯하다. 그리고 본격적인 탐방길은 필운대를 시작으로 해서 수성동, 옥류동을 거쳐 청풍계, 그리고 청송당으로 이어지는 답사길을 선택하도록 하겠다.

그리고 우리의 답사길 중 지금은 도로이지만, 과거에는 물길인 곳이

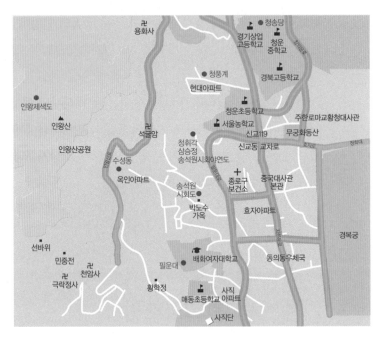

그림 5-1 • 옛 그림 속 장소의 위치

많다는 점을 유의할 필요가 있다. 즉, 물길이 복개되어 지금의 도로가 된 곳이 많다. 따라서 옛 물길과 현재 도로의 관계를 파악하는 것은 그림을 통해 과거의 모습을 그려보는 데 매우 중요한 점이다. 그리고 옛 그림의 현장은 지금은 너무 많이 변화된 모습이므로, 옛 그림을 통해 과거의 그윽하고 아름다운 모습을 상상해 보고, 그 장소가 갖는 역사의 두께도 음미해 보기 바란다.

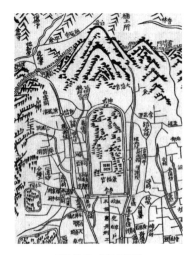

그림 5-2 • 서촌 고지도

「인왕제색도」

「인왕제색도」는 진경산수화를 완성한 조선 최고의 화가 겸재 정선이
76세의 고령에 완성한 걸작이다. 비 온 뒤 안개가 피어오르는 순간을
포착하여 그 느낌을 잘 표현하였다. 산 아래에는 나무와 숲, 자욱한 안
개를 표현하고, 위쪽으로 인왕산의 바위를 가득 배치하였다. 비에 젖은
암벽은 먹물을 가득 묻힌 큰 붓을 반복해서 아래로 내리긋는 대담한 필
치를 사용하여 거대하고 무거운 느낌을 준다. 어느 그림보다도 인왕산
을 인왕산답게 그렸다.

「인왕제색도」를 그린 날짜는 1761년 5월 하순으로 오랜 비가 만들어

그림 5-3 · 「인왕제색도」(리움미술관 제공)
조선 영조 27년(1751)에 그려진 이 그림은 크기는 가로 138.2cm, 세로 79.2cm이다.

낸 듯한 폭포 세 줄기가 그려져 있어 이제 비가 막 그쳤음을 알 수 있다. 미술사학자 오주석은 이 그림이 그려진 정확한 날짜를 알아보기 위해 『승정원일기』를 뒤졌다. 그리고 1751년 5월 하순 일주일 동안 내리던 긴 장맛비가 25일이 되어서야 그쳤음을 확인하였다. 즉, 「인왕제색도」는 비가 완전히 갠 5월 25일에 그려진 것임을 추적하였다.

비가 그치고 날이 개자마자 정선이 인왕산을 그리면서 그 속에 담았던 뜻은 무엇일까? 역시 그림 안에 그 단서가 있다. 인왕산 자락 아래 자욱한 운무 속에서 유독 한 채의 집이 모습을 드러내고 있다. 바로 겸재의 둘도 없는 벗인 사천 이병연의 집이다. 두 사람은 어릴 때부터 교우를 시작하여 일흔을 넘길 때까지 긴 세월을 시와 그림을 통하여 사귀었다. 정선이 그림을 그려 보내면 이병연이 시를 짓고, 이병연이 시를 보내면 정선은 그림으로 화답하였다.

1751년 5월 25일, 오랜 비가 그친 날 정선은 단숨에 인왕산을 그리기 시작하였다. 당시 이병연은 병석에 있었기 때문에 정선은 60년 지기를 위해 벗이 하루빨리 병석을 털고 일어나기를 바라는 간절한 염원을 붓으로 담아냈다. 「인왕제색도」가 완성된 지 며칠 후 이병연은 세상을 떠났지만, 「인왕제색도」는 오늘까지 전해져 두 사람의 깊은 우정을 말해주고 있다.

이 「인왕제색도」를 그린 시점(視點)은 인왕산의 모습이나 육상궁 근처에 있었다고 하는 이병연의 집이 그림의 하단에 그려져 있는 것으로 보아 지금의 국립민속박물관 혹은 정독도서관쯤으로 짐작된다.

「필운대」와「육각현」

이제 정선의 필운대 그림의 현장으로 발길을 옮겨 보자. '필운'이란 인왕산의 다른 이름으로, 조선 중종 때 명나라 사신 오희맹(吳希孟)이 이름 지었다. 그러나 이 이름은 인왕산 전체 이름으로 불리지는 않았고 단지 인왕산 남쪽 기슭의 봉우리 이름인 '필운봉'으로 남았다.

필운대(弼雲臺)에는 본래 권율(權慄, 1537~1599)의 집이 있었는데, 권율의 사위인 이항복(李恒福, 1556~1618)이 물려받았다. 그 후원이 지금 '弼雲臺'라는 글자가 새겨져 있는 곳이라 한다. 현재 배화여자중고등학교 건물 뒤편 암벽 자리이다. 이곳에는 이항복의 9대손으로 고종 때 영의정을 지낸 이유원(李裕元, 1814~1888)이 쓴 한시가 새겨져 있다. 고종 10년(1873) 이곳에 들러 조상의 자취를 둘러본 마음을 시로 지어 바위에 새긴 것이다.

그림 5-4 · 「필운대」(간송미술문화재단 제공)

정선이 그린 「필운대」와 비교하면 지금도 어느 정도 옛 모습을 짐작할 수 있다. 암벽 아래에서 물이 샘솟는 모습도 그려져 있는데, 지금은 샘물은 끊겼지만 그 샘은 확인할 수 있다. 정선의 그림이 필운대 현장의 분위기를 잘 드러내고 있음을 금세 알 수 있다.

조선시대 필운대는 초봄에 살구꽃이 만발하여 꽃구경하기에 좋은 장안의 이름난 명소였다고 한다. 『한경지략』 명승조에는 시중 사람

들이 술병을 차고 와 시를 짓느라
날마다 모여드는데, 여기서 짓는 시
를 '필운대풍월(弼雲臺風月)'이라 한다
고 하였다. 지금의 필운대는 구석진
곳의 초라한 암벽처럼 보이지만, 조
선시대에는 한양의 전경이 한눈에
들어오는 전망 좋은 곳이었음을 충
분히 상상할 수 있다. 정선 그림 속
의 필운대가 콘크리트 건물 뒤편에
갇혀 있는 답답한 현장을 보면, 우
리가 옛 자취를 얼마나 소홀히 하고
있는지 새삼 반성하게 된다.

그림 5-5 · 「육각현」

　「필운대」와 더불어 「육각현(六角峴)」이란 그림도 눈길을 끈다. 육각현은
필운동에서 누상동으로 넘어가는 꼬불꼬불한 고갯길을 말한다. 필운대
위쪽 언덕을 가리키는 것으로 추정된다.

「수성동」과 「몽유도원도」

　필운대에서 뒷산을 오르면 지금 인왕산 스카이웨이로 이어지게 되는
데, 아쉽게도 배화여자대학교 담으로 막혀 있다. 따라서 수성동(水聲洞)
으로 가려면 다시 내려와서 인왕동길로 올라가지 않으면 안 된다. 수성
동은 누상동과 옥인동의 경계에 위치한 인왕산 아래의 계곡이다. '물소
리로 이름난 계곡'이라 하여 수성동이라 불렀다. 지금은 계곡물이 거의
없지만, 거대한 바위 사이의 좁고 깊은 계곡을 보면 비 오는 날 그곳에

그림 5-6 •「수성동」(간송미술문화재단 제공)

물이 불면 거센 물소리가 웅장하였으리라 충분히 상상할 수 있어, 수성동이라는 이름이 실감난다.

이곳을 그린「수성동」그림은 간송미술문화재단 소장의『장동팔경첩』에 실려 있다. 그림 속의 계곡에는 장대석을 두 대 맞댄 모양의 돌다리가 놓여 있고, 이 다리를 방금 건넌 듯한 선비 일행이 수성동 안쪽으로 향하고 있는 장면이다. 이 그림 속의 돌다리가 바로 기린교(麒麟橋)이다. 그림 속의 수성동 자리에는 한때 옥인아파트가 건축되어 있었는데, 다행히 지금은 아파트를 철거하고 계곡을 복원하였다. 기린교도 다행히 원래 모습대로 남아 있어 정선의「수성도」그림 속 모습을 상상해 보는 데 도움이 된다.

수성동에서 기억할 인물은 바로 안평대군(安平大君, 1418~1453)이다. 왕의 아들로 태어났지만, 왕이 될 수 없는 운명의 안평대군은 인왕산 자락 깊은 곳에 처소를 마련하였다. 아버지 세종은 비해당(匪懈堂)이라는 이름을 지어 주었다. 비해당의 위치를 정확히 알기는 어렵지만 수성동 기린교에서 북쪽 언덕 위로 추정된다. 안평대군은 어느 날 이곳에서 도원을 노니는 꿈을 꾸었고, 이를 안견으로 하여금 그림으로 그리게 하였다. 그것이 만고의 걸작「몽유도원도」이다. 안평대군이 수양대군에 의해 죽음을 당한 후 비해당은 큰아버지 효령대군(孝寧大君, 1369~1568)의 소유로 넘어갔으며, 그는 이곳에서 천수를 누렸다. 왕의 아들로 태어났지만 왕이

그림 5-7 • 「몽유도원도」(일본 텐리대학 중앙도서관 소장)

될 수 없는 운명이었던 두 사람, 하지만 안평대군과 효령대군의 운명은
이렇게 달랐다.

「송석원시회도」와 「송석원시회야연도」

인왕산 동쪽 기슭인 지금
의 옥인동 47번지 일대는
옥류동이라 불렀다. 옥류동
에서 풍광으로 가장 이름난
곳은 옛 송석원(松石園) 일대
이다. 정조 때 활동했던 중
인 시인 천수경(千壽慶)이 옥
류동 골짜기에 집을 짓고
송석원이라 이름 지은 뒤

그림 5-8 • 「송석원시회도」(개인 소장)

이 일대는 송석원으로 널리 알려졌다.

1791년 음력 6월 15일 천수경 등 9명이 시회(詩會)를 가졌다. 바로 옥계시사의 동인들이었다. 낮에 이루어진 이 시회는 비가 와서 그만두었다가 다시 밤이 되어 장소를 달리하여 밤 모임이 이루어졌다. 이때 시회의 장면이 이인문(李寅文, 1745~1821)의 「송석원시회도(松石園詩會圖)」와 김홍도(金弘道, 1745~?)의 「송석원시사야연도(松石園詩社夜宴圖)」로 남아 있다.

「송석원시회도」는 낮에 송석원에서 열린 시회 장면을 그린 것이다. 그림 아래쪽에 인왕산에서 내려오는 시내가 흐르고, 그 위쪽 나무가 우거진 큰 바위 아래에서 시회가 열리고 있다. 사람들이 모여 앉은 옆에 '松石'이라는 글씨가 적혀 있다. 이곳이 바로 송석원임을 나타낸 것이다. 이 그림의 시회가 열린 장소가 어디인지 궁금한데, 워낙 달라졌기 때문에 짐작하기가 그리 쉽지 않다. 나중에 추사 김정희가 이 그림 속의 바위쯤에 '松石園'이라는 글씨를 쓰고 바위에 새겼는데, 이 글씨도

그림 5-9 · 「송석원시사야연도」(개인 소장)

그림 5-10 · 송석원 각자(刻字)

이 사진은 1950년대 후반에 촬영한 것이다. '송석원' 각자의 왼쪽에는 '丁丑淸和月小蓬萊書(정축청화월소봉래서)'라는 작은 각자가 있는데 1817년(순조 17) 음력 4월에 '소봉래', 즉 김정희가 가로로 써서 새긴 것임을 알 수 있다. 지금은 그 위치를 찾을 수 없다.

지금은 어디에 있는지 찾을 수 없어 안타깝다. 아마도 그림 속의 큰 바위를 기준으로 찾아보면, 지금 박노수 화백 기념관 뒤편 언덕이 끝나는 지점 부근으로 짐작해 본다.

김홍도의 「송석원시야연도」는 밤에 이루어진 시회를 그린 그림이다. 천수경의 집으로 추정되는 초가집 뒤로 나무가 우거진 언덕 위에서 아홉 사람이 모임을 갖는 모습이다. 사립문 밖으로 흐르는 시내가 옥류천 물줄기일 것이다. 이곳은 아래에서 설명할 청휘각이 있었던 계곡 부근 동쪽 언덕 일대가 아닌가 짐작된다.

「청휘각」과 「삼승정」, 「옥동척강」

옥류동에는 김수항·김창집 부자의 집이 있었다. 지금의 옥인동 47번지 부근이다. 김수항은 이곳에 육청헌(六靑軒)을 짓고, 그 후원에 청휘각(晴暉閣)이라는 정자를 마련하였다. 김수항은 청휘각을 넷째 아들인 김창업에게 물려주었는데, 김창업이 정자의 이름을 '청휘각'이라 지었다고 한다.

정선이 그린 「청휘각」은 국립중앙박물관 소장의 『장동팔경첩』에 수록되었다. 「청휘각」 그림을 보면 옥류동 계곡에서 내려오는 시냇물이 흐르고 그 옆에 정자가 자리 잡고

그림 5-11 • 「청휘각」(국립중앙박물관 소장)

그림 5-12 • 「삼승조망도」(개인 소장)

그림 5-13 • 「삼승정도」(리움미술관 제공)

있으며, 정자 주변에는 녹음이 우거져 그윽한 분위기를 연출하고 있다.

정선이 옥류동의 명소를 그린 것으로는 「삼승조망도(三勝眺望圖)」, 「삼승정도(三勝亭圖)」, 「옥동척강(玉洞陟岡)」의 3점이 남아 있다. 정선의 절친한 벗인 이춘제(李春躋, 1692~1761)의 후원에 있던 삼승정과 그 주변의 경관을 화폭에 담은 것이다. 정선으로부터 이 세 그림을 받은 이춘제가 한 시화첩으로 묶어 놓아 지금까지 전해져 왔다. 이춘제는 세종의 왕자 영해군(寧海君)의 10대손으로 판서 벼슬을 지냈으며, 옥류동에 살면서 이웃에 사는 정선과 가까이 지냈다.

「삼승조망도」는 삼승정 앞에 펼쳐진 도성 내의 경관을 조망하여 그린 것으로, 그림의 중앙에는 폐허가 된 경복궁이 묘사되어 있다. 그림 왼편으로부터 '회맹단(會盟壇)', '경복(慶福)', '인경궁(仁慶宮)' 등의 위치를 글로 써 놓았다. 「삼승정도」는 삼승정의 운치 있는 분위기를 치밀하고 꼼꼼하게 그리고 있기 때문에, 18세기 사대부들이 즐기던 후원의 모습을 살펴볼 수 있는 자료로서도 귀중한 가치가 있다.

1739년(영조 15) 늦여름 이춘제는 자신의 후원인 서원(西園)에서 아회(雅

會)를 가졌는데 이때 조명현, 송익보, 서종벽, 심성진, 이병연, 정선 등이 참석하였다. 이들은 아회를 마친 뒤 옥류동에서 청풍계로 넘어가는 등산을 하였다. 이때 이병연은 아회를 기리는 진경시를 지었고, 정선은 등산 장면을 진경산수화로 그렸는데 바로 「옥동척강」이다. 그림 속 왼편 아래에 이춘제 집 담장 끝이 그려진 것으로 보아 막 등산을 시작한 장면임을 짐작할 수 있다.

이제 청휘각의 현장을 찾아가 보자. 옥인동 47번지 일대로서 이른바 윤씨 한옥을 지나 골목길을 오르다 보면 주민들 사이에 가재우물로 전해지는 곳이 나온다. 2층 주택의 콘크리트 축단 아래 쇠창살 문이 있는 곳이다. 이 가재우물은 청휘각의 두 번째 주인인 김창업의 호 '노가재(老稼齋)'에서 유래된 이름이다. 여기서 골목길을 따라 다시 구불구불 언덕을 오르면 체육공원이 나타난다. 이곳이 바로 청휘각이 자리 잡았던 터로 추정된다. 지금은 이곳에 정선의 「청휘각」 그림을 담은 안내판이 서 있다. 이곳에서 멀리 남산 쪽을 바라보면 지금은 주택과 빌딩으로 시야가 어수선하지만, 이를 눈에서 지워 버리고 바라보면 청휘각 시절 한양 도성이 한눈에 들어올 듯하다.

이 청휘각이 자리 잡은 계곡 동쪽에 낮은 언덕이 이어지는데, 지금은 서울교회가 자리하고 있다. 아마도 이 일대 어디쯤엔가 삼승정이 있었을 것이고, 천수경의 집

그림 5-14 • 「옥동척강」(개인 소장)

인 송석원도 이 근방 어디일지 모르겠다. 이 체육공원에서 좀 더 오르면 청풍계로 이어지는 산책로가 나오는데, 아마도 이 길이 겸재 정선이 「옥동척강」에 담은 그곳이 아닌가 짐작된다.

청풍계

청풍계(淸風溪)를 그린 그림은 현재 정선이 그린 5점이 전하고, 정선의 손자인 정황(鄭榥) 그림과 권신응(權信應, 1728~1787)의 그림 등 모두 7점이 알려져 있다.

가장 대표적인 것이 정선이 그린 간송미술문화재단 소장 「청풍계」와 고려대박물관 소장 「청풍계」 두 점이다. 정선이 청풍계를 여러 점 그린 이유는 장동김씨 집안 인물들과 교유하고 많은 후원을 받았기 때문일 것이다. 청풍계는 장동김씨의 세거지로서 갖는 상징성이 큰 곳이었다.

간송미술문화재단 소장 「청풍계」는 정선이 64세인 1739년(영조 15)에 녹음이 무성한 여름날의 청풍계 풍경을 그린 것이다. 고려대박물관 소장 「청풍계」는 간송미술문화재단 소장본과 구도가 유사하지만, 더 높은 시점에서 바라보면서 그려 간송미술문화재단 소장본에서 보이지 않던 인왕산의 산봉우리는 물론 청풍계의 전체 모습을 보여 주고 있다.

그림을 통해 당시 청풍계의 모습을 짐작해 보자. 화면 왼편으로 흐르는 개울이 청풍계이고 그 옆의 모정이 태고정이다. 그 위쪽에 있는 건물이 늠연사로, 그 뒤편에 있는 바위가 청풍대이며, 여기에 '백세청풍'이라는 네 글자가 새겨져 있었던 것으로 추측된다. 태고정 주변에 각각 석축을 돌려 만든 3개의 연못, 즉 조심지(照心池), 함벽지(涵璧池), 척금지(滌衿池)가 차례로 아래쪽에 그려서 있다. 그리고 울창하게 자란 나무 사이

그림 5-15 • 「청풍계」(간송미술문화재단 제공)　　그림 5-16 • 「청풍계」(고려대학교 박물관 제공)

로 건물들의 모습을 찾아볼 수 있다.

　정선의 그림에서 볼 수 있는 청풍계의 모습을 현재는 전혀 찾아볼
수 없다. 다만 위쪽으로 축대를 쌓은 주택이 있는 바위에 '백세청풍'의
각석만 그나마 남아 있어 이곳이 청풍계였음을 짐작케 한다. 그 각석
도 최근에 주민들이 철책을 둘러서 이곳을 찾는 사람들의 마음을 답답
하게 한다.

　'백세청풍' 글자는 주자(朱子)의 글씨를 집자하여 각석한 것이다. '백세

그림 5-17 · 백세청풍 각자(현재 모습)

'청풍'은 중국 '백이(伯夷)'·'숙제 (叔弟)' 형제의 곧은 절개를 상징 하는 말이다. 조선시대에는 '백 세청풍'을 충신들의 고택에 현 판으로 걸거나, 혹은 거주지의 바위나 비석에 새겨 기념하곤 하였다. 그 곁에 천유대(天遊臺) 라는 우뚝 솟은 절벽에는 송시 열의 글씨인 '大明日月'이라는 각자가 있었다고 하나 지금은 남아 있지 않다.

청풍계를 찾아가는 길은 청휘각 뒷산으로 올라가서 잘 조성된 산책로 를 따라 청풍계로 가는 방법이 있고, 아니면 다시 내려와 청운초등학교 옆길을 따라 가는 방법이 있는데, 청휘각에서 인왕산 산책로를 이용하 는 게 좋다. 특히 이 산책로를 따라 인왕산 기슭을 걷다 보면 옥류동, 청 풍계, 백운동 등 작지만 제법 깊은 느낌을 주는 계곡들이 어떤 모습인지 를 짐작할 수 있어 더욱 이 길을 권한다.

청송당

청송당(廳松堂)은 지금의 종로구 청운동 89번지 경기상고 자리 산기슭 에 자리 잡고 있었다. 현재 경기상고 건물 뒤편 작은 바위에 '청송당유지 (廳松堂遺址)'라는 각자가 남아 있어 그 위치를 짐작할 수 있다. 청송당은 기묘사림의 한 사람인 성수침(成守琛, 1493~1564)이 지은 서실(書室)이다. 성 수침의 벗 눌재(訥齋) 박상(朴祥, 1474~1530)은 성수침으로부터 당(堂)의 이름

을 지어 달라는 부탁을 받고 '청
송'이라는 당호를 지어 주었다.
서당 주변이 모두 소나무이기에
솔바람 소리처럼 그침이 없기를
바란다는 의미였다.

기대승(奇大升)은 성수침의 묘
갈명에 "성수침의 집이 백악산
아래에 있었는데 소나무 숲 사
이에 서실을 짓고는 '청송당'이
라 이름을 지었으며, 이곳에서
오로지 성현의 경전을 외워 진
리를 탐구하는 것을 즐거움으
로 삼아 벼슬에 나아가지 않았
다"고 기록했다. 성수침이 절의
를 지키며 제자를 길러 낸 청송
당은 이이(李珥), 성혼(成渾)의 학
풍을 계승한 후학들에게 마치
성지(聖地)처럼 인식되었다.

성수침이 죽은 이후 청송당은
폐허로 변하고 그 주인도 바뀌

그림 5-18 • 청송당유지 각자

그림 5-19 • 정선의 「청송당」(국립중앙박물관 소장)

었지만, 1668년(현종 9) 성수침의 외손 윤순거(尹舜擧)와 윤선거(尹宣擧) 등이
다시 지었다. 정선이 「청송당」 그림을 그린 때가 1751년이니, 이미 지어
진 지 200여 년을 훨씬 넘었지만, 청송당 건물이 남아 있었던 것이다.

두 점의 「청송당」 그림을 보면 지금의 각석 있는 자리에서 북악산 쪽으로 이어지는 작은 계곡 입구 지점에 청송당이 있었음을 알 수 있다.

청송당을 마지막으로 본래 의도했던 그림을 따라 찾는 서촌의 탐방을 마무리하게 되었다. 그러나 서촌에는 지금 우리가 둘러본 역사의 자취만 있는 것이 아니다. 따지고 보면 정선의『장동팔경첩』에 있는 그림의 현장조차 다 둘러보지 못하였다. 이번 탐방은 단지 일부 그림과 장소를 통해 서촌을 둘러보는 하나의 방법을 제시한 것에 불과하다. 그곳에 남은 더 많은 역사의 자취는 찾아보려는 이의 마음과 열성에 언제든지 자신을 드러내 보일 것이다. 또 다른 서촌 탐방의 길을 계획해 보기를 바란다.

● 참고문헌

대통령경호실,『청와대와 주변 역사·문화유산』, 2007.

서울역사박물관,『서촌 조사보고서』1, 2009.

최종현·김창희,『오래된 서울』, 동하, 2013.

최완수,『겸재의 한양진경』, 동아일보사, 2004.

허경진,「인왕산에서 활동한 위항시인들의 모임터 변천사」,『서울학연구』, 1999.

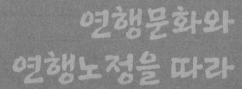

연행문화와
연행노정을 따라

신춘호

선택의
변

전통시대 연행(燕行)은 국제교류의 통로이자 세계인식의 유일한 창(窓)이었다. 연행노정(燕行路程)은 '조선통신사노정(朝鮮通信使路程)'과 더불어 동아시아를 관통하는 문화교류의 중심축이자 소중한 역사 공간이다. 홍대용, 박지원, 박제가와 같은 조선 지식인들은 연행을 통하여 서세동점의 흐름을 인식하였고, 여행의 견문과 선진문물의 체험은 조선 후기 정신사에 많은 영향을 끼쳤다.

연행노정은 국내 지역과 중국 지역으로 구분할 수 있다. 연행의 시작과 끝인 국내 연행노정은 서울-고양-파주-임진강을 잇는 약 60km 구간에 걸쳐 남아 있다(2장 「의주대로 옛길을 따라」에서 자세히 소개하고 있다.). 북한 지역 연행노정은 실답(實踏)이 어렵지만, 남북교류의 길이 열리면 반드시 복원해야 할 역사 공간이다. 중국 지역 연행노정은 압록강 너머 단동에서 심양-산해관-북경-열하에 이른다.

이 장에서는 연행을 통해 세계를 인식하고 새로운 세상에 대한 견문과 지적 열망을 풀어내던 조선 지식인들과 사신들의 행적을 따라 연행노정 옛길을 추체험해 보고자 한다. 역사를 기억한다는 것은 역사의 현장을 찾아보는 것으로부터 출발하기 때문이다.

1. 세계를 만나는 창(窓), 연행(燕行)

오늘날 해외 견문을 넓힐 수 있는 기회는 다양하게 존재한다. 여행, 관광, 유학, 주재원, 그 가족 등 종류와 방식 또한 천차만별이다. 그렇다면 전통시대의 해외여행은 어떠했을까?

전통시대 동아시아인의 국가 간 인적 교류는 그리 활발하지 않았다. 그 이유는 대부분 자국을 외부로부터 봉쇄한 쇄국, 해금의 정책을 펴고 있었기 때문이다. 전통시대 국제관계는 사행(使行)이 중심이었다. 조선의 대외정책은 중국 중심의 세계 질서, 즉 중화 질서를 인정하는 기저에서 전개되었고, 중국과 일본과의 관계는 사대와 교린의 정신을 외교관계의 기조로 삼았다.

사행은 정치·외교적 목적을 수행하는 국가 외교사절로서의 역할 외에도 해외견문을 통해 선진문물을 받아들이고 새로운 세상을 경험하게 되는 관광(觀國)의 기회이기도 하였다. 관광이란 "관국지광이용빈우왕(觀國之光利用賓于王)"이라는 『주역(周易)』의 한 구절에서 나온 말로, 즉, "타국의 삶의 빛(문물·제도·풍습 등)을 살펴보는 것은 임금의 손님 노릇하기에 이로우니라"라는 구절의 '관국지광(觀國之光)'에서 '관광'이 유래하였다. 말하자면 관광은 '한 나라의 훌륭한 문물을 관찰할 수 있는 좋은 기회'라고 할 수 있다. 조선이라는 울타리에 갇혀 있던 지식인들은 중국으로 향하는 노정에서 타국의 풍속을 경험했고, 연행의 목적지인 연경(燕京)에서는 서구의 문물과 새로운 문화를 견문하는 등 관광활동이 수반되기도 하였다. 이러한 사행견문·관광의 소감은 다양한 연행기록(燕行記錄)으로 전하는데, 대표적으로 '연행록의 삼가(三家)'를 들 수 있다.

연행노정은 조선의 지식인들이 국제사회와 조우하고 새로운 세상을 견문하는 유일한 창(窓)이었다. 이 장에서는 국내 및 중국지역의 연행노정 현장을 통해 연행문화와 연행노정이 갖는 역사·문화적 의미를 살펴보고자 한다.

사행의 종류와 구성원의 역할

사행은 정기사행과 임시사행, 국내사행으로 구분한다. 정기사행은 매년 정기적으로 파견되는 사신을 말한다. 명대에는 정조사·동지사·성절사와 같은 3회의 정기사행을 허락했다. 청대에는 이를 통합하여 1회로 줄였다. 이를 삼절겸연공사(三節兼年貢使) 또는 동지사(冬至使)라고 하였다. 동지사의 소임은 대통력(大統曆)이라는 역서를 받아 오는 것이었다.

임시사행은 특별한 일이나 사건이 발생하여 이를 처리하기 위해 파견된 사신을 말한다. 왕위 책봉, 세자 책봉, 왕의 죽음 등 왕실의 경조사와 각종 국가적 현안에 따라 각기 다른 명목의 연행사절이 꾸려지기도 하였다. 사행의 발길이 빈번해짐으로써 사행의 공물을 납품하고 지원해야 하는 지방관아의 재정 고갈도 극심하였으며, 이러한 문제점들은 고스란히 백성들에게 피해를 가져다주는 요인으로 작용하기도 했다. 정기사행인 '동지사'를 기준으로 사행단의 구성과 인원의 규모를 살펴보면 다음과 같다.

사행은 정사(正使), 부사(副使), 서장관(書狀官)을 삼사(三使)로 삼아 사행임무를 책임지게 하였고, 통역관인 대통관(大通官), 압물관(押物官), 화원, 의원 등 약 35~40여 명의 수행원으로 구성되었다. 이들을 정관(正官)이라고 한다. 이 밖에도 말몰이꾼, 상인 등 약 200~500여 명이 사행에 참여하였다. 정사와 부사는 외교에만 관여하고 사신의 행차와 관련된 일들은 사행단을 감찰하는 서장관의 몫이었다. 서장관은 사행 중 날마다 보고 들은 바를 기록한 공식보고서인 '문견사건(聞見事件)'을 복명 후 왕에게 제출해야 했다.

역관은 외교 현안을 해결할 수 있도록 삼사를 보좌하고 중국 조정의 해당 아문과 실질적인 업무를 진행해야 하는 외교실무자였다. 이들의 역량은 사행임무의 성패에 많은 영향을 미치기도 했다. 사행무역을 독점해 온 역관들이 막대한 부를 축적할 수 있었던 것은 사행에 참여하면서 무역의 권한을 확보할 수 있었기 때문이다. 역관은 정보 탐문의 임무도 수행하였다. 역관들은 청 조정의 동향이나 사회의 정세를 파악할 수 있는 주요 관서의 문서를 구해 오는 것(求得)으로도 상을 받았다. 이러한 역관들의 활약은 공식 보고문서인 『수본(手本)』 외에도 외교

그림 6-1 • 연행사 이항억 일행의 모습(1863년)

관계 문헌인 『통문관지(通文館志)』, 『동문휘고(同文彙考)』 등을 통하여 살펴볼 수 있다.

사행단 구성에서 빼놓을 수 없는 인물들이 자제군관(子弟軍官)이다. 자벽군관(自辟軍官)이라고도 하는데, 이들은 삼사의 자제나 친지, 지인 중에서 견문의 목적으로 참여시켜 삼사를 수행하도록 하였다. 이들은 정관이 아니었기에 사행단의 일정과 구속에서 벗어나 비교적 자유롭게 여행과 유람의 기회를 갖기도 하였다. 특히 17세기부터 18세기 후반 사이에 김창업(金昌業)·홍대용(洪大容)·박지원(朴趾源)·박제가(朴齊家)·이덕무(李德懋)·유득공(柳得恭)·김정희(金正喜) 등 많은 지식인들이 연행사 또는 자제군관으로 청에 가서 강건성세의 실체를 목도하였고, 새로운 학술경향을 파악하고 중국 문인들과 교류하였다. 조선 지식인들에게 연행은 새로운 지식을 탐구하는 길이자 세계를 인식하는 창이 되었다. 이들이 경험한 선진문명과 과학기술은 실학파의 사상적 원천이 되었다.

견문의 기록, 연행록

조선 사신들이 남긴 사행록은 원대에는 빈왕록(賓王錄), 명대에는 '천자에게 조회하러 간다'는 의미로 조천록(朝天錄)이라 했다. 그러나 명의 멸망 후에도 여전히 소중화 의식을 가지고 있었던 조선은 청의 수도였던 연경(燕京)을 다녀온다는 의미로 연행록(燕行錄)이라 불렀다.

연행록은 국왕에게 보고용으로 작성되는 공적 기록과 사행원이 개인 문집에 남긴 사적 기록으로 구분된다. 연행록은 외국을 견문하고 작성한 여행문학, 기행문학의 성격도 있지만, 작자의 역량에 따라 단순 기행문의 의미를 넘어 문학작품으로서의 높은 완성도를 보여 주는 사행기록도 많이 전하고 있다. 흔히 연행록의 백미로 꼽히는 연암 박지원의『열하일기(熱河日記)』도 정식 수행원이 아닌 자제군관 자격으로 참여하여 기록을 남겼기에 사적 기록으로 분류할 수 있으며, 문학·역사·사상적 측면에서 매우 뛰어나 조선 후기 지식인층의 폭넓은 사랑을 받았다. 이러한 명사들의 연행록은 연행에 참여하는 이들이 반드시 미리 읽거나 베껴서 휴대하는 필수 여행물품이기도 하였다.

연암 박지원의『열하일기』(1780)는 연행록의 대표격인 작품이다. 특히 그 이전의 연행록인 노가재 김창업의『가재연행록』(1712), 담헌 홍대용의『담헌연기』(1765)와 더불어 '연행록의 삼가(三家)'로 알려져 있으며, 당대는 물론 현대사회 대중에게까지 고전으로 널리 읽히고 있다. 연행록의 삼가는 김경선(金景善, 1788~1853)의 연행록인『연원직지』(1833)에서 밝히고 있는데, "노가재는 편년체(編年體)에 가까워 평순하고 착실하며, 조리가 분명하고, 홍담헌은 기사체(記事體)를 따랐는데, 전아하고 치밀하며, 박연암은 전기체(傳記體)와 같은데 문장이 아름답고 화려하여 내용이 풍부하고 해박하다"라고 평하였다. 이는『가재연행록』이 "날짜순으로 여정을 따라 써내려 가는 일기 형식"이라면,『담헌연기』는 "사건이나 명소,

그림 6-2 · 연행록

18세기 연행록 류(왼쪽부터『가재연행록』,『담헌서』,『연행기』,『연행시독』,『청장관전서』)

인물 등 주제의 본말(本末)을 밝히는 기록적 특성"을 갖는다. 반면, 『열하일기』는 노가재와 담헌의 글쓰기 방식을 종합한 글쓰기 방식으로, "여정은 일기로 편년체의 형식으로 기술하면서, 중요한 주제는 기(記)나 설(說)의 방식으

그림 6-3 • 『연암집』에 수록된 『열하일기』

로 독립시켜 배치"하는 방식을 취하고 있다. 무엇보다도 연암의 『열하일기』는 기존의 글쓰기 관행을 파괴하는 독특한 기술방식 때문에 당대 지식인사회의 반향을 일으켰고, 급기야 문체반정(文體反正)의 이유가 되기도 하였다. 이들 삼가의 연행록은 비교적 자유로운 여행자(자제군관)의 입장에서 기술되어 여정의 견문이 풍부하고 당대 최고의 문인들이 작성한 글이었으므로 타인의 참고서가 되기에 부족함이 없었을 것이다. 그렇기 때문에 삼가의 연행록은 이후의 사신들이 반드시 휴대해야 하는 여행 필수품목이 되었고, 이러한 전통은 담헌과 연암에게도 이어졌다. 연암이 중국을 여행했을 당시 청은 최고의 전성기를 구가하던 시기였다. 연암은 실용적인 중국인들의 삶과 문화를 세세하게 관찰함으로써 이들의 실용적 삶의 양식에 눈길을 두었다. 『열하일기』는 사행단의 여정 묘사에만 집중되어 있는 것이 아니고, 기록자의 새로운 견문과 체험 이후에 일어나는 문화적·정신적 자각이나 사회의 변화를 갈망하는 지식인으로서의 고민도 풍부하게 서술되어 있기 때문에 그 기록적 가치가 돋보이는 것이다.

연행록에는 한중외교사는 물론 동아시아와 세계인식, 전쟁, 무역, 경

제, 문화교류, 선진문물의 체험, 인적교류 등 여행을 통하여 체험한 소회들이 자유롭게 기록되어 있다. 사행은 한·중교류사의 가장 직접적인 창구이자 성과이기 때문에 전통시대 양국의 선조들이 기록한 문헌의 내용은 역사적 사실을 밝히고 당대 문화의 원류를 조명하는 데 매우 가치가 있다. 당시 동아시아의 정황을 총체적으로 들여다볼 수 있는 방대한 기록문화의 결정체라고 할 수 있다. 그런 점에서 연행록 역시 인류가 보유한 수많은 문헌군 중에서도 매우 독특한 의미와 가치를 지닌 기록유산이며, '세계기록유산'에 포함될 만한 가치를 가진 기록문헌이라고 하겠다.

2. 연행노정의 변천

연행노정은 크게 국내 지역과 중국 지역으로 구분한다. 국내 의주대로와 중국 지역 연행노정은 외교사절의 운영에 관한 문헌인『통문관지』와 사행기록인『연행록』,『노정기(路程記)』,『연행노정기(燕行路程記)』등을 통해 경로를 파악할 수 있다. 대부분의 노정은 압록강을 건너 동북 지역의 요동평야와 요서평야를 경유하는 육로 노정을 따랐지만, 명·청 교체기에는 해로 노정을 이용하기도 하였다.

연행의 전체 노정은 한양에서 의주까지 약 1,050리이고, 의주에서 북경까지 약 2,061리, 도합 3,111리에 이르는 길이었으며, 되돌아오는 여정까지 합하면 6,000리가 넘는 대장정이었다. 사행단의 왕복 소요기간은 북경까지 40여 일, 북경에서의 체류기간 40~60일, 귀국길 30여 일을 더하면, 4~6개월 이상이 걸리는 일정이었다.

외교현안의 처리 정도에 따라 전체 일정이 1년 가까이 걸리는 경우도 있었으니, 연행이 해외견문의 기회이기도 했다지만 편안한 여행만은 아니었을 것으로 생각된다. 특히 삼사를 비롯하여 처음 중국 땅을 밟는 사행단은 행역삼고(行役三苦), 즉 '새벽에는 안개, 낮에는 먼지, 저녁에는 바람'이라는 세 가지 괴로움에 시달리기도 하였다. 그러나 지적 탐구심에 불탔던 조선의 선비들에게는 견문을 넓히고 세계와 호흡할 수 있는 절호의 기회이기도 하였다.

연행의 시작과 끝, 의주대로

연행의 시작과 끝은 한양(漢陽)이었다. 한양에서 출발한 사신은 의주대로(義州大路)를 기본 노선으로 삼아 이동하였다. 의주대로는 한양 이북의 관서 지역을 관통하므로 '관서대로', 의주까지 향하므로 '의주로', 중국을 오가는 사행들이 빈번하게 넘나들었으므로 '사행로' 또는 '연행로'라고도 불렸다.

김정호가 편찬한 『대동지지(大東地志)』에 따르면 당시 한양에서 의주까지 약 41개의 역참이 운영되었으며, 양국 사신들을 위한 휴식처와 숙박소로서 모두 25개의 관(館)이 설치되어 있었다.

[남한 지역 의주대로] 한양―돈의문(敦義門)―병전거리(餠廛巨理)―녹번현(綠礬峴)―양철평(梁鐵坪)―관기(館基)―박석현(薄石峴)―검암참(黔巖站, 구파발)―덕수천(德水川)―여현(礪峴)―신원(新院)―(신원천, 덕명천)―고양(高陽)―벽제역(碧蹄驛)―혜음령(惠陰嶺)―세류점(細柳店)―쌍불현(雙佛峴)―(쌍미륵)―분수원(焚修院)―신점(新店)―광탄천(廣灘川)―파주(坡州)―이천(梨川)―화석정(花石亭)―(이후민간인통제구

역)-임진도(臨津渡)-동파역(東坡驛)-유현(柳峴)-장단(長湍)-오목리(吾木里)-견양암(見樣巖)-조현발소(調絃撥所)-판적천교(板積川橋)

[북한 지역 의주대로] 개성(開城)-청석동발소(靑石洞撥所)-대현(이하 황해도)-금천(金川)-의현(衣峴)-평산(平山)-차령(車嶺)-보산역(寶山驛)-석우발소(石隅撥所)-안성발소(安城撥所)-상차령(上車嶺)-서흥(瑞興)-토교-산수원(山水院)-봉산(鳳山)-동선령(洞仙嶺)-황주(黃州)-구현(驅峴)-중화(中和, 이하 평안도)-대동강(大同江)-평양(平壤)-순안(順安)-냉정발소(冷井撥所)-숙천(肅川)-운암발소(雲岩撥所)-안주(安州)-광통원(廣通院)-대정강-가산(嘉山)-효성령(曉星嶺)-정주(定州)-당아령(當莪嶺)-곽산(郭山)-선천(宣川)-철산(鐵山)-서림산성(西林山城)-용천(龍川)-관진강-전문령(箭門嶺)-의주(義州)

국내 지역 연행노정은 중국과의 관계를 우선시했던 관계로 서북 지역을 관통하는 의주대로가 특별한 노정의 변동 없이 지속적으로 운영되

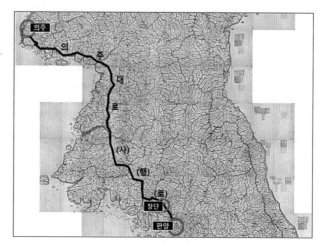

그림 6-4 · 의주대로

었다. 사행임무를 마친 사신들의 귀국경로 역시 의주대로를 이용하였으며, 사신들은 한양으로 돌아와 임금에게 복명함으로써 사행의 임무를 종결하게 된다.

중국 지역 연행노정의 변천

연행노정은 조선 정부나 사신들이 마음대로 조정하거나 바꿀 수 있는 길이 아니었다. 중국 내 이동경로는 반드시 중국에서 정한 노정을 이용해야 했다. 사행들의 숙박은 대체적으로 중국 측에서 정해 준 관례대로 지정된 찰원(察院, 공관)에서 묵었다. 그러나 찰원을 배정받더라도 시설이 형편없는 경우가 많아 근처의 민가, 사찰, 관제묘 등을 숙박지로 빌려 거처를 정하기도 했다. 사행단의 이동속도나 사정에 따라서 숙소와 휴식 장소가 바뀌는 경우도 있었지만, 대체로 사신들의 행렬이 숙박하거나 휴식하는 지역은 대부분 비슷하다. 이는 하루 동안의 이동거리가 정해져 있고, 정해진 이동경로를 따라야 하는 등 이전 사행들의 전통과 관례에 따라 크게 벗어나지 않는 곳을 다니는 까닭이다.

중국 지역 연행노정은 고려 말에서 조선 초기 명(明)의 수도인 남경을 오간 해로 사행과 명의 북경천도 이후 북경으로 향한 사행경로로 구분하여 살펴볼 수 있다. 연행노정이 확정된 숙종대에 이르기까지 몇 차례의 노선이 변경되었다.

명은 원의 잔존 세력을 이유로 요동의 육로를 열지 않다가 1389년에야 고려 사신이 요양(遼陽)을 거쳐 산해관(山海關)으로 들어갈 수 있도록 육로를 열었다. 해로 사행의 위험을 피하고자 명 조정에 끊임없이 요구한 결과였다. 당시 요양에서 산해관까지는 역참이 설치되어 있었지만,

압록강 건너 요양에 이르는 길은 원대에 사용하던 옛길을 이용하였다.

　1480년 무렵에는 명의 군사력이 봉황산에서 압록강까지 확대되었고, 구련성(九連城) 일대에 진강보(鎭江堡)가 설치되면서 동팔참(東八站)이 형성되었다. 1621년(광해군 13)에 명과 후금(後金)이 요동에서 충돌하면서 요양을 거쳐 가는 육로가 막히고 산동 반도 등주로 우회하는 해로 사행길이 열렸다. 1637년 병자호란 이후부터 1645년 청(淸)이 북경으로 천도할 때까지 조선 사행은 심양(瀋陽)까지만 왕래하였다. 조선 사행은 연경으로 천도한 1645년 이후 심양을 거치지 않고 요양-안산(鞍山)-우가장(牛家庄)-반산(盤山)을 거쳐 광녕(廣寧)에 이르는 지름길을 택하였다가 심양에 성경봉천부(盛京奉天府)가 설치된 1665년(현종 6)부터 심양을 거쳐 광녕-산

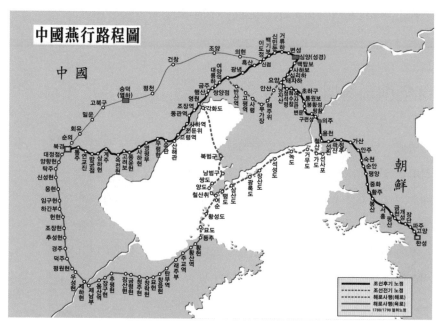

그림 6-5 • 「중국연행노정도」(한중연행노정답사연구회, 2015)

해관—북경으로 향하였다.

연행노정이 확정된 것은 1679년(숙종 5) 무렵이다. 청 조정이 바다를 방어하기 위해 우가장에 군사시설을 설치하면서, 조선 사신들은 심양에서 고가자(孤家子)—백기보(白旗堡)—이도정(二道井)—소흑산(小黑山)—광녕(廣寧)에 이르는 길로 돌아가야 했다. 이로써 요양—심양—광녕에 이르는 청나라 때의 기본 노정이 확정되었다.

연행사절이 북경이 아닌 별도의 공간에서 황제를 만난 일이 두 번 있었다. 바로 연암 박지원이 다녀온 1780년(정조 4)의 건륭제 70세 축하사절과 서호수의 1790년(정조 14)의 건륭제 80세 축하사절이다. 박지원과 박제가가 경험한 두 번의 열하노정은 사행 역사에서 독특한 경험이었고, 이들의 연행 과정과 기록은 18세기 이후의 조선 지식인들에게 세계인식의 경험과 사유의 영역이 확장되는 중요한 기회로 작용하기도 하였다.

3. 연행노정의 현장을 찾아서

연행노정은 한국, 북한, 중국 지역에 산재한 '옛길'이라는 특징 때문에 전체 노정을 종합적으로 살펴보아야 하는 대상이다. 그런 점에서 이 장에서는 의주대로 남한 구간(서울—고양—파주)의 역사 현장을 탐방하여 연행문화와 연행노정의 일단을 경험하게 될 것이다. 아울러 중국 지역 연행노정에 대한 내용은 과거 연행사신들의 행적과 관련된 유적과 현장을 중심으로 소개함으로써 향후 답사에 참고가 될 수 있도록 구성하였다.

의주대로에서 만난 연행의 흔적

국내에서 연행노정의 현장을 확인할 수 있는 공간은 의주대로 남한 구간인 서울–고양–파주–동파–판문점까지 약 60km 구간이다. 연행의 출발지인 한양과 고양, 파주, 임진강, 민통선 일대까지 옛길의 원형이 비교적 잘 남아 있다. 서울은 사신들이 출발에 앞서 임금에게 하직하고, 사행에서 돌아와 복명했던 궁궐이 있는 곳으로서 상징성을 갖는 공간이다. 연행사신들의 행적을 찾아 의주대로 답사를 떠나 보자.

…… 돈의문 내달아서 모화관 사대하고
모악재 넘어서서 홍제원 다다르니
재상 어른 명사 친구 문객이며 청직배며
전별차로 나와 보고 잘 가거라 당부하네
잘 있으라 대답할 새 면면이 처창하다
좌차로 올라타니 일산이 멀리 떴다
권마성 한 소리에 앞 길이 몇 천리냐
집안을 생각하니 심회도 창연하다
당상의 백발 노친 새양가로 뫼셔 있고
청춘의 젊은 아내 금슬이 남다른데
무형제 혈혈 독신 외롭다 이내 몸이
원로에 떠나가니 가사 부탁할 데 없다.
봉명이 지중키로 무가내하 할 일 없다
삼각산 바라보니 몇몇 번 탄식이냐
녹번리 박서리와 구파발 창릉재를

순식간에 지나서니 고양 지경이 아니냐.

순시 영기 곤장 주장 전배로 벌려 섰고

본 군수의 지경 지대 삼공형리 대령하고

읍내를 들어가니 숙소참이 예로구나

다담상과 주물상은 잔읍거행 가련하다

늦은 식후 군령으로 파주목 숙소하고

평명에 떠나 서서 임진강 다다르니

좌우의 험한 산세 서로의 인후 되고

산 틈에 높은 성이 홍예문 웅장하다

방포하고 문 나서니 일대 장강 둘렀구나

강류는 의의하여 가는 손을 붙드는 듯

산화는 작작하여 별회를 돕는구나.……

　　1865년 진하사은겸주청사행 서장관으로 참여한 홍순학(洪淳學, 1842~
1892)의 「연행가」에 보이는 사행 출발 모습이다. 한양에서 출발한 사행이
고양-파주에 이르는 동안 연도의 풍경과 먼 길 떠나는 사신의 감회를
잘 묘사하고 있다. 사행의 삼사(정사·부사·서장관)가 창덕궁 인정전에서 임
금에게 하직을 고하면 곧장 종로통을 거쳐 숭례문이나 돈의문으로 나가
의주대로로 들어서게 된다. 사신은 서대문 밖 경기감영이나 모화관(慕華
館)에서 국서(國書, 외교문서)를 점검하는 사대(査對)를 행했다. 사대란 황제
에게 바치는 표문(表文)과 중국 조정의 6부 아문에 전달하는 자문(咨文)을
살펴 틀린 글자가 있는지, 나중에 외교적인 문제가 될 표현은 없는지를
확인하는 일로, 서울에서 떠나기 전에 세 번, 도중에 세 번 이상을 할 정
도로 중요한 일이었다.

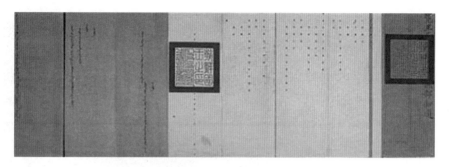

그림 6-6 · 조선 국왕이 중국 황제에게 보낸 외교문서인 표문

사대를 마치면 모화관과 홍제원에서 사신을 전송하는 전별연이 열렸다. 모화관에서는 삼사신과 조정의 고위 관료들, 홍제원에서는 해당 관아의 관리들이나 가족, 친지들의 전송이 이어졌다. 모화관 옛터에는 현재 우리은행 독립문지점이 위치하고 있다. 인근 서대문독립공원에 독립관과 영은문 주초석이 남아 있어 사신왕래의 일면들을 파악할 수 있다.

사행은 홍제원에서 전별연을 마친 후 취기가 오른 상태에서 해가 뉘엿거릴 때쯤 고양 땅으로 향하는 것이 일반적이었다. 어둔 녘에 고양관아의 별관인 벽제관(碧蹄館)에 든 사행은 저녁식사를 받고 숙박을 하거나, 저녁상을 물린 후 내친 김에 파주목 관아까지 가서 숙박을 했다.

그림 6-7 · 소실되기 전의 벽제관 모습

벽제관은 고양관아의 부속 건물로 임금의 능행 시 행궁으로 사용되거나 중앙관리와 사행의 숙소로 사용되던 국영 숙박시설이었다. 벽제관은 한성(서울)에 인접하고 있었으므로 중국 사신들은 벽제역 객사(舍

숨)에서 숙박한 후 다음 날 관복으로 갈아입고 예의를 갖추어 도성으로 들어가는 것이 정해진 관례였다.

파주 마산리는 옛 파발참인 마산참이다. 파주목 관아에 숙소를 정한 사행단은 인근의 마산

그림 6-8 · 파주 마산리 박명원·화평옹주 합장묘역

참에서 말을 쉬게 하고 먹이를 주었다. 마산리 군부대 내 언덕에 영조의 부마인 박명원과 화평옹주의 합장묘가 있다.

박명원(朴明源, 1725~1790)은 연암 박지원의 삼종형으로 1780년 건륭제 70세 축하사절의 정사로 참여했던 인물이다. 연암은 사절단의 우두머리인 정사 박명원의 자제군관 자격으로 연행사절단에 합류할 수 있었다. 박지원은 이때 북경, 열하를 견문한 경험을 저술하였다. 바로 『열하일기』이다.

파주목 관아에서 숙박한 사행은 임진나루에서 배를 타고 임진강을 건너 장단부를 지나 개성으로 향하였다. 임진나루는 한양 이북의 주요 관문으로 이곳을 수비하는 성문을 진서문(鎭西門)이라고 한다. 임진강은 조선시대 교통수로로서 화물선과 인마의 왕래가 빈번하였다. 그 옛날 임진나루를 지키던 진서문의 위용은 사라지고, 지금은 군부대 통문만 경계를 늦추지 않고 있다. 판문점 입구의 JSA경비대대 삼거리에 다다르면 발길을 멈춰야 한다. 여기까지가 국내 지역 연행노정의 흔적을 답사할 수 있는 종착지이기 때문이다.

연행노정의 초절, 조선의 산하와 닮아

사행은 지적 호기심이 충만했던 조선의 지식인에게 한 번쯤 큰 세상을 경험하고 싶은 '일생일대의 호기'로 인식되었다. 의주 통군정에 올라 횡(橫)으로 펼쳐진 압록강과 너른 중국 땅을 앞에 두고 새로운 세상을 마주하는 감개와 장도에 임하는 각오를 다졌으리라. 담헌 홍대용이나 연암 박지원이 그랬을 것이다. 그들이 경험했던 중국, 그들이 머물렀던 행적을 더듬어 중국 지역 연행노정의 현장을 따라가 보자.

옛사람들은 압록강 너머 중국 지역 연행노정의 공간을 3개의 구간(節)으로 구분하여 인식하였다. 이를 연행의 삼절(三節)이라고 하였다. 초절(初節, 압록강−심양), 중절(中節, 심양−산해관), 종절(終節, 산해관−북경)로 구분하였는데, 이는 압록강에서 북경에 이르는 주요 도시를 기점으로 구분한 방식이다.

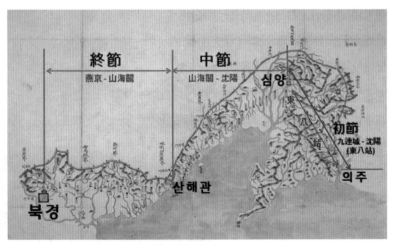

그림 6-9 · 연행의 초절−중절−종절(「여지도−의주북경사행로」)

연행의 초절은 압록강에서 심양까지이다. 연행노정은 중국의 역참에 근거하고 있는데, 원대의 동북 지역 역참제도였던 동팔참(東八站)이 기본을 이루었다. 사행기록마다 동팔참의 위치는 약간의 차이가 있지만, 당대 조선 지식인들의 동북 지역에 대한 지리 개념은 크게 동팔참의 틀 속에서 인식되고 있었다.

의주 구룡나루에서 배를 탄 사행은 압록강 도강 후 구련성 들판에서 노숙하였다. 청은 압록강에서 책문까지 약 150여 리를 그들의 조상이 흥기한 발상지로 여겨 사람이 살지 않는 봉금지대로 설정하였기 때문에 국경의 관문인 책문에 이르기까지 구련성과 탕산성 일대에서 이틀 밤을 노숙해야 했다. 책문은 조·청 간의 실질적인 국경으로 인식되던 곳이다. 이곳을 관할하는 봉황성장의 허락을 얻고서야 책문에 진입할 수 있었다. 책문을 지나면서부터 조선 사행에 대해 청 측의 공식적인 사행접대가 이루어졌다.

연행노정에서 가장 높고 험한 고개인 회령령(지금의 마천령)과 청석령은 옛길의 흔적이 가장 온전히 남아 있어 옛사람들의 행적을 추적하는 이들에게 남다른 감흥을 갖게 하는 곳이다. 병자호란의 볼모가 되어 심양으로 끌려가던 봉림대군(효종)이 청석령을 지날 때 읊었다던 「음우호풍가」는 이후 청석령을 넘나드는 사행들의 마음에 비분감을 심어 주었고 병자호란의 치욕을

그림 6-10 • 청석령 정상 관제묘 터

상기하는 공간으로 인식되었다. 청석령 정상에 있던 관제묘는 2014년에 복원되었다.

청석령을 넘어 냉정촌과 고려총의 낮은 산을 끼고 돌면 본격적으로 넓은 평야가 펼쳐진다. 바로 요동벌이다. 연암이 "한바탕 크게 한 번 울만한 곳"으로 묘사한 '호곡장론'의 무대이다. 일망무제의 요동벌판은 요하 서쪽의 요서벌판 의무려산(醫巫閭山) 일대까지 이어진다. 요양은 연행길의 장관으로 묘사되곤 했던 '요동백탑'을 보기 위해 사행이 반드시 들렀던 곳이다.

구련성에서 심양에 이르는 '초절' 구간은 연행노정의 여느 구간보다 조선의 산하와 닮은 구석이 많은 지리적 특징이 있다. 높은 산과 고개, 하천이며 기암괴석도 조선의 그것과 많이 닮아 있었다. 홍경모는 「총수산기」에서 "동팔참의 산천은 우리나라와 똑같다. 강역은 다르지만 기맥이 상통하는 것을 볼 수 있다"라고 하였다. 연암은 『열하일기』에서 봉황산과 조선의 명산을 비교했고, 청석령, 요동 일대를 지나면서 북방 고토에 대한 의견을 피력하기도 하였다. 고조선과 고구려, 발해로 이어지는

그림 6-11 • 황해도 평산 총수산과 닮아 향수를 불러일으키는 탕산성 총수참

고대사의 강역이 펼쳐진 공간이었기에 북방 고토의식이 가장 강렬하게 피력되던 공간이다. 또한 사행이 임무를 마치고 요동에 들어서면 조선의 산천과 너무나 닮아 있는 이곳을 지나며 고국을 향하는 심리적 안정을 얻기도 했다.

그런가 하면 초절 구간은 1636년 병자호란 이후 소용돌이 속에서 조선의 왕세자(빈)로서 겪었던 볼모생활의 흔적들이 아직도 심양의 이곳저곳에 지명으로, 옛터로 남아 있다. 청 입관 후 많은 조선 지식인들의 사행기록에는 이러한 비분을 토로하는 소회가 어김없이 연행록에 기록되어 전하고 있다.

연행노정의 중절, 고통과 성찰의 공간

연행노정의 중절 구간은 심양에서 산해관까지의 공간을 말한다. 보통 열하루 길이 소요되었던 중절 구간은 연행노정에서 가장 지루하고 힘든 구간으로 묘사되곤 하였다.

요하[遼河, 거류하(巨流河)]는 요동과 요서를 가르는 경계이자 고구려 강역으로 인식되었던 강이다. 심양 외곽의 요하 일대는 북방 몽골 지역에서 불어오는 잦은 황사로 사신들의 발목을 잡았다. 연행록에는 요하 일대에서 모래폭풍을 만나 일주일 가까이 움직이지 못했다는 기록도 있다. 당시에는 모래가 입안에 씹힐 정도였다고 한다. 그래서 이 지역에 거주하는 한족, 만주족들은 그들이 사는 집도 환경에 맞게 개조하였다. 조선의 가옥처럼 대들보가 있거나 지붕이 팔작이나 맞배지붕의 형태가 아닌, 너른 마당과 같이 일자로 펼쳐진 듯한 지붕의 가옥들을 본 것이다. 그래서 무량옥(無梁屋), 일자옥(一字屋)이라고 하였다. 이러한 가옥들은 요

그림 6-12 · 산해관 천하제일관 관문

하를 지나 소흑산 일대부터 산해관 내까지 계속 이어진다.

이도정–반랍문–소흑산 구간은 봄이면 겨우내 얼었던 땅이 녹으면서 진창을 이루었던 곳이다. 여름철이면 장맛비에 길이 보이지 않을 정도로 물이 넘쳐 사행단의 고생이 이만저만 아니었던 곳으로 유명하다. 사행노정에서 가장 고생스럽고 힘겨운 공간으로 인식되었다.

중절 구간에서 빼놓을 수 없는 공간은 광녕성 서쪽에 있는 의무려산이다. 북진묘는 의무려산의 산신을 모신 곳이다. 의무려산은 북진묘에서 약 5km가량 더 들어가야 한다. 의무려산과 각별한 이는 아무래도 담헌 홍대용일 것이다. 1776년에 홍대용은 의무려산을 찾아 유람하고『의산문답』을 지었다. 그는 이 글을 통해 중국 중심의 전통적인 화이관을 해체하는 자각에 이르렀고, 이후 그의 철학적 사상이 정립되는 데 영향을 끼쳤다. 이렇듯 조선 지식인들에게 연행은 세계인식의 장이자 자아성찰의 기회를 가져다주는 공간으로서의 의미를 갖고 있다고 하겠다.

그림 6-13 · 「의산문답」

그림 6-14 · 영원성 조씨 패루

연행노정의 중절 구간은 명의 몰락을 목도한 현장이기도 했다. 심양에서 볼모생활 중이던 소현세자와 봉림대군은 금주·송산 전투에 청 황제를 따라 종군했다. 연암은 이곳을 지날 때 당시 전쟁의 참상을 상기하면서 '어육지장(魚肉之場)'으로 묘사한 바 있다.

영원성은 지금의 흥성으로 산해관 밖의 가장 중요한 전략요충지이다. 1626년 대명전쟁에서 전승가도를 달리던 누르하치는 영원성 전투에서 원숭환의 결사항전 의지와 홍이포(紅夷砲)의 위력 앞에 부상을 입고 패퇴하고 말았다. 사행들이 영원성에 이르면 당시 원숭환과 누르하치의 일대 격전에 대한 논평도 많이 했지만, 당시 명장들이 후금으로 투항한 행위에 대해 부정적으로 인식하는 기록이 많이 등장한다.

영원성 동문으로 들어간 사행은 성안 사거리의 고루를 지나 남문 방향의 관도(官道)에 우뚝 서 있는 조대수·조대락 패루를 보게 된다. 명장 조승훈·조대수·조대락 일가의 공훈을 기려 세운 2개의 패루이다. 패루의 기묘하고 웅장한 위용 때문에 연행길의 장관(壯觀) 또는 기관(奇觀)으로 묘사되기도 했지만, 대부분의 사행은 조씨 패루를 통하여 명의 멸망과 쇠퇴의 원인을 지적하고 있다.

연행의 종절, 중화의 세계로 들어서다

중국인들은 전통적으로 중화사상에 입각해서 만리장성을 문명과 비문명, 중화와 오랑캐를 가르는 경계로 삼아 왔다. 만리장성인 산해관 안쪽을 관내, 바깥쪽을 관외라 하였고, 이 관문을 들어서야 '중화'의 세계, 즉 문명의 세계로 들어선다는 관념을 갖고 있었다.

박지원은 "만리장성을 보지 않고서는 중국의 큼을 모르고, 산해관을 보지 않고서는 중국의 제도를 알지 못할 것이요, 장대를 오르지 않고서는 장수의 위엄이 얼마나 장한지 모를 것이다"라고 하며 산해관의 규모와 위용을 평가했다. 명·청 교체기 막바지에 청군에 종군한 소현세자는 명장 오삼계에 의해 산해관이 열리고 청군이 무혈입성하는 현장에 동행

그림 6-15 • 산해관 천하제일관 관문

함으로써 조선이 그토록 의지하던 명(明)의 몰락을 직접 목도하기도 하였다.

연행의 종절 구간에서 반드시 들러야 하는 공간이 있었다. 대표적인 공간이 이제묘(夷齊廟)이다. 이제묘는 정절의 상징인 백이숙제(伯夷叔齊)를 모신 사당으로 조선 지식인들의 정체성을 확인하는 공간이었다. 난하를 거슬러 올라가면 고죽국의 옛 자리였다는 수양산(首陽山) 인근에 이제묘 터가 남아 있다. 그러나 이 옛터도 문화대혁명 시기를 거치면서 모두 사라지고 말았다. 이제묘의 목재와 석물, 비석들은 대부분 흩어지고 일부는 인근 마을의 가옥 들보와 초석, 담장 등에서 간간이 발견할 수 있다.

통주는 강남에서 이어진 대운하(大運河)의 북쪽 종착지로 통주성 외곽을 흐르는 노하(潞河)와 운집한 배들이 헤아릴 수 없이 많아 연행길의 장관(壯觀)으로 묘사되곤 했다. 사행단이 통주에 도착하면 청의 예부에서 접대하는 관원이 와서 조선 사신을 안내하였다. 통주 영통교에서 북경

그림 6-16 · 이제묘 청풍대 터에서 바라본 난하

에 이르는 길은 박석을 깔아 길을 내고 오가는 인마가 많아 매우 번화한 거리였다고 기록하고 있다. 북경성으로 향하는 사행단은 조양문(朝陽門) 못 미쳐 동악묘(東嶽廟)에서 휴식한 후, 의관을 갖춰 입고 문무반열을 지어 사행단의 공식 숙소인 회동관(會同館)으로 향하였다.

천하의 문화가 모이는 곳, 연경

연행사신들의 여정 목적지는 연경(燕京)이었다. 연경은 오늘날의 북경 (北京)을 말하는데, 춘추전국시대 연나라의 수도였던 것에서 '연(燕)'이라 는 지명이 유래하였다. 원대에도 연경으로 불렸고, 명의 북경 천도 이 후부터 청에 이르기까지 중국 역대 왕조의 수도로 자리 잡았으며, 오늘 날 중국의 수도이기도 하다. 명의 쇠퇴, 그리고 청의 중원 장악과 강옹 건성세(康雍乾盛世)로 이어지는 17~18세기의 연경은 서세동점(西勢東漸)의 분위기와 맞물려 정치·경제·사회·학술·문화예술의 중심지였다. 조선 사신을 비롯한 각국의 국제외교활동 목적지였던 셈이다. 그런가 하면, 새로운 견문에 목말라 있던 조선지식인들에게는 '천하의 물산과 문명이 모여드는 곳'으로, '일생에 한 번은 반드시 가봐야 하는 곳'으로 인식되 기도 하였다. 어쩌면 '연행(燕行)'은 '꿈을 이룰 수 있는 일생일대의 기회' 였던 것이다.

연행사의 북경 활동 공간은 크게 4개의 공간으로 구분하여 살펴볼 수 있다. 첫째 공식 사행업무 수행 공간(지도의 ① 부분), 둘째, 학술문화교류 공간(지도의 ② 부분), 셋째 서양 과학기술 수용 공간(지도의 ③ 부분), 넷째 북 경유람 공간(지도의 ④ 부분)이다. 각각의 주요 지점은 〈그림 6-17〉에 제시 한 「북경도성삼가육시오단팔묘전도(北京都城三街六市五壇八廟全圖)」(輿地圖)를

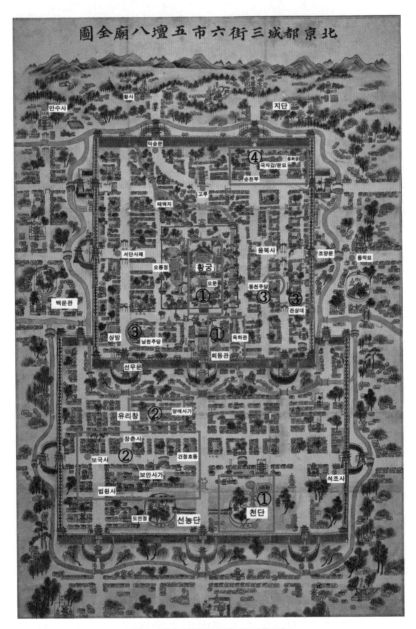

그림 6-17 • 「북경도성삼가육시오단팔묘전도」

참고한다.

　첫째, 공식 사행업무 수행 공간의 핵심은 사행단의 숙소인 회동관이다. 옥하(玉河)의 옆에 위치하고 있어 옥하관(玉河館)이라고도 한다. 조선 후기 정기사행인 동지사의 경우 대략 음력 12월 22일 전후에 입경하여 후년 2월 초순까지 약 40~50일 정도 머물렀다. 회동관은 북경에 체류하는 동안 사행원의 숙소이자 조선의 외교대표부 역할을 수행하는 가장 중요한 활동 공간이었다. 사행은 외교문서의 전달 및 답신 수령을 위해 예부와 긴밀하게 협조해야 했고, 태화전 조회나 천단, 원명원 행차에 참여하여 황제를 알현하거나 황제의 거둥 때 나가서 전송(祗送)과 영접(祗迎)을 하기도 하였다. 사행이 북경에 머무르는 동안 사행무역이 이루어지기도 하였다. 조공체제에서 사행무역을 통한 경제적 이익을 확보하는 것은 사행의 또 다른 목적으로서 매우 중요하게 여겼던 활동이다.

　둘째, 학술문화교류 공간이다. 조선 사행이 북경 체류기간 동안 자주 들렀던 곳은 당대 문화의 중심지였다고 할 수 있는 유리창(琉璃廠) 거리 일대였다. 유리창은 본래 원대부터 궁전과 묘우의 건축물에 사용되는 유리기와를 굽는 곳이었다. 융복사와 더불어 장시가 발달하였는데, 18세기 건륭시기의 사고전서 편찬과 맞물려 더욱 번창하였고, 조선의 사신들과 지식인들은 반드시 들러야 하는 명소가 되었다. 홍대용은 유리창 인근의 건정호동(현 감정호동)에서 중국의 지식인 엄성, 육비, 반정균과 천애지기의 우정을 나누어 당시 조선 지식인 사회에 큰 반향을 일으켰고, 박지원은 유리창 동쪽의 양매사가에서 유세기 등과 교류하였다. 박제가 역시 당대 최고의 문사이자 사고전서 편찬의 책임관인 기효람(紀曉嵐)과 관음사에 기거하는 양주팔괴 나빙(羅聘)과 교류하였다. 지금도 유리창과 인근 호동(골목)에는 이들의 교유 현장인 감정호동, 양매죽사가,

그림 6-18 • 유리창 고서가 진열 모습

조선사신들은 유리창의 서가에서 책을 구입하거나 중국문화의 일면을 경험했고, 유리창 인근에 기거하는 중국문인들과 교류하였다.

그림 6-19 • 서양문물의 접변 공간이었던 남천주당(왼쪽)과 관상대(오른쪽)

관음사 옛터가 남아 있다.

유리창을 중심으로 전개되던 조·청 문인들의 교류 양상이 19세기 들어서면서 인근의 사찰, 암자 등으로 옮겨지는데, 법원사(민충사), 송균암, 관음사, 보국사 등은 조선 문인들과 청조 문인들 간의 대표적인 교유 공간으로 알려지게 되었다. 추사 김정희는 옹방강, 완원과 같은 석학들과 교류하였고, 법원사에서는 조선으로 귀국하는 김정희를 위한 전별연이 열리기도 했다.

셋째, 서양 과학기술 수용 공간이다. 조선 후기 연행사신과 지식인들이 서구의 문물을 수용하고 이해하는 주요 통로는 바로 천주당, 관상대, 서양서적, 선교사 등이었다. 조선의 소현세자는 1644년 청 입관 후 자금성 문연각에서 기거하였다. 그는 아담 샬과 천주당을 오가면서 필담으로 교류하며 서양의 문물을 인식하고 있었고, 천주교 서적과 천체 관측기구를 조선에 전래하기도 하였다. 이기지, 홍대용, 박지원 등은 천주당을 방문하여 선교사들과 서양의 과학에 대해 토론했다.

그림 6-20 · 조선사신이 연경유람에서 반드시 들렀던 명소인 국자감

넷째, 북경유람 공간이다. 북경 내 유람장소로 대표적인 곳은 국자 감, 문묘와 같은 유학의 산실이었다. 국자감과 문묘 방문은 유학자로서 자신들의 정체성을 확인하는 공간이었다. 이들은 황실원림인 원명원, 서산의 호수와 정원, 연경팔경, 역대제왕묘, 불교사찰과 도관을 두루 유 람하였다. 이 밖에도 호권(虎圈), 상방(象房) 등 조선에서 보기 어려운 희 귀한 경험을 하였다. 아울러 길거리에서 펼쳐지는 각종 연희, 잡희, 기 예, 동물들의 재주부리기, 공연 등은 놀랍고도 기이한 경험을 제공해 주 는 기회로 작용하였다.

연행은 당대 국제정세 속에서 외국을 직접적으로 경험할 수 있는 기 회였다. 연행노정은 문화사적 교류가 빈번하게 진행되었던 소통의 공간 이었다는 점에서 단순한 교통로의 의미를 넘어 역사와 문화가 스며 있 는 문화유산으로서 의미를 갖는다. 특히 동북 지역의 요녕성과 내륙의 하북성을 관통하는 연행노정은 동서양의 문명교류 통로인 실크로드의 동쪽 끝자락을 잇는 '동아시아문명로'라고 하겠다.

● **참고문헌**

김경록, 「조선시대 국제질서와 대중국 사행의 역사적 의미」, 명청사학회, 2008.

김동석, 『수사록(隨槎錄) 연구―'열하일기'와 비교연구의 관점에서』, 성균관대학교 박사 학위논문, 2002.

김태준·이승수·김일환, 『조선의 지식인들과 함께 문명의 연행길을 가다』, 푸른역사, 2006.

민족문화추진회, 『국역 연행록선집』, 1976.

신춘호, 「고지도를 통해 본 의주대로 원형 복원 일고」, 『한국고지도연구』 제6권 제1호, 한국고지도연구학회, 2014a.

_____, 『연행노정(燕行路程) 영상아카이브 구축 및 콘텐츠 활용 방안 연구―한양(漢

陽)~심양(瀋陽) 구간 영상기록(물)을 중심으로」, 한국외국어대학교 박사학위논문, 2014b.

원재연, 「17~19세기 연행사의 북경 내 활동 공간 연구」, 『동북아역사논총』 26호, 2009.

이승수, 「조선 후기 연행 체험과 고토 인식−동팔참을 중심으로」, 『동방학지』, 2004.

임기중, 『연행록연구』(증보판), 일지사, 2006.

정민 외, 『18·19세기 동아시아의 문화거점 북경 유리창』, 민속원, 2013.

조규익 외, 『연행노정, 그 고난과 깨달음의 길』, 박이정, 2004.

● **참고 사이트**

사행록역사여행 http://saheng.ugyo.net

스토리테마파크 http://story.ugyo.net

한중연행노정답사연구회 http://cafe.daum.net/chinaview

7장

정약용의 고향,
마재를 찾아서

송찬섭

선택의 변

조선 후기의 대학자 다산 정약용은 짧지 않은 생애, 파란만 장한 일생을 살았다. 그의 활동과 작품, 사상 등을 채우려면 방대한 지면이 필요하다. 그의 삶과 관련된 유적지로는 일반에 많이 알려진 강진의 다산초당과 고향 마재를 들 수 있다. 그렇지만 초당이나 마재의 고향집만 둘러본다고 해서 끝나지는 않는다. 수십 년 동안 다산이 머물렀던 곳을 좀 더 상세히 살펴봐야겠지만 그 밖에 그가 다니고 머물렀던 여러 현장도 고려할 필요가 있다. 여기서는 다산과 관련된 현장을 간단히 소개하고 특히 마재의 주변을 좀 더 상세히 살펴보면서 그의 활동과 의미를 찾아보고자 한다.

1. 다산의 삶과 여러 현장

다산은 그야말로 파란만장한 삶을 살았다. 다산의 삶 속의 여러 현장을 간략하게 살펴보자. 먼저 정약용의 고향과 어렸을 때 다녔던 곳을 들 수 있다. 고향인 경기도 광주군 초부면 마현리(현 남양주시 조안면 능내리)와 다산의 선산이 있는 충주 가차산면 하담도 포함할 수 있다. 그가 젊었을 때 서울에서 공부하던 곳도 마찬가지이다.

정약용은 15세에 결혼한 후 서울에 자주 왕래하였고 마침 이때 아버지가 호조좌랑이 되어서 남촌에 거주하였다. 그뒤 21세 때 분가한 뒤 남미창동 체천, 회현방(회현동) 누산정사, 담연재, 명례방 용동 등 여러 곳을 옮겨 다녔다. 창동은 남대문 안 남산 밑인데 선혜청이 있어서 창동이라고 하였고 거기에 2개의 우물이 있어서 형제우물이라 하였다. 이를 다산은 『시경(詩經)』의 「상체(常棣)」를 취해 체천(棣泉, 상체의 우물)이라고 하면서 집을 체천정사라 불렀다. '상체'는 아가위꽃으로 이 시는 형제간의 우애를 읊고 있다. 체천 이주 다음 해에 그 동편 회현방의 재산루 아

래로 이거하여 누산정사
라 하였다. 재산루는 김육
이 살던 옛집을 가리킨다.
그 뒤 24세 때 다시 회현
방의 담연재로 이거하였다
가 부친이 사도시 주부일
때 명례방 용동으로 이거
하였다. 이때의 집 이름을
죽란사(竹欄舍)라고 불렀다.
이 시기가 정약용이 가장
영달하던 기간이 아니었을
까? 열심히 공부하고 소과,

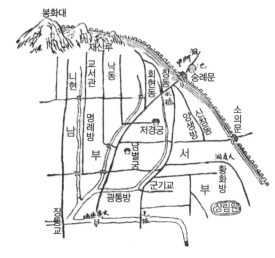

그림 7-1 • 다산이 살았던 서울 남촌 일대
(「동아일보」 1938. 12. 24.)

대과를 합격하여 관직에 나갔으며 중간에 해미로 잠깐 귀양을 나가기도
하고 금정, 곡산 등 외직으로 나가기도 했지만 정조와 친밀하게 지내면
서 자신의 이상과 포부를 실현하려던 시기였다. 이후 유배 가기 전까지
이곳에서 거처했던 듯하다.

정약용이 관리로서 활동했던 현장은 어떨까? 정약용은 예문관 검열,
사헌부 지평, 사간원 정언과 사간, 홍문관 교리, 수찬, 성균관 직강, 동
부승지, 규장각 학사, 병조참의 등 중앙에서는 여러 관력이 있었다. 관
청 하나하나를 현장으로 돌아보기는 어렵지만, 그 가운데 규장각은 정
조와의 관계에도 돈독하였고, 아직까지도 창덕궁 내에 그 자리를 지키
고 있으니 특별하게 대접을 해도 좋을 듯하다.

다음으로는 그 스스로 지방관으로 나갔던 곳을 들 수 있다. 금정 찰
방(충청도 홍주목 소속), 황해도 곡산에서 지방관을 하였고, 암행어사로서 경

기도 일대를 둘러보았다. 금정에서는 그곳 학자들과의 만남, 지방의 환곡정책의 부패를 듣고 백성들의 슬픈 사연을 묘사한 시를 쓰기도 하였다. 곡산 도호부사 시절에는 가는 길에 민란의 주모자 이계심을 만나기도 하고 이곳에서 지방관으로서 여러 가지 정책을 수행하였다. 직접 거중기를 제작하는 등 축성에 역할을 하였던 수원 화성도 중요한 현장이다. 암행어사 임무를 수행할 때 경기도 일대를 둘러보았으니 이 일대도 의미가 있었다. 이때 올린 글(서계 별단)에서는 부패한 수령들을 비판했으며, 경기 관찰사 서용보까지 탄핵하다가 나중에 그에게 저해를 당하기까지 하였다.

사실 다산은 한창때인 장년 시절 20년 가까이 유배를 갔기 때문에 지방관으로서 경험이 그렇게 많지 않았다. 그러면서도 『목민심서(牧民心書)』와 같은 뛰어난 '목민서'를 지은 것에는 여러 가지 요인이 있지만 그 가운데 하나가 지방관을 역임했던 아버지를 따라 여러 곳을 다녔던 경험을 들 수 있다. 다산의 부친 정재원은 1762년 생원과에 합격한 뒤 경기도 연천현감, 전라도의 화순현감, 경상도의 예천군수, 울산 도호부사, 진

그림 7-2 · 전남 화순군 동림사 독서기비

주목사 등을 지내다가 진주에서 세상을 떠났다. 다산은 때로는 형과 함께, 때로는 부인과 함께 부친의 부임지인 화순, 예천, 진주 등을 찾았다. 그의 장인 홍화보가 경상우도 병사로 있을 때는 진주로 찾아가기도 하고 문경 조령에 가서 연병을 참관하기도 하였다. 그 스스로도 "남도

의 여러 곳을 다녔다"고 했듯이 대부분 남도 지역을 여러 곳 다녔으며 따라서 이 같은 곳도 다산의 삶에 중요한 현장으로 들 수 있다.

다음으로는 다산의 학문과 관련된 현장을 들 수 있다. 17세 때 아버지가 화순 현감으로 있을 때 화순 동림사에서 둘째 형 약전과 함께 공부하고, 20대 때 서울에 살면서 봉은사 등에서 공부하기도 하였다. 그러나 무엇보다도 다산이 사숙하였던 성호 이익을 학문으로 만나게 된 곳은 온양 서암 석암사(봉곡사)였다. 금정찰방 시절 이삼환 등 모두 13명의 학자가 이곳에 모여 열흘 동안 성호의 글을 중심으로 학술회의를 열었다. 다산 자신의 학문적 견해를 세울 수 있는 중요한 기회였다.

그리고 다산과 유배생활은 떼려야 뗄 수 없으므로 유배지도 매우 중요한 현장이었다. 29세 예문관 검열 때 사직소를 제출하고 왕의 부름에 응하지 않아 유배를 갔던 해미는 그야말로 열흘간이라는 지극히 짧은 시간 유배당했던 곳이어서 현장으로 내세우기에는 애매한 측면이 있다. 정조 사후 신유사옥(1801)이 일어나면서 본격적으로 유배를 다녔으니 그곳을 찾아야 할 것이다. 사옥을 당한 뒤 처음 유배를 갔던 경상도 장기도 주목할 만하다. 1801년 봄 신유사옥 이후 대대적인 처벌이 있으면서 이제 갓 마흔이 된 정약용은 겨우 죽음을 면하고 장기로 유배당하였다. 영남 사족과 교유할 수 있었던 시기이기도 하다. 그러나 고통은 여기서 끝나지 않았다. 같은 신유년에 정약용에게 더 큰 시련이 몰아쳤다. 여름에는 주문모 자수사건이 있었고 겨울에는 황사영 백서사건이 일어나면서 중앙정계는 회오리쳤고 다산은 다시 강진으로 유배되었다. 이때부터 17년간 강진을 떠나지 못했지만, 이때도 처음에는 읍내 동문 밖 주막집 뒷방에 살면서 '사의재'라는 이름을 걸고 아이들을 가르치면서 8년간 살았다(현재 복원되었다). 1808년 귤동마을의 처사 윤단이 산정을 빌려주어서 이주하여 우리가 잘 아는 다산(茶山)으로 호를 삼고는 해배될 때까지 이 곳에서 살았다. 당연히 수많은 그의 저작의 중요 현장이기도 했는데 이 곳에 살면서 대흥사, 월출산 등을 다니면서 혜장, 초의 등 스님과도 교 유를 했으므로 이러한 곳도 같은 공간으로 묶을 수 있다. 중형 정약전(丁 若銓, 1758~1816)과 함께 유뱃길에 올랐다가 헤어진 나주읍 주막거리에 있 던 밤남정(지금 나주시 대호동 동신대학교 정문에서 북쪽으로 700~800m 정도)도 여기 에 포함해도 무방할 것이다.

서학과 관련하여 그가 공부하던 곳도 중요하다. 1784년 이벽과 함께 배를 타고 지나쳤던 두미협이 있다. 천진암은 다산이 어렸을 때부터 놀 러 다녔던 유람의 현장인데 권철신, 이벽 등이 중심이 되어 서학 모임을 가진 곳이어서 지금은 서학의 현장으로 자리 잡고 있다.

이처럼 '다산'이라는 한 인간이 살아가는 과정에서 여러 현장은 각각 의 의미를 찾을 수 있다. 어느 곳이 중요한 곳인가 구분할 수는 없다. 여 기서는 다산의 생거지이면서 그의 삶이 무르익었으며 생활과 공부, 사 상적 구상, 놀이 등이 포괄되어 있다는 측면에서 그의 고향 일대를 살펴 보고자 한다.

2. 마재, 혹은 소내를 중심으로

정약용은 1762년 경기도 광주군 초부면 마현리(현재 남양주시 조안면 능내 리 마현마을)에 태어났다. 한자로는 마현이지만 흔히 마재라고 부르니 앞 으로 이 이름을 쓰도록 하겠다. 좁은 의미에서는 마재마을이 고향이지 만 좀 더 넓힌다면 현재 광주시의 남종면, 양평군의 서종면과 양서면,

남양주시의 조안면, 하남시의 배알미동 등을 포함하여 그가 공부하고 생활하며 놀이하던 곳을 고향 속에 포함할 수 있다.

이곳은 춘천 쪽에서 흘러오는 북한강과 충주 쪽에서 흘러오는 남한강이 합쳐지는 곳, 곧 양수리라고 부르는 곳과 접한 수향(水鄕)이었다. 실제로 여기서 서울로 갈 때는 배를 타고 가는 일이 많다. 마재는 능내, 두릉, 두현, 두호, 열상, 유산 등 여러 가지 이름으로 불렀다. 열상은 이곳을 흐르는 강을 소내(열수)라고 불렀기 때문이고, 유산(酉山)은 마을 뒷산을 가리킨다. 이곳을 점지한 인물은 다산의 5대조 정시윤이었다. 숙종 말까지 살았던 인물로서 벼슬을 버리고 낙향할 곳으로 이곳을 선택하였다. 그때부터 이곳은 다산 집안이 세거한 곳이었다. 그리고 다산 개인의 삶의 현장만은 아니었다. 천주교 쪽에서 본다면 매우 중요한 인물인 이벽(李檗, 1754~1785, 큰 형수의 남동생), 이승훈(李承薰, 1756~1801, 매형), 황사영(黃嗣永, 1775~1801, 조카사위) 등이 이곳을 찾았다. 따라서 이곳은 서학, 천주교에서도 주목할 만한 중요한 현장으로 볼 수 있다.

다산의 고향을 간결하게 살펴볼 수 있는 지도를 보자. 〈그림 7-3〉은 다산 연구가 활발하게 일어나던 1930년대 후반 최익한(崔益翰, 1897~?)이 「여유당전서를 독(讀)함」을 『동아일보』에 연재할 때 사용했던 지도이다. 김정호의 「동여도」의 한 부분을 베낀 것으로 보인다.

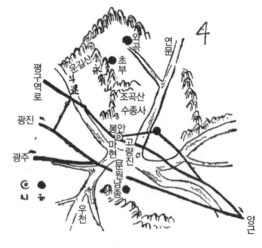

그림 7-3 · 마재 주변(『동아일보』 1938. 12. 17.)

지도 중심에 마재(마현)라는 지명이 보인다. 마재는 철마산(쇠말산)과 관련이 있다. 철마산은 마재 서편 낮은 산이다. 이곳에 철로 만든 말 한 마리가 산등성이에 놓여 있었다고 한다. 전하는 말에 의하면 옛날 임진왜란 때 풍수를 잘 아는 일본인이 있어 이곳의 산천이 너무 수려한 것을 시기하여 철마를 만들어 산마루턱에 세워 두어 땅 기운을 누르고 갔다고 한다. 정약용이 살았던 당시에도 마을사람들은 전염병이나 갑작스러운 죽음이 있으면 콩과 보리를 삶아서 철마에 제사하였다고 한다. 다산은 이에 대해 글을 써서 사리에 맞지 않는 참설인 것을 밝혔다. 그렇지만 마재라는 이름은 철마에서 나왔다. 다산의 저서 『아언각비(雅言覺非)』 서문 끝에 "기묘년 겨울 철마산초(鐵馬山樵) 쓰다"라 하여 스스로를 철마산의 나무꾼(樵夫)이라고 자임하였다. 여기서 기묘는 강진에서 유배가 풀려 마재로 돌아온 다음 해인 1819년으로 다산이 58세 때였다. 철마산은 그의 고향 마을을 상징하는 곳임을 알 수 있다. 그런데 흥미로운 것은 다산이 생각하는 고향이다. 그가 강진 유배지에서 고향을 생각하며 쓴 시를 살펴보자.

뜻밖에 고향 마을 이르렀는데
문 앞에는 봄물이 흘러가누나
흐뭇하게 약초밭 내려다보니
예전처럼 고깃배 눈에 들어와
꽃잎이 화사한데 산집은 고요하고
솔가지 늘어져라 들길 그윽해
남녘 땅 수천 리를 노닐었으나
이와 같은 지역은 찾지 못했네

　이것은 다산이 소년 시절에 주로 부친의 임지를 따라 남쪽 땅을 유람하고 '소내의 집'에 돌아와 지었다고 한다. 소내를 고향이라고 일컬었던 것이다. 다른 글에서도 "나의 집은 소내(苕川)의 시골이다"[『다산시문집』권14, 「'택리지'를 읽고 나서(跋擇里志)」]라고 말하고 있다. 그렇다면 이렇게까지 간절하게 자기 집으로 표현하는 소내는 어디를 가리키는 것일까?

　현재 다산 생가 앞을 흐르던 실개천을 소내로 보기도 한다. 지금의 냇물의 흔적은 일제강점기 을축 대홍수 때 물이 범람하면서 생가 앞을 가로지르며 만들어진 것으로 보고 있다. 어쩌면 이렇게 물길이 생기니 뒷사람들이 이를 소내라고 일컬은 것은 아닐까? 아무튼 이를 통해 '소내'라는 이름을 복원하는 의미는 있겠지만 다산의 소내를 잘못 이해하는 계기가 될 수도 있다.

그림 7-4 · 「우천」(간송미술문화재단 제공)

그림 7-5 · 현재 우천
다산 생가 쪽 소천나루에서 바라본 모습으로 수면에 낮게 깔린 섬이다.

그렇다면 다산이 말하는 소내는 어디를 가리킬까? 『동국여지승람』에는 소천(小川), 그리고 김정호의 『대동여지도』, 『동여도』에는 우천(牛川)이라는 이름이 있었다. '소'든 '우'든 갈대의 우리말인 '쇠'를 뜻한다고 보고 있다. 곧 우천은 '갈대가 무성한 개울'이라는 뜻이다. 그런데 한편으로는 '우천'이라는 이름을 가진 마을이기도 한 것 같다. 겸재 정선은 '우천'이라는 그림을 남겼는데 낮은 산 아래 마을이었다. 또한 일제강점기 지도를 보면 마재 맞은편 모래사장 위 우천리라는 지명이 있었다. 마을 이름과 근처 개울 이름을 함께 가리키는 것이었다. 1920년 무렵 이곳을 지나던 최익한은 배를 타고 소내장터에 다다랐는데 맞은편 기슭 아주 가까운 거리에 마재가 있었다고 하였다. 곧 장터는 마재의 맞은편 우천리에 있었음을 알 수 있다(1925년 홍수 때 소내장터도 휩쓸려갔다고 한다). 그러나 청평댐을 만든 뒤 현재 우천리는 작은 섬처럼 흔적만 남아 있다.

그런데 다산은 소내, 소계(苕溪)라는 표현을 쓰고 있는데 이는 '쇠내'의 의미와는 차이가 있다. 일제강점기 다산 연구자인 최익한에 의하면 이는 다산이 중국 절강성의 초계(苕溪)를 따서 사용한 것으로 보고 있다. 특히 당나라 시인 장지화(張志和)의 "물 위에 둥실 뜬 집을 지어 초계 삽계 사이 오가는 게 원이라네(浮家泛宅, 往來苕霅之間)"의 뜻을 빌린 것으로 보고 있다. 다산은 이 지명을 매우 즐겼으므로 스스로를 '소계정용(苕溪丁鏞)', '소계산인(苕溪散人)'이라 일컬었다.

한편 『동여도』를 보면 우천은 광주 경안(景安) 옛 역 방면에서 북으로 흐르는 한강의 지류를 가리켰다. 마현 앞에 와서 한강에 합류하는 까닭에 정약용은 한강인 열수와 함께 우천인 소계를 자신이 사는 곳의 이름으로 병용하였다고 보고 있다. 따라서 이곳이 그가 절승으로서 자랑하던 소계라고 할 수 있다.

이렇게 마재에서 단양, 충주, 여주, 양평으로 쫓아오는 남한강[당시 습수(濕水)]와 회양, 금성, 춘천, 가평을 지나오는 북한강[당시 산수(汕水)], 그리고 경안역에서 올라오는 물이 합류하니 마현은 세 강이 합세하는 절승처이다. '문 앞의 봄물'은 세 강의 물일 것이다.

나아가 다산은 소내, 소계의 범위를 한 마을, 한 시내에 한정하지 않았다. 그러면 다산의 시를 통해 소내의 경계를 다시 짐작해 보자.

푸른 산에 둘려 철마가 서 있고
깎아지른 절벽 앞 왜가리 날아가며[동편에 쌍부암이 있음]
남자주 가에는 향기로운 풀 푸르고
석호정 북쪽에는 맑은 모래 깔려 있네.
바람 맞은 돛배는 필탄을 지나는 듯
나루에 댄 배는 귀음으로 가는 듯
검단산은 반쯤 구름에 들어 아득하고
백병봉은 멀리 지는 해에 홀로 솟아 있네
하늘 아래 높은 산에는 절집 보이니
수종사와 잘 어울린다네
소나무 회나무 덮인 문은 우리 정자[망하정]고
배꽃 한껏 핀 정원은 우리 집이네

—「거칠게나마 그려 본 소내(戲作苕溪圖)」

여기서 보듯이 소계, 소내의 경계에는 여러 경치를 담고 있다. 그 범주 속에는 철마산, 남자주, 석호정, 검단산, 수종사 등이 들어 있다. 그리고 이는 단순히 바라보는 산천이 아니라 그가 노닐던 산천이었다.

역시 최익한의 해석대로 따른다면 강 건너까지 고향으로 포함시킨 셈인데, 이건 좀 심하지 않을까? 하지만 1974년 팔당댐이 만들어지기 전 이곳은 모래사장이 많이 깔려 있었고 건너편까지 멀지 않아서 조각배를 타고도 쉽게 다닐 수 있는 곳이었다. 그래서 다산은 배를 타고 다녔던 일화를 많이 기록하고 있다.

다산이 25세(1786) 때 지은 「소천사시사(苕川四時詞)」를 보면 소내의 범주를 더욱 확실하게 열세 곳을 들고 있다. ① 검단산의 꽃구경, ② 수구정(隨鷗亭)의 버들 구경, ③ 남자주[藍子洲(蔟子島)]의 답청, ④ 흥복사의 꾀꼬리 소리, ⑤ 월계의 고기잡이, ⑥ 석호정의 납량, ⑦ 석림[石林, 고 이조판서 이담(李潭)의 별서(別墅)]의 연꽃 구경, ⑧ 유곡(酉谷)의 매미 소리, ⑨ 사라담[鈔羅(=鈔羅)潭]에서 달빛 아래 뱃놀이, ⑩ 천진암(天眞菴)의 단풍 구경,

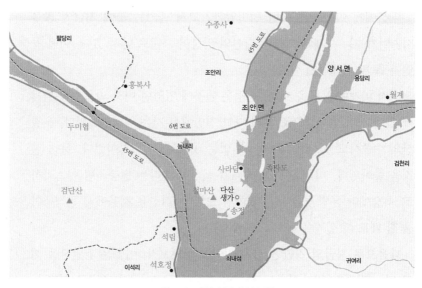

그림 7-6 • 다산이 둘러본 '소내'
「소천사시사」에 언급된 지명은 별색으로 표기하였다.

⑪ 수종산(水鍾山, 수종사가 있는 곳)의 눈 구경, ⑫ 두미협(斗尾峽)의 물고기 관상, ⑬ 송정(松亭)의 활쏘기 등이다.

앞에서 소개된 시와 비교하면 겹치는 곳이 많지만 여기서 좀 더 풍부하게 보여 주고 있다. 그러면서도 앞서 시에서 나타나는 마재의 철마산, 쌍부암 등은 나타나지 않고 마재마을의 송정과 마재 위편의 수종사 정도만 나타나고 있다. 반면 소천(지금의 경안천) 서쪽의 검단산을 비롯하여 강변의 석호정, 석림 등(남자주섬도 석림 아래 족동 앞에 있다는 주장도 있다)과 소천의 동쪽 퇴촌을 흐르는 냇물을 따라 올라가서 천진암 등, 그리고 남한강을 거슬러 올라가면서 사라담과 월계가 있고, 지금 팔당댐 쪽인 두미협 등을 포괄하고 있다.

이처럼 다산은 소천, 소계를 그가 살던 곳의 '광의적'·'대표적' 칭호로 사용한 것 같다.

다산에게 이곳들은 어떤 의미일까? 그저 즐기는 곳에 지나지 않을까? 여기에는 사계와 더불어 다산의 일상이 그대로 담겨 있다. 어떤 곳인지 좀 더 상세하게 살펴보자.

먼저 마재마을 쪽을 보자. 송정은 이곳에 있었던 어사 박문수의 별서에 있던 정자의 이름으로 본래 다산 집안에서 지은 임청정이었다. 운길산의 수종사도 다산과 떼놓을 수 없는 곳으로 자주 찾아갔다. 특히 설경을 좋아했다. 마치 곤륜산 꼭대기 신선이 산다는 낭풍처럼 아스라하고 '옥숲에다 은병풍'을 두른 것처럼 보였다. 다산은 서울에서 관직생활을 할 때도 이 설경을 몹시 그리워하였다.

다음으로 지금의 경안천 서쪽 지역을 살펴보자. 이곳은 검단산을 끼고 있는 절경지였다. 아마도 산수의 경치로서는 이곳을 최고로 쳤던 듯하다. 따라서 다산도 봄철 검단산의 꽃구경이나 수구정의 버들 구경도 어쩌면 이곳일 수 있다. 그리고 석호정에서 납량을 하고 석림에서 연꽃 구경을 할 정도로 이곳을 자주 드나들었다.

검단산은 지금은 하남시에 속하지만 등산하기에 좋고 소내 일대를 내려다볼 수 있는 곳이다. 강과는 가깝기에 다산은 검단산 골짜기에서 꽃 구경을 하고는 오솔길을 따라 천천히 내려와 안개 낀 강 낚싯배를 타고 뱃놀이나 고기잡이를 즐겼을 것이다.

석호정, 석림은 지금은 아무런 흔적이 없다. 다산 생가에서 차를 몰고 팔당교를 건너 좌측으로 태허정로를 따라 7km(15분) 정도를 가면 그 터가 나타난다. 오늘날 광주시 남종면 이석리에 있는 석호정은 절벽 위 높은 곳에 있고 근처 소나무가 있었던 모양이어서 납량하기에 좋은 곳이라고 하였다. 석림은 석호정 바로 아래에 있었고, 이곳에 석림장이라

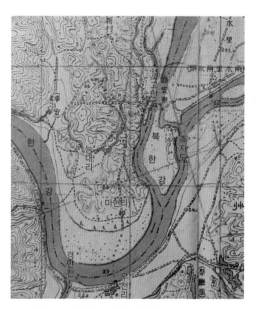

그림 7-7 • 다산이 그리던 소계 주변(일제강점기 지도)

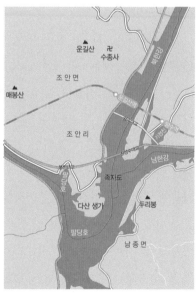

그림 7-8 • 다산이 그리던 소계 주변(현재 지도)

는 판서 이담(李潭)의 별장이 있었다. 이담은 영·정조 때 문신으로 특히 정조 때 판서직까지 올랐다. 석림장은 냇물 옆에 세워져 있고 근처에는 동산과 굽고 모난 연못이 있었다. 못에는 연꽃이 있어 연꽃 구경을 할 수 있을 뿐만 아니라 주변이 단풍으로 물들어 있어서 금상첨화였던 모양이다. 석림 아래에 족동이 있는데 그 일대가 만을 형성하고 있어서 혹자는 그 앞에 족자도가 있는 것이 아닌가 추정하고 있다.

사라담은 어디인지 잘 알 수 없다. 다산은 본래의 지명과 달리 그만의 지명을 짓는 일이 많았다. 다만 "고랑나루 가에 동양위 신익성의 수정(水亭) 유지가 있다"(『여유당전서』 「천우기행」 주석)는 것을 봐서 양수리에서 용진나루터 이전에 있었던 곳으로, 만이 있는 곳을 만족해야 하므로 양서면 양수리의 만으로 추정하고 있다. 다산은 여기서 뱃놀이를 즐겼다. 아무튼 사라담이 이곳이라면 이곳을 지나 고기잡이를 즐겼다던 월계가 있었을 것으로 보인다.

고향에 대한 그리움 때문일까? 정약용은 한창 중앙에서 활동하던 1797년 여름(5월)에는 휴가를 받지 않고 몰래 고향으로 내달았다. 소내로 가서 형제와 친지들과 강에 그물을 치고 물고기를 잡았으며, 남자주섬에 배를 정박시키고 배불리 먹었다. 일탈은 또 일탈을 낳았다. 정약용은 형님들, 친지들을 선동하여 천진암까지 들어가서 절과 계곡에서 사흘을 놀다가 발걸음을 돌렸다. 그러나 단순한 놀이였을까? 이미 1779년 겨울에 권철신이 천진암과 주어사를 오가며 그의 제자들과 강학회를 연 곳이었다. 앵자봉을 경계로 양평 쪽에는 주어사가 있고 광주 쪽에는 천진암이 있었다. 이 때문에 지금은 양쪽 모두 천주교 성지가 되었다. 둘째 형 정약전도 강학회에 참여하였고, 이벽이 찾아와 함께 독서를 하기도 했다. 정약용에게는 이곳이 단순한 놀이터가 아닌 이러한 기억이 담겨 있는 장소였을 것이다.

두미협은 검단산(하남시 배알미동)과 예빈산(남양주시 조안면 능내리) 사이의 협곡이었다. 남한강, 북한강이 하나로 모여서 하나의 강으로 시작하는 시작점이라고 할 수 있다. 협곡이어서 매우 물살이 빨랐다. 지금은 팔당댐이 되어서 강폭이 늘어났지만 당시에는 강폭이 좁은 협곡이어서 물살이 매우 빨랐다. 이곳을 거슬러 올라가려면 줄을 걸어서 당겨야 했기 때문에 이곳 주민들은 이 일을 직업으로 먹고살았다고 한다. 정약용의 시에도 "일천 길 쇠사슬이 가로로 쳐져" 있다고 하였다. 두미협은 정약용이 23세 때 둘째 형 약전, 이벽과 함께 배를 타고 가면서 서학에 대해 이야기를 나눈 곳이다. 이야기는 계속 이어졌을 텐데 정약용은 왜 하필 두미협에서 이야기를 나눈 것으로 쓰고 있을까? 두미협의 절경을 바라보면서 빠른 물살을 타고 흘러가는 배 속에서 나눈 이야기가 한층 가슴에 와 닿았을 수도 있다.

팔당댐이 만들어지면서 소계 주변은 크게 달라졌다. 마재와 그 맞은편 우천리는 넓은 모래밭이 형성되었지만 그 뒤로는 거의 호수가 되었고 우천리는 작은 섬으로 변하였다. 북한강과 남한강이 만나는 곳에 크게 형성된 족자도라는 섬도 지금은 일부만 남아 있다.

3. 두강과 두릉: 학문과 교유의 터전

이처럼 소내, 소계는 다산 스스로 만든 용어였기에 그만이 주로 사용했다고 하겠다. 다산 거주지 일대를 일컫는 또 다른 용어로서 두릉(斗陵)이 있다. 두릉은 소내와는 달리 여러 학자가 사용하였으며 이런 점에서 학문과 교유의 터전으로서 일컫는 용어가 아닐까 한다. 남한강과 북한강이 마주치는 곳을 두강(斗江)이라고 하였듯이 두릉 또한 두 줄기 강을 중심으로 지역이 확대되는 감이 있다.

먼저 다산은 강진 유배에서 풀려난 후 귀향해 있을 때 독서와 저술을 하는 여가에 북한강(汕水)과 남한강(濕水)을 거슬러 올라가고 용문산, 청평산 등지를 돌아다니며 즐겼다.

북한강을 거슬러 올라간 계기는 재미있다. 1820년에는 큰 형님 약현이 조카 학순을 데리고 춘천에 가서 며느리를 맞아 올 때 배를 타고 갔다. 회갑 이듬해인 1823년 여름에는 큰아들 학연이 손자 대림을 데리고 춘천에 가서 며느리를 맞아 올 때 함께 배를 타고 갔다. 이때 여행기록을 살펴보자.

다산은 고깃배 큰 것 하나를 구해서 선상에 가건물을 설치하였다. 그리고 배꼬리에는 "산수녹재(山水綠齋)", 좌우 기둥에는 "장지화가 초삽에 노닌 취미, 예원진이 호묘에 노닌 정취(張志和苕霅之趣, 倪元鎭湖泖之情)"라는 글씨를 썼다. 초삽은 초계(苕溪)와 삽계(霅溪) 두 시내를 가리키는 것으로 지금의 절강성(浙江省) 호주시(湖州市) 지역이다. 함께 간 큰아들 정학연(丁學淵, 1783~1859)의 배에는 "황효와 녹효 사이에서 노닌다(游於黃驍綠驍之間)", "물에 뜬 집, 물 위에서 자고 바람을 먹는다(浮家汎宅水宿風餐)" 등의 글씨를 배꼬리와 기둥에 써붙였다. 황효

그림 7-9 · 이건필의 「두강승유도」(실학박물관 소장)

수는 여주강(남한강의 일부)을, 녹효수는 홍천강(북한강의 일부)을 가리킨다. 그리고 글씨처럼 배 위에서 먹고 잘 수 있게 병풍, 휘장, 침구와 약탕관, 다구, 밥솥, 국솥 등 물건을 갖추고, 시를 작성할 수 있게 붓, 벼루, 서적 등속, 그리고 그림을 그릴 수 있게 화공(畵工)과 화구를 챙겼다. 가다가 "물이 다하고 구름이 일어나는 곳(水窮雲起之地)"과 "버들 그늘이 깊고 꽃이 활짝 핀 마을(柳暗花明之村)"에 이르는 때마다 배를 머물게 하고 좋은 경치를 가려서 그림을 그리도록 하였다. 이때 "사라담에서 바라본 수종사", "고랑나루에서 바라본 용문산" 등을 그렸다고 한다. 본디 정약용의 이 계획을 듣고 각처 풍류인사들이 많이 와서 배를 같이 탔다고 한다. 경로를 본다면 정약용 일행은 집 근처인 남자주섬에서 배를 타고는 북한강의 공달담(孔達潭)에서 점심을 먹고 황공탄(惶恐灘)을 지나 호후판(虎吼阪)에 이르러 숙박하였다. 한편 남한강은 놀이로 다니기도 했지만 성묫길이기도 했다. 그의 집안의 선산이 충주 가차산면 하담에 있었는데, 다산의 부모님 묘소 역시 여기에 있었다.

이처럼 남한강, 북한강은 다산에게는 중요한 곳이었다. 그러나 여기에 그친 것은 아니었다. 다산의 학문세계 속에서도 중요한 위치를 차지하고 있다. 역사·지리에 관한 관심도 중요한 목적 가운데 하나였다. 또한 여행을 통해 실제 학인들과 만날 기회가 되고 지난 학자들이 살던 공간을 눈으로 살펴볼 수 있는 기회가 되기도 하였다. 가령 한강을 따라 내려오면 미호(남양주시 수석동)라는 곳이 있는데 이곳 안동김씨 석실서원은 미호 김원행(1702~1772)이 후학을 가르쳤던 곳이다. 정약용은 이곳과 또 근처 청풍김씨의 세거지인 평구역 근처까지도 오가면서 선배 학자들의 학문 풍토를 경험하였다. 북한강을 한참 거슬러 올라가 17세기 말 김수증이 은거했던 곡운(화천군 사내면 용담리)이라는 곳을, 그 인물은 떠난

지는 백 수십 년이 되었어도 찾아보며 그리워하였다.

　당시 이 일대에는 그와 직접 교유하던 학자들도 많았다. 유배에서 돌아온 뒤 정약용은 이제 전적으로 고향에 머물렀기 때문에 그에게 고향은 저술을 정리하는 산실이자 당색을 넘어 학문적 교유를 가지는 공간이 되었다. 저술로는 강진에서 머문 18년 동안 『목민심서』, 『경세유표(經世遺表)』 등 중요한 저작이 많았지만, 고향에서 지낸 18년 동안에도 『흠흠신서(欽欽新書)』, 『아언각비』, 『상서고훈(尙書古訓)』, 『상서지원록(尙書知遠錄)』 등 저작이 적지 않았다. 한편 정약용과 같은 큰 학자가 고향에 자리 잡고 있으면서 이곳은 19세기 학문의 매우 중요한 교유 현장이 되었다. 또한 이기양, 서유구, 홍현주, 신작, 신현 등 여러 학자의 거처가 가까이 있었다.

　또 다른 교유인물로서 비슷한 연배의 신작(申綽, 1760~1828), 신현(申絢, 1764~1827) 형제는 광주 퇴촌에 거주하고 있었다. 신작은 부친의 임종을 보지 못한 것을 한스러워하며 평생 관로에 나가지 않았기에 고향에 돌아온 정약용과 교유하기가 쉬웠다. 앞서 북한강을 거슬러 올라가는 뱃전에 신작의 글씨를 걸기도 하였으니 당연히 사람도 함께 동행하였을 것이다. 이처럼 여행길은 학인들과의 교유의 길이기도 하였다. 성리학자로 이름 높은 김매순(金邁淳, 1776~1840)은 벽계(양평군 서종면 수입리)에 살았는데, 정약용과는 당색이 다르지만 서로 경전의 뜻에 대해 문답을 하였다.

　이 같은 교유는 정약용 사후로도 이어졌다. 서유구(徐有榘, 1764~1845)는 정약용과 연배가 비슷하고 정조의 총애를 받았으며 순조 초에 관직에서 쫓겨나 오랜 은둔생활을 한 점까지 비슷하지만 1823년에 관직에 복귀한 뒤 1839년까지 조정에서 헌신하였기에 정약용과 말년의 교유를 직접 하지는 못했다. 그러나 은퇴한 뒤 한동안 동대문 교외의 번계(강북구 번동)에 은거하면서 농업백과사전 격인 『임원경제지(林園經濟志)』를 썼다. 그 뒤 1842년, 정약용의 사후에 그의 생거지 근처인 광주 두릉으로 은거지를 옮겨 남은 생을 살다가 시종의 거문고 소리를 들으며 세상을 떠났다고 한다. 그런데 이러한 선택이 우연으로 비춰지지 않았던지 서유구를 따른 홍석모(洪錫謨, 1781~1850)는 "다산의 사업은 진기한 서책 상자로 남았고 풍석의 문장은 경전 연구로 노숙하였네. 두릉 강변은 오늘날 강좌(江左) 지역이라 당시 사람들은 문성(文星)이 한데 모였다고 다투어 말했지"라고 읊으면서 인재가 족출한 옛날 중국의 양자강 동쪽 지역 같다고 찬양할 정도였다. 실제 서유구의 문하에는 다산의 자제인 정학연 형제도 출입하였다. 서유구의 학문은 박규수(朴珪壽, 1807~1877)로도 연결되었다. 서유구 자신이 박지원(朴趾源, 1737~1805)을 따르고 그의 글을 애독했으며, 『임원경제지』는 다산의 영향이 매우 컸다. 박규수는 또 『임원경제지』를 읽고 감명을 받았으며, 관직에서 물러나 쉴 곳으로 서유구의 옛집을 구했다고 한다. 비록 박규수는 개항기에 휩쓸려 관직을 계속 이어 감에 따라 이곳에서 직접 살지는 못했지만 이러한 학문적 흐름이 그의 활동에 영향을 미쳤을 수 있다.

이처럼 두릉은 여러 강이 합류하듯이 여러 갈래로 형성되어 온 실학의 흐름이 종합되는 곳이었다. 뿐만 아니라 시회도 활발하였다. 대표적으로 두릉시사에는 다산을 흠모하던 이만용(李晚用, 1792~1863)과 정학연·서유구·홍석주 집안사람들이 중심이 되었고, 그 밖에 최헌수, 초의 같은 이도 참여하였다. 노론, 소론, 남인 등 사족과 서얼, 여항인, 승려까지 함께한 시사였다.

다산은 농업경영에 대해서도 많은 글을 남겼다. 이 같은 글 속에 담긴

농업경제 구상에는 이 일대의 농업과 상업의 실태를 잘 활용하였을 것으로 보인다. 다산은 원포(園圃, 과수와 채소를 심어 가꾸는 공간)를 강조한 글을 많이 썼다. 심지어 농업을 많이 하면 세금이 많아서 낭패를 보게 되니 원포를 통해 상업적 농업을 하라고 권하고 있다. 상업적 농업을 권한 이유는 이 일대가 교통의 요충지여서 육로나 수로를 통해 수도권과 연결되기 때문인 듯하다. 특히 마재 위쪽 나루를 끼고 있는 용진 같은 곳은 교통 요충지여서 색주가도 있었던 모양이다. 다산의 시에도 그러한 모습이 잘 보이고 있다. 다산이 이중협에게 준 글에는 "한마디로 용진은 먹고살기 딱 좋아서 반쯤은 배장사요, 반쯤은 농사짓네"라는 구절이 있다. 실제로 여인네들이 작은 배를 타고 술을 파는 모습도 묘사하고 있다.

다산의 농업경영에서 빼놓을 수 없는 곳이 문암(양평군 문호리)이었다. 이곳에는 장인 홍화보에게서 받은 토지가 있었다. 이 일대 처가인 남양 홍씨가 넓은 땅을 가지고 있었다. "낙모루 앞쪽에 두 이랑 밭 있는데 장인께서 진작에 매산전(買山田)으로 주셨다네 이제 와 어쩌다 보니 다산의 주인 되어 푸른 바다 바로 곁에 못 파고 동산 열었네"라는 시가 있으며, 주석으로 "문암포구로부터 동쪽으로 십 리를 들어오면 내 산장이라"고 부기하고 있다. 『목민심서』에는 논 70마지기, 밭 20일갈이인데 세금으로 계산한다면 1결 정도여서 척박한 땅이라고 하였다. 문암장에서 토지경영을 위해 다산은 수십 일간 전장에 가 있기도 하였다. 둘째 아들 학유가 「농가월령가」를 지은 것도 부친의 농장경영의 경험이 있었기에 가능하지 않았을까?

4. 마재마을을 둘러보며

　현재 다산과 관련된 유적지로서 마재와 강진 다산초당은 그가 오랫동안 머문 곳인 만큼 제대로 갖추어져 있다. 그 가운데 고향 마재는 어린 시절과 말년에 가장 오랜 기간을 보낸 곳일 뿐 아니라 항상 마음속에 새기고 그리워하였으니 평생을 함께한 곳이라고 할 수 있고, 따라서 유형적·무형적으로 가장 많은 흔적을 남기고 있다. 그러나 지금까지 살펴봤듯이 '마재'라고 하더라도 정약용이 이상향으로 그렸던 지역을 찾아다니

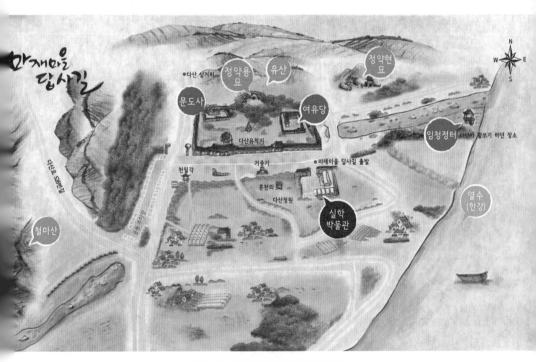

그림 /-10 • 마새마을 납사실(실학박물관 체공)

기는 쉽지 않다. 결국 현재 유적지로서 개발해 놓은 마재마을 일대를 둘러볼 수밖에 없다.

마재마을은 대중교통으로도 손쉽게 접근할 수 있다. 지하철(중앙선)이 근처를 지나 운길산역에 내리면 56번 버스로 10여 분 만에 다산유적지 입구에 도착할 수 있다.

먼저 정약용 생가에 들어가면 중앙 언덕, 유산(酉山) 기슭에 부인 풍산홍씨(豊山 洪氏)와 합장(合葬)한 무덤이 있다. 지금도 매년 4월 이곳에서 다산의 묘제 및 헌다례를 거행하고 있다. 특히 탄신 250주년이었던 2012년에는 국제학술회의, 특별전 등도 아울러 펼쳐졌다. 그다음으로는 그가 해배된 이후 거처하면서 저작과 생활을 하였던 여유당(與猶堂)을 돌아볼 일이다.

본래 마재는 그의 5대조 정시윤이 내려와서 정착했는데, 첫째 아들은 동쪽, 둘째는 서쪽에 살게 하고 막내는 임청정을, 서자에게는 유산 아래 조그마한 집을 지어서 살게 했다고 한다. 그 서자가 살던 집 자리가 그 뒤 정약용이 살던 집이라고 한다. 그렇다면 정약용이 살던 때의 집의 모습은 어떠했을까? 일제강점기 최익한의 글에 잘 드러난다. "고택은 20여 칸의 기와집으로서 여유당은 좌편 전청이요, 종택 쌍벽정의 뒤 서편 1,000m 너머에 있었는데 강을 안고 남향하였다"고 한다. 그리고

그림 7-11 • 1930년대 다산 생가(「동아일보」, 1938. 12. 23.)

1925년 그 유명한 을축년 홍수 때 여유당까지 물이 들어 고택은 배가 되어 떠나갔다고 한다. 따라서 지금은 당시 모습을 찾을 수 없다. 다만 해배 이후 그의 삶의 교훈이 되었던 '여유당'이라는 당호를 지닌 건물을 통해 그의 삶을 음미할 수밖에 없다.

잘 알려졌듯이 여유당은 노자 『도덕경』의 "망설이면서(與) 겨울에 냇물을 건너는 것 같이, 주저하면서(猶) 사방의 이웃을 두려워한다"라는 구절에서 따온 말이었다. 그의 여생을 보낸 태도가 담겨 있을뿐더러 그의 저서를 『여유당전서』라는 이름으로 묶었기에 다산을 대변하는 뜻이기도 하다. 현재 여유당은 본래 모습은 아니겠지만 그 이름만으로도 다산을 기억하는 데 가장 중요한 공간임에는 틀림없다.

다음은 생가 왼편의 문도사(文度祠)이다. '문도(文度)'는 순종이 일제가 강제병합하기 직전인 1910년 8월 20일에 그에게 내린 시호로서, 문도사는 그 이름으로 지은 사당이다. 순종이 위대한 학자 다산을 제대로 알아봤을지는 의문이다. 이때 시호 대상은 그동안 시호를 받지 못했던 역대 정치인, 무장, 학자 등 33명에 달했으며 대부분은 잘 알려지지도 않은 인물이었기 때문이다. 다만 북학파로 이름난 박지원과 함께 '문도'라는 시호를 받은 점은 위안이 된다.

마당 한쪽에는 국왕이 한강을 건널 때 설치하였던 배다리의 모형이 있다. 배다리는 다산이 고안했다고 하니 의미가 있지만 이곳보다는 실학생태공원 등 다른 곳에 설치하는 것이 어떨까 하는 생각이 든다. 생가는 생가다운 모습을 지키는 것이 낫지 않을까? 마당 한쪽에 소박하게 만들어진 기념관에서는 그의 일생을 한번 정리해 보면 좋겠다.

다시 정문으로 나오면 맞은편에 실학박물관이 있다. 실학박물관은 다산을 비롯한 실학 전반을 다루는 연구기관이지만 다산이 실학을 집대성

했다고 평가받고 있으므로 전시를 둘러보면서 그의 위상을 공부할 수 있는 좋은 곳이다. 실학박물관 앞을 마재마을 답사길 출발지로 삼았으니 이곳에서 오른편 강가로 나서면 다산이 활쏘기 하던 임청정이라는 정자의 터가 있다. 탁 트인 공간이어서 한 번 둘러볼 만하다. 다만 쇠내 흔적이라고 냇물 흔적이 보이지만 앞서 이야기했듯이 다산이 말하는 소내와는 같지 않으니 큰 의미를 두기는 어렵다.

다시 돌아서 공용주차장 근처에서 왼편 철마산도 한 번 올려다볼 일이다. 그리 높지 않지만 마재마을이라는 이름의 유래를 안고 있는 산이니만큼 주목할 필요가 있다. 다시 남쪽길로 조금 내려가면 실학생태공원이 있고 여기에는 다산과 관련된 여러 가지 전시물이 설치되어 있다. 정밀한 편은 아니어서 조금 아쉽지만 다산의 삶과 관련된 책과 유물을 하나하나 되새겨 볼 수 있다. 강가에 만들어진 소천마루 또는 전망대에 올라 강 건너, 이쪽저쪽 열심히 둘러보면서 정약용이 그리던 소계를 한 번 상상해 보면 좋을 듯하다.

물론 여력이 된다면 앞에서 설명한 지역을 하나둘 찾아 나가기를 권한다. 그의 이상향으로서 소계, 나아가 그가 밟고 고민했던 여러 곳들을. 정약용과 같은 큰 학자는 학문적으로나 정서적으로 '자유로운 영혼'이어서 결코 자기 마을에만 안주하지 않았기 때문이다.

● 참고문헌

김형섭, 『다산 문화 탐방』, 실학박물관, 2014.
박석무, 『다산 정약용 유배지에서 만나다』, 한길사, 2003.
실학박물관, 『다산, 조선의 새 길을 열다』, 실학박물관, 2011.
──── , 『다산, 한강의 삶과 꿈(다산 탄신 250주년 기념 특별전시 도록)』, 2012.

8장

반역과 새로운 세상을
꿈꾼 산, 지리산

박준성

선택의 변

지리산은 고대부터 근대에 이르기까지 수많은 사연을 품은 산이다. 때로는 신령한 모습으로, 때로는 버려지고 짓밟힌 사람들을 자애롭게 품어 주기도 했고, 새로운 세상을 꿈꾼 사람들의 든든한 버팀목이 되어 주기도 했다. 지리산 자락과 골짜기마다 애달픈 민중의 삶이 녹아 있기도 하고, 새로운 세상을 꿈꾸었던 사람들의 의지가 깃들어 있다. 이런 지리산을 찾아 역사기행을 제대로 하려면 저항과 반란의 거점이며 새 세상을 만들기 위한 근거지가 되었던 역사와 지리에 대해 이해할 필요가 있다.

역사를 좀 더 가깝고 생생하게 느끼고 배우는 다양한 방법 가운데 역사 현장을 직접 탐방하는 것만큼 도움이 되는 방법은 없다. 과거 행위의 주체와 좀 더 가까이에서 이야기를 나눌 수 있기 때문이다. 하지만 무작정 현장에 가는 것이 능사는 아닐 것이다. 역사기행을 준비하는 과정, 역사의 현장을 둘러보면서 느끼고 경험한 것을 역사기행문이나 보고서로 정리하는 방법에 대해서도 잘 알아야 한다. 구체적인 방법을 숙지하고 현장에 간다면 더 많은 것을 보고 이해할 수 있을 것이다. 마음의 준비가 되었다면, 지금부터 역사의 공간으로서 민중의 역사가 고스란히 담겨 있는 지리산으로 떠나 보자.

1. 역사와 산

역사의 공간으로서 산은 어떤 의미가 있을까? 사람이 살아가는 데 가장 중요한 자연조건은 산과 물이었다. 사람은 물 없이 살 수 없다. 물의 근원은 산이다. 강과 산(江山), 산과 내(山川)는 떨어질 수 없다. 인간이 자연인 산수(山水)와 관계를 맺는 방식이 치산치수(治山治水)였다.

우리 전통 자연지리 인식은 사람이 살면서 눈에 보이는 산줄기와 물 흐름을 중심에 두었다. 산과 강을 하나의 유기적인 자연구조로 보았던 것이다. 산과 강이 서로 품고 안는 관계를 가장 잘 표현한 것이 "산은 스스로 물을 가르는 고개이다(山自分水嶺)"라는 말이다. "산은 물길을 가르고[건너고가 아니라], 물은 산을 넘지 않는다"가 실제 지형이고 산경도(山經圖)의 원리이다. 16세기에 만들어진 「조선방역지도」나 1861년 김정호의 「대동여지도」는 모두 이런 원리를 바탕으로 만든 지도이다.

산과 강이 얽힌 원리를 찾아 산의 흐름을 대간과 정맥으로 파악하여 체계화한 책이 18세기 후반에 만들어진 『산경표(山經表)』이다. 『산경표』는 끊어지지 않고 이어지는 산과 산을 연결하는 산의 족보라고 할 수 있다. 『산경표』가 정리한 우리나라의 큰 산줄기는, 백두산에서 지리산에 이르는 '백두대간(白頭大幹)'이 중심이고, 여기서 갈라져 나온 장백정간(長白正幹) 그리고 13개 정맥(正脈)이 뼈대를 이룬다.

정맥은 우리나라 10개의 큰 강인 압록강, 한강, 낙동강, 대동강, 두만강, 금강, 임진강, 청천강, 섬진강, 예성강을 가르는 울타리이다. 그런 까닭으로 정맥 이름은 대부분 에워싼 물길에서 따왔다. 한강 북쪽 정맥은 한북정맥, 남쪽은 한남정맥, 낙동강 동쪽은 낙동정맥, 남쪽은 낙남정맥, 금강 북쪽은 금북정맥, 남쪽은 금남정맥이다. 청천강 북쪽은 청북정맥, 남쪽은 청남정맥, 예성강과 임진강을 가르는 임진북예성남정맥, 두 강을 함께 나누는 정맥으로 한남금북정맥, 금남호남정맥이 있다. 대동강과 예성강 사이의 해서정맥과 섬진강 서쪽의 호남정맥은 따로 이름을 붙였다.

백두대간은 산줄기의 중심 뼈대로서 나라 안의 높고 험한 산이 대부분 포함되어 있고, 우리나라의 물줄기를 동서로 나눈다. 백두대간을 사이에 두고 흐르는 동쪽 물길과 서쪽 물길은 육지에서는 서로 합치지도 섞이지도 않는다.

정맥은 큰 강의 울타리, 즉 분수령이기 때문에 어느 한 정맥 위에 서서 보았을 때 내려다보이는 왼쪽 오른쪽의 작은 물길은 서로 다른 강으로 흘러간다. 백두대간에서 한남금북정맥을 볼 때 오른쪽으로 떨어진 빗물은 작은 도랑, 개울을 거쳐 한강으로 흘러들고, 왼쪽은 금강으로 흘러든다. 바다에서만 같이 만날 수 있다.

한편, 어떤 산줄기에 속한 작은 산도 정맥에서 갈라져 나온 지맥으로 이어지고, 지맥은 정맥과 만나 백두대간으로 이어진다. 주위의 어느 작은 산에서 출발하더라도 도랑 하나 건너지 않고 정맥으로 이어져 백두산과 지리산에 도달할 수 있다는 말이다. 도랑 하나 건너지 않고도 이 산에서 저 산으로 가는 길은 반드시 있고, 그 길은 오직 하나뿐이다.

그런데 20세기 100년 가까이 이러한 백두대간이나 정맥보다는 '산맥'을 중심으로 우리 땅, 우리 산줄기를 알아 왔다. 태백산맥, 소백산맥, 차령산맥 따위가 그것이다. 1900년대 이전, 조선 후기 영조·정조 때도, 문호 개방 이후 한동안까지도 이런 산맥 이름을 쓰지 않았다. 따라서 어느 지리, 지도, 역사, 자료에도 산맥 이름이 올라 있지 않았다. 산과 산이 이어지는 맥이라는 뜻인 '산맥'이라는 단어가 없었다는 말이 아니다. 마천령, 낭림, 적유령, 태백, 차령, 소백, 노령 같은 큰 고개나 산 이름을 따서 산맥이라고 이름을 붙여 나눈 것은 1900년대 이후부터이다. 땅속의 지질구조를 따라 그어진 선인 '산맥'의 분류는 직간접으로 일본의 지하자원 수탈을 의도한 조사결과이며, 지질구조가 지리학의 뼈대를 이룸으로써 우리나라의 국토인식, 문화전통, 역사를 뒤틀었다.

오랫동안 우리 조상이 살아왔던 삶의 터전은 산기슭, 들판, 물가, 강가였다. 그런 곳에 터 잡고 살면서 사람들은 강을 따라 길을 내고 물길을 이용하여 서로 오가면서 살아왔다. 산으로 막히고 강으로 열린 자연조건 아래서 이루어진 역사와 문화는 강을 따라 동질성을 얻고, 산을 따라 이질성을 키웠다.

산은 시대에 따라, 보는 사람, 가는 사람, 이용하는 사람에 따라 다른 의미가 있었다. 아직 사회적 생산력이 낮은 원시경제 상태에서 수렵과 채취로 삶을 꾸려 나갈 때, 산은 바로 창조의 어머니였고, 때로는 범접할 수 없는 두려움의 대상이었다.

계급사회가 형성되면서 지배계급에게 산은 조상의 묘를 쓸 명당자리, 남의 생산을 바탕으로 부와 시간을 독차지하고 풍류를 즐기는 놀이터이자 사냥터였다. 조선 후기가 되면 독점적 소유의 대상이 되었다. 그에 비해 민중에게는 지배계급의 수탈과 억압을 피하고 삶의 터전을 이루는 은신처이며 안식처이자 새로운 세상을 모색하던 '반역의 거점'이었다. 또 민중적 이상향의 세계이기도 했다.

2. 지리산과 민중의 역사

수많은 산 가운데 자연스레 '역사'가 떠오르는 산을 찾는다면 단연 지리산이다. 사람이 머무르면 지혜로워진다는 지리산은 백두대간의 주맥이 흘러 내려온 머리라고 해서 두류산, 삼신산 가운데 하나라고 해서 방장산으로 부르기도 하였다. 전라남북도와 경상남도 3개의 도 5개 군에 걸쳐 있고, 둘레만도 800여 리에 이른다. 산의 서쪽으로는 보성강이 섬진강에 합류하여 남해로 흘러가고, 동쪽으로는 남강과 경호강이 함양에서 진주를 거쳐 낙동강으로 합류한다. 섬진강과 낙동강의 모태인 지리산은 서쪽으로 남원, 곡성, 구례, 광양, 순천을 아우르는 섬진강 남원문화권과, 동쪽으로 진주, 하동, 산청, 함양을 포함하는 남강 진주문화권의 원천이기도 하였다.

신앙과 이상향의 산

경상남도 함양군 마천면에서 지리산 천왕봉을 올라가는 들머리가 백무동이다. 전설에 의하면 천왕봉에 성모가 살고 있었는데, 딸을 100명 낳았다고 한다. 또는 여덟 명이라고도 하고 50명이라고도 하는 등 설이 분분하다. 이들이 처음 백무동 골짜기에서 살다가 전국으로 나가 팔도의 무당이 되었다고 한다. 그래서 천왕봉에 살던 성모가 우리나라 무당의 시조할머니가 되었고, 백무동이라는 이름이 생겼다는 것이다. 그 성모를 모시는 성모사(聖母祠)가 조선시대 후기까지 보존되어 있었다고 한다.

이러한 원시신앙이 계급사회에 들어와서 지배계급을 위한 신화적 신앙으로 바뀌어 갔다. 지리산에서도 그러한 모습을 볼 수 있다. 『삼국사기』를 보면 신라시조 박혁거세의 어머니 선도성모(仙桃聖母)를 지리산의 산신으로 받들고 나라의 수호신으로 모셔 봄·가을에 제사를 지냈다고 한다. 고려에서도 고려 태조의 왕비 위숙왕후를 산신으로 만들었다고 한다. 원시신앙의 유습을 계급국가를 건설한 최고지배자의 어머니로 바꾸고 새로운 신앙형태로 변형시킨 것이다.

신라가 삼국을 병합한 통일신라 이후부터 국가가 지리산에 대해 직접 관심을 두기 시작하였다. 신라는 지리산을 오악(五嶽) 가운데 하나인 남악으로 삼아 매년 제사를 지냈다. 오악의 동은 토함산, 남은 지리산, 서는 계룡산, 북은 태백산, 중은 부악이었다. 이러한 제사는 신라의 중앙 귀족이 지방세력을 제압하려는 영역 지배의 뜻도 담겨 있었다. 고려시대에도 계속 지리산을 남악으로 삼아 제사를 올렸고, 조선시대 세조 때도 오악을 정하면서 지리산을 남악으로 삼았다.

이러한 신앙과 더불어 지리산은 '신선이나 성인이 숨어 있는 곳'으로 인식되었으며, 어디엔가 '이상향'이 있다는 설화가 이어져 내려왔다. 많은 사람이 그 이상향을 찾으러 지리산을 찾았다. 특히 임진왜란을 겪고 나서는 병화와 흉년이 없는 피란보신의 땅을 찾는 정감록 신앙이 지리산을 찾게 하였다. 『정감록』, 『삼한산림비기』, 『도선비결』, 『남사고비결』, 『남격암산수십승보길지지』, 『이토정가장결』, 『서계이선생가장결』 같은 도참서류 대부분이 피란보신의 장소로 십승지(十勝地)를 꼽았는데, 운봉 두류, 즉 지리산이 반드시 포함되어 있다.

이상향 설화는 도교적인 현실도피사상을 품고 있으면서, 왕 중심의 계급사회에 대항하여 원시농경사회를 동경하는 민중의 새로운 사회에 대한 갈망을 담고 있다. 그렇지만 민중의 '새로운 사회'가 산속에서 이루어질 수는 없는 일이다. 그래서 단재 신채호는 1920년대에 쓴 「낭객의 신년 만필」에서 "온 조선 사람들이 다 죽든 말든 나 한 몸, 한 가족이나 잘살면 그만"이라며 피난심리를 조장하는 짓들을 호되게 비판하였다. "난을 토평할 인물은 많이 나지 않고 난을 피하려는 인사만 있으면 그 난은 구하지 못할 것이니, 우리가 모두 피난심리의 큰 적을 토벌하여야 할 것이다"라고 꾸짖었던 것이다.

이상향에 대한 갈망은 한말에 이르러 신흥종교의 개창으로 나타났다. 대표적인 것이 갱정유도(更定儒道) 신자들로 구성된 경상남도 하동군 청암면 묵계리 도인촌이었다. 그들은 묵계리를 전설상의 청학동이라 일컬으며 댕기머리, 상투에 바지저고리를 입고 우리의 전통문화습관을 유지하려고 하였다. 세태의 변화에 따라 그곳에 살던 사람들 가운데 일부는 다른 장소로 옮겨 갔고, 새로운 사람들이 이곳을 찾아들기도 한다.

'반란'과 저항의 거점

민중에게 지리산은 먼 이상향으로만 인식되었던 것은 아니다. 나무꾼, 사냥꾼, 약초꾼의 삶의 터전이었다. 세상을 피해 들어온 화전민, 세상에 맞서 약탈을 일삼는 산적 떼, 봉건체제와 일제의 침략에 저항한 변혁세력과 민족 해방 투쟁세력, 빨치산들의 거점이기도 하였다.

농업이 중심이던 사회에서 가뭄이나 홍수는 농민의 삶을 통째로 흔드는 자연재해였다. 그런데도 세금이나 지대 수탈은 여전했다. 농민들은 자기가 살던 터전을 버리고 도망하여 유리민이 되었다. 관의 수탈을 피해 산으로 들어가 화전민이 되기도 하였다. 화전농사로 곡식을 얻고 산나물, 산 과일, 골짜기의 물고기와 짐승 사냥으로 생계를 연명하였다. 그것만으로 긴 겨울을 나기가 쉽지 않을 때, 마을로 내려가 부잣집이나 관아를 털면 화적이 된다. 화적은 화전민이 도적 떼가 되었기 때문에 붙은 이름이기도 하고, 횃불을 밝혀 가며 도적질을 한다고 그렇게 부르기도 하였다.

이렇듯 지리산은 소극적인 저항에서 벗어나 적극적으로 '거사'를 모의하는 거점이기도 했고, 지역에서 항쟁을 벌이다 도망친 민중이 숨어 사는 피난처이기도 했다.

『삼국유사』에는 성품이 활달하고 재물에 얽매이지 않는 영재스님 이야기가 있다. 만년에 영재스님은 은둔하려고 남악(지리산)을 찾았다. 어느 날 대현령에 이르렀을 때 도적 60여 명을 만났다. 영재는 도적들의 칼날 앞에서도 두려워하는 기색이 없이 향가를 지어 불렀다. 도적들이 감동하여 도리어 비단을 내주었다. 영재는 웃으며 "궁벽한 산속으로 들어가 나머지 생을 살려고 하는데 재물이 무슨 소용이냐?"며 사양하였다. 이에 도적들이 칼과 창을 버리고 머리를 깎고 영재의 제자가 되어 함께 지리산에 숨어 살며 다시는 세상에 나오지 않았다고 한다. 삼국시대에도 이미 지리산이 도적들의 근거지였다는 것을 알려 주고 있다.

신라 말기(896)에는 붉은 바지 농민(적고적)이 지리산 부근에서 세력을 모아 경주의 서쪽 모량리까지 진출하기도 하였다.

　조선시대에는 정여립과 이몽학, 이인좌 들이 지리산 세력과 손을 잡고 거사를 도모하려 하였다. 전주 출신으로 1570년 과거에 급제하고, 율곡 이이의 제자로 총애를 받았던 정여립(1546~1589)은 1589년(선조 22)에 모반사건을 일으켰다. 서인파가 주도하는 사림정치에 한계를 느끼고 벼슬을 버리고 고향으로 돌아왔던 정여립은 전라도 진안 죽도에 대동계라는 비밀결사를 조직하고 전라도와 황해도를 기반으로 새 왕조를 세우려고 하였다. 정여립은 "이씨가 망하고 정씨가 새로운 왕이 된다"는 예언사상을 활용하였다. 일화에 따르면 '목자망(木子亡) 정읍흥(鄭邑興)'이라는 여섯 글자를 새긴 옥판을 승려 의연을 시켜서 지리산 석굴에 갖다 두도록 하였다. 그런 다음 의연, 도잠, 설청 등이 지리산을 유람하다 우연히 옥판을 찾아낸 것처럼 꾸며 정여립에게 바쳤다. 그러나 천운이 따르지 않았던지 1589년 겨울에 거사를 도모하려다 사전에 발각되었다. 정여립은 자살하고, 1,000여 명이 처벌되었다. 이후 전라도는 반역향(反逆鄕)으로 찍혀 호남인의 등용이 제한되었다. 정여립 모반사건은 지리산을 중심으로 현실에 고통받는 농민, 새로운 사회를 갈구하는 민중이 있었기 때문에 가능하였다.

　임진왜란 때 지리산 의적의 신화를 남긴 임걸년의 활동도 있었다. 임걸년은 전란 와중에 피폐해지고 흉흉한 민심을 바탕으로 지리산 반야봉을 중심으로 지리산 인근을 털며 활동하던 도적집단의 우두머리였던 것으로 보인다. 같은 시기에 김희, 강대수, 고파 같은 도적들이 지리산과 회문산, 장성의 노령 등지에서 서로 내응하고 있었다. 임걸령은 그의 이름을 따서 붙인 지명이라고 한다. 임걸년은 주로 팔도 행상의 물건을 털어 빈민을 구제한 의적이라고 전해진다. 1594년(선조 27) 12월 초 지리산

향로봉에 진을 치고 있던 임걸년은 운봉에서 올라온 관군에게 야밤기습을 받아 패하고 말았다. 잡히거나 처형당했다는 기록은 없다.

1596년(선조 29)에는 충청도에서 서얼 출신 이몽학이 난을 일으켰다. 조정에서는 이몽학이 이끄는 반란군이 지리산의 불온세력과 연대하려는 것으로 파악하고 있었다.

1728년(영조 4)에는 소론 일파가 중심이 된 이인좌의 난이 일어났다. 전라감사는 반란세력 수천 명이 연곡사와 쌍계사에 모여 호남을 장악하려 한다고 보고하였다. 실제로 승려들이 쌍계사와 연곡사를 거점으로 삼아 지리산의 산적 수천 명을 모아 태백산, 덕유산, 변산 일대의 명화적들과 연합하여 이인좌의 난에 가담하고자 했다고 한다.

시간이 지날수록 지리산 자락을 찾는 사람들이 늘어 갔다. 학정과 수탈을 피해 들어온 유민들, 그 안에는 변혁을 꿈꾸는 사람도 끼어 있었다.

조선사회의 모순이 심화되고 삼정의 수탈이 가중되던 19세기에 들어와서는 화적이 없는 날, 없는 곳이 없었다. 그들은 양반관료들에게는 무법자였으나, 그들의 도적행위는 낡고 썩은 질서에 대한 저항이며 공격이었고 먹고 살기 위한 생존권 투쟁이었다.

또 19세기는 '민란의 시대'라고 할 정도로 곳곳에서 군현단위로 농민항쟁이 일어났다. 1862년 한 해 동안 72개 고을에서 농민항쟁이 일어날 때, 처음으로 항쟁의 불을 지핀 곳이 지리산 자락의 군현들이었다. 참여층 가운데에는 나무꾼이 많았다.

1862년 2월 4일 단성에서 시작한 농민항쟁은 2월 6일 진주에서 크게 일어났다. 수곡 장날을 이용하여 읍회를 개최한 농민들은 먼저 덕산장시를 쳤다. 덕산은 남명 조식의 덕천서원과 산천재가 자리 잡은 곳으로, 지리산과 가까운 자락이다. 단성, 진주에서 시작한 농민항쟁은 지리산 가까이에 있는 함양, 남원, 장수, 운봉으로 퍼져 나갔다.

1870년 이필제 역시 덕산장터와 대원암을 근거지로 삼아 변란을 도모하였다. 이필제는 네 차례나 농민항쟁과 변란을 일으켰거나 일으키려고 했던, 요즘으로 말하면 직업적 운동가였다.

1894년 제1차 농민전쟁이 끝나고 제2차 농민전쟁이 전개될 때까지 지리산 자락은 전봉준과 함께 농민군 2대 장군 가운데 한 사람인 김개남의 근거지가 되었다. 전봉준은 전주, 원평을 중심으로 전라우도를 관할하였고, 김개남은 남원을 근거지로 전라좌도를 담당하였다. 전봉준이 정부의 개혁파와 타협을 모색한 반면, 김개남은 남원에서 5만여 명이 넘는 농민군 집회를 열고 강경투쟁을 선언하였다. 김개남 부대에는 지리산 산적과 화적 그리고 광대, 재인들로 구성된 '천민부대'가 있었다. 이들은 당시 가장 소외된 최하층 민중이었다. 전봉준 중심의 농민군이 농번기 때는 돌아가 농사지을 '소작지'라도 있는 '정규직 농민'이 많았다면, 김개남 휘하의 '천민부대'는 '비정규직 농민'이었다. 그들이 농민전쟁의 전개과정에서 새 세상 건설을 위한 주체로 참여한 것이다. 김개남 부대는 백두대간을 넘는 남원 여원치를 올라 운봉을 거쳐 경상도 쪽으로 진출하려고 시도하였고, 김인배가 이끄는 광양·순천의 농민군은 하동·진양·진주의 농민군과 연계하여 서부 경남을 장악하기도 하였다.

1894년 반봉건·반침략 투쟁으로 일어났던 농민전쟁은 그 자체로서는 시대의 과제를 해결하지 못하였지만, 이후 우리 근현대 변혁운동의 우뚝 선 봉우리가 되었으며, 정신적 지주가 된 역사의 사건으로 자리를 잡았다.

지리산은 외적이 침범했을 때 나라를 지키려던 이들이 치열하게 싸운 곳이기도 하다. 임진왜란 때가 그렇고, 1907년부터 1910년까지 의병전쟁 때도 그랬다. 지리산을 근거지로 싸웠던 대표적 의병장이 김동신과 고광순이다.

'지리산 의병대장'으로 불리던 김동신은 충청도 홍주에서 민종식이 봉기하자 그에 호응하여 1906년 4월에 무주 덕유산에서 활동하였다. 1907년 9월에는 전라도 정읍 내장산 백양사에서 재차 의병을 일으켰다. 그는 9월 17일 정읍에서 지리산으로 들어와 피아골 북쪽 문수암에 진을 치고 구례를 공격하였다. 뒤이어 화개장터를 점령하고 진을 쳤다. 일본 군은 문수암을 불태우고 화개에 진을 치고 있던 김동신 의병부대에 반격을 가했다. 김동신 부대는 거창으로 이동하여 활동하다가 1908년 음력 3월 6일 최후의 일전을 치렀다.

김동신 의병부대가 일본군과 싸우고 있을 때 고광순은 전라도 창평에서 의병을 조직하였고, 1906년 12월 11일 전주 이씨 재실에 본부를 두었다. 고광순이 이끄는 의병부대는 먼저 남원성을 공격하고 나서 1907년 4월 25일 화순, 능주, 동복을 공격하였다. 일본군에 밀렸던 고광순 의병부대 100여 명은 남원을 거쳐 8월 11일 지리산 피아골로 들어가 연곡사 부근에 군영을 마련하였다. 그 뒤 10월 16일 화개에 주둔한 일본 군을 공격하려고 부대를 파견하였다. 연곡사 본진에 남아 있던 고광순을 비롯한 10여 명의 의병은 10월 17일 새벽, 연곡사 뒤편으로 내려온 일본군의 기습을 받고 모두 장렬한 최후를 맞았다.

일본 제국주의 식민지 지배체제가 말기로 가면서 일제는 폭압적인 '민족말살정책'과 '병참기지화 정책'을 폈다. 이 땅의 젊은이들이 강제 노동 수용소와 전쟁터로 끌려갔다. 지리산은 이를 피해 들어간 젊은이 들을 품어 주고 민족해방을 준비하게 하였다.

'남부군' 빨치산의 근거지

1945년 8월 15일 '해방'은 되었지만, 그 해방은 우리의 힘으로 식민지 사회의 모순을 해결하며 이룬 것이 아니었다. 해결해야 할 커다란 과제를 안은 불완전한 해방이었다. 식민지 질서를 깨끗이 청산하고 부역행위자(친일파)들을 처단하는 일, 토지를 개혁하고 우리의 피땀으로 이룬 일본인들의 재산을 공정하게 처리하여 민족경제의 토대를 튼튼히 마련하는 일, 민족해방운동에 앞장섰던 민족지도자들과 민중이 직접 참여하여 자주적인 민주정부를 수립해야 과제가 앞에 놓여 있었다. 그 가운데서도 노동자와 농민들이 가장 먼저 해야 할 일은 김순남이 작곡한 「해방의 노래」에서 보이는 것처럼 토지와 공장을 '탈환'하는 것이었다.

> 노동자와 농민들은 힘을 다하야
> 놈들에게 빼앗겼던 토지와 공장
> 정의의 손으로 탈환하여라
> 제 놈들의 힘이야 그 무엇이랴

그러나 38선을 중심으로 남북에는 각각 미·소 군정이 수립되었다. 청산되었어야 할 친일 부역행위자들은 일제강점기에 그들이 차지했던 지위와 경제력을 미 군정하에서 그대로 유지하였다. 그들은 남한에서만이라도 기득권을 유지, 확대하려고 단독선거, 단독정부, 분단정권을 획책하였다. 1948년 4월 제주에서 단선단정을 저지하고 통일된 민족국가를 수립하려는 '4·3항쟁'이 일어났다.

그해 10월 19일 여수 주둔 국군 14연대는 제주 4·3항쟁 진압을 거부하고 '여순봉기'를 일으켰다. 14연대 '반란군'은 김지회, 홍순석 중위의 지휘로 광양, 벌교, 구례, 곡성을 점령했으나 토벌군의 반격을 받아 지리산으로 들어가 유격전을 펼치기 시작하였다. 이들을 중심으로 단선 단정 반대투쟁을 수행하면서 조직된 '야산대'들이 지리산으로 합류하여 빨치산 투쟁을 벌였다. 그로부터 6년 이상의 긴 시간 동안 남한지역의 빨치산 투쟁은 새로운 세상에 대한 염원과 좌절을 겪으면서 계속되었다. 그러나 빨치산 활동은 북한 지도부의 소모적인 유격부대 운용과 휴전 협정과정에서 외면과 방치, 남한정부의 적대적 대응과 계속되는 토벌, 장기간의 물자 보급 요구와 토벌에 시달린 지역주민들의 외면 속에서 소멸해 갔다. 1953년 8월 26일, 제5지구당 조직위원회가 제5지구당 해체를 결의함으로써 지리산 유격대의 조직활동은 마감되었다. 1955년 5월 23일, 남한 당국은 지리산에서 빨치산이 완전히 없어졌다고 발표하였다.

지리산은 산자락과 골짜기, 갈피마다 이 땅의 민중이 좀 더 나은 삶의 조건을 만들고, 나아가 자유롭고 해방된 세상을 위해 싸우다 목숨을 바친 역사가 담겨 있다. 어찌 보면 지리산은 민중의 꿈과 해방의 근거지이자 좌절당한 죽음의 거대한 무덤이라고도 할 수 있다.

3. 역사의 현장을 찾아서

운봉 서천리 돌장승과 박봉양 비

전라북도 남원에서 여원재를 올라 백두대간을 넘으면 지리산 북서쪽

고원지대에 운봉읍이 있다. 운봉읍 소재지 서천리(349-1번지) 당산 선두
숲에는 중요민속자료 20호인 돌장승 한 쌍이 서 있다. 선두숲까지 논
가운데로 버스도 드나들 수 있는 길이 널찍하게 나 있다. 공터를 사이
에 두고 오른쪽에 있는 장승이 마을의 허한 곳을 방어한다는 '방어대장
군'이고, 왼쪽에 있는 것이 서쪽을 진압한다는 '진서대장군'이다. 방어대
장군은 높이 2.2m, 진서대장군은 높이 2.07m 정도이다. 전라도 지방의
당산신앙의 대상으로 솟대와 함께 1700년대 전반에 세워진 것으로 추
정한다. 솟대는 남이 있지 않다.

『남원군지』에서는 방어대장군을 남자, 진서대장군을 여자라고 하였
다. 진서대장군은 1989년에 도난당했다가 되찾았는데, 목이 부러졌던
것을 붙여 놓은 자국이 보인다. 진서대장군은 귀가 있고, 방어대장군은
귀가 없다. 둘 다 벙거지 같은 모자를 쓰고 왕방울만 한 눈알에 벌렁벌
렁한 주먹코, 입 사이로 비어져 나온 웃니, 수염이 구불구불한 모양이
우락부락하게 보이지만 조선 후기 민중의 건강함이 배어 있다. 미술사
학자 이태호와 유홍준은 조선 후기 민중의 자화상을 담은 본보기로 서
천리 돌장승을 꼽고 있다. 조선 후기 민중의 얼굴만이 아니라, 지금도
그 앞에 서 보면 우리들 얼굴 어딘가와 닮은 데가 있다. 조선 후기 곳곳
에 세워진 돌장승들은 단순히 잘 다듬어 놓은 돌덩어리가 아니라, 신라
하대 호족의 성장과 짝을 이루는 9세기 승탑의 시대, 고려 후기 조선 초
신흥사대부와 짝을 이루는 '분청자의 시대'에 버금가는 조선 후기의 새
로운 문화적 징표이다. 운봉에는 서천리 돌장승뿐 아니라 가까이 북촌
리, 권포리에도 돌장승이 남아 있다.

우리 역사에서 18세기 '장승의 시대'를 거쳐 19세기는 민중이 사회의
주인이 되는 방향으로 꿈틀대던 저항과 변혁의 시대였다. 그 정점에 자

리 잡은 사건이 '1894년 농민전쟁'이었다. 그런데 서천 당산 돌장승 옆에는 농민전쟁을 진압하는 데 앞장섰던 민보군 박봉양의 비가 서 있다. 높이 2.05m, 너비 1m, 두께 30cm 정도이며, 몇 차례 쓰러트렸다가 세우기를 반복하였다.

박봉양은 운봉 출신으로, 1894년 5월 농민군이 남원을 거쳐 운봉으로 진출해 오자 운봉 민보군을 조직하여 농민군을 막았다. 남원에 머무르고 있던 농민군 지도자 김개남이 2차 농민전쟁 때 주력부대를 이끌고 청주를 향하여 북상한 뒤 10월 24일에는 박봉양의 민보군이 남원성을 점령하였다. 10월 말, 태인 농민군 지도자 유복만, 담양의 남응삼이 농민군 수천을 이끌고 남원성을 되찾았다. 이들 농민군은 11월 13일쯤 운봉을 거쳐 경상도로 나아가려고 남원 산동면 부절리에 진을 쳤다. 이때 박봉양은 민보군을 이끌고 관음치에 진을 쳤다. 14~15일 무렵 방아치에서 큰 전투가 벌어져 농민군은 수천 명의 사상자를 내고 남원성으로 퇴각하였다. 박봉양은 진주병영의 지원을 받아 11월 28일 남원성을 다시 공격하였다. 성이 함락되자 농민군은 북문을 통해 흩어졌다. 12월 3일 일본군과 이두황의 장위영군이 남원에 입성하였다.

실상사

실상사는 전라북도 남원시 산내면 입석리 지리산 자락 들판에 자리 잡고 있다. 828년(신라 흥덕왕 3)에 증각대사 홍척이 구산선문 가운데 가장 먼저 문을 연 선종사찰이다. 구산선문은 실상산문(남원 실상사), 가지산문(장흥 보림사), 사굴산문(강릉 굴산사), 동리산문(곡성 태안사), 성주산문(보령 성주사), 사자산문(영월 흥녕사), 회양산문(문경 봉암사), 봉림산문(창원 봉림사), 수미

산문(해주 광조사)이다. 모두 9세기 초반부터 10세기 초반에 걸쳐, 주로 지방호족의 후원을 받아 교종 중심의 귀족불교가 주류를 이루던 경주에서 떨어진 변방에 세워졌다.

달마선사가 세운 중국 선종은 8세기 초 남종선과 북종선으로 나뉘었다. 신라에서 가장 먼저 남종선을 공부하고 돌아온 이는 도의선사였다. 도의는 6조 혜능의 법증손인 지장(735~814)에게 인가를 받고 821년(헌덕왕 13)에 돌아와 남종선을 전하였다. 그러나 그때 신라의 수도 경주는 교종 중심의 귀족불교가 주류를 이루고 있었기 때문에 도의선사를 배척하였다. 그는 설악산 진전사로 옮겨가 선종을 전파하여 염거화상에게 전하였고, 염거는 다시 체징(보조선사)에게 전하였다. 체징은 당으로 갔다가 840년(문성왕 2)에 귀국하여 장흥 가지산문을 개설하였다.

실상사를 개창한 홍척은 귀국이 도의보다 늦었지만, 구산선문 가운데

그림 8-1 · 실상사 전경

가장 먼저 실상산문을 열었다. 홍척도 도의와 마찬가지로 서당 지장의 선법을 전해 받고 826년(흥덕왕 1)에 귀국하였다. 흥덕왕(826~836)이 홍척을 초빙하여 설법을 듣고 증각대사라는 호를 내리고 국사로 책봉하였으며, 실상사 창건을 지원하였다.

실상산문의 제2대 조사는 홍척의 제자인 수철국사(817~893)였으며, 약사전에 모셔진 철불은 이때 만든 것으로 추정된다.

실상사는 정유재란 때 불타 버린 뒤 폐사가 되었다가 1679년(숙종 5)에 벽암대사가 복구하고, 1690년(숙종 16)에 침허를 중심으로 36동의 건물을 세웠다. 순조 때 사세가 기울어졌다가 1821년(순조 21)에 의암대사가 중수하였다. 1883년(고종 20)에 함양 출신 양재묵, 민동혁 등이 불을 질러 많은 건물이 불타 버렸다. 지금 남아 있는 건물들은 1884년에 월송대사가 재건한 것이다.

실상사의 절집들은 평지에 들어선 전형적인 1금당 쌍탑을 중심으로 자리 잡고 있다. 대웅전인 보광전, 약사전, 명부전, 칠성각, 선방과 조금 떨어진 곳에 극락전과 부속건물들이 있다. 예전 보광전 터는 정면 30m, 측면 18m로, 처음 세워질 때에는 선종사찰 가운데 가장 규모가 컸다. 약사전은 조선 중기의 양식을 갖춘 건물이다.

실상사는 암자인 약수암과 백장암의 문화재를 포함하여 국보 1점과 보물 11점을 보유하여 단일사찰로는 가장 많은 문화재를 품고 있다. 실상사 수철화상능가보월탑(보물 제33호), 실상사 수철화상능가보월탑비(보물 제34호), 실상사 석등(보물 제35호), 실상사승탑(보물 제36호), 실상사 3층석탑(보물 제37호) 2기, 실상사 증각대사응료탑(보물 제38호), 실상사 증각대사응료탑비(보물 제39호), 실상사 철제여래좌상(보물 제41호) 같은 중요 문화재가 있다.

실상사 돌장승

마을사람들이 벅수라고 부르는 실상사 입구 돌장
승은 본래 두 쌍 4기였다. 1963년에 홍수로 떠내려
가 지금은 3기가 남아 있다. 해탈교를 건너기 전 왼
쪽에 서 있는 장승은 키가 3m쯤 되고, 몸체가 우람
하고 당당하다. 몸통에 '옹호금사축귀장군(擁護金沙逐
鬼將軍)'이라고 이름이 쓰여 있다.

해탈교를 건너 왼쪽 느티나무 밑에 있는 장승이
'대장군(大將軍)'이며, 받침돌에 '옹정(擁正) 3년 입동'
이라고 새겨져 있어 세운 때가 1725년(영조 1)임을
알 수 있다. 마주 보고 있는 장승은 이름이 '상원주
장군(上元周將軍)'이다.

대장군과 주장군 모두 양미간에 부처님 상에서
볼 수 있는 백호 모양을 도드라지게 만들었다. 절

그림 8-2 · 실상사 돌장승

입구에 서 있는 사찰장승은 천왕상이나 인왕상처럼 절을 지키는 수호장
승이다. 실상사 돌장승은 석공의 솜씨와 정성이 돋보이며, 마을을 지키
는 민간 돌장승에 비해 표정에 위엄이 서려 있다.

3층석탑

실상사의 대웅전인 보광전 앞쪽에 동서로 자리 잡고 있는 3층석탑은
실상사가 창건될 때(828) 만들어진 것으로 보인다. 2층으로 된 받침돌 중
간에는 각각 탱주가 1개씩 새겨져 있고, 받침돌 위에 쌓은 3층의 탑신부
는 층마다 몸돌과 지붕돌이 각각 1개의 통돌로 이루어졌다. 지붕돌 받침
층계는 4단이다. 상륜부는 찰주를 중심으로 노반, 복발, 앙화, 보륜, 보

개, 수연, 용차, 보주 순으로 이루어졌다. 동탑은 용차가 반쯤 망가졌고, 서탑은 수연이 없어졌으나 상륜부가 거의 온전한 형태로 남아 있는 셈이다. 불국사 3층석탑(석가탑)의 상륜부를 복원할 때 이 탑을 본떴다고 한다.

고선사 탑, 감은사 탑, 석가탑에서 정형화된 통일신라의 3층석탑이 받침돌 중간에 2개의 탱주가 있고, 지붕돌 받침계단이 5개인 데 비하여, 실상사 3층석탑은 받침돌에 탱주가 1개이고 지붕돌 받침계단이 4단으로 이루어져 통일신라 하대에 선종이 도입되고 승탑이 만들어지던 시기 석탑의 또 다른 정형을 보여 준다.

그림 8-3 · 실상사 3층석탑

석등

동·서쪽에 있는 3층석탑의 중간에서 법당쪽으로 약간 들어간 곳에 자리 잡고 있다. 받침돌은 전남 구례 화엄사 각황전 앞 석등, 전북 임실 용암리 석등과 함께 통일신라시대에 전라도 지방에서 유행했던 장구 모양의 고복형 양식을 따르고 있다. 받침돌 위에 8면으로 이루어진 화사석이 놓여 있다. 높이 5m, 하대석의 폭 1.49m로, 형태가 완전하고 장중하다. 불을 밝힐 수 있도록 석등 앞에 돌계단을 만들어 놓은 것이 특징이다.

그림 8-4 · 실상사 석등

철제여래좌상

실상사 약사전에 자리 잡고 있는 무게 4,000근, 높이 2.7m의 큰 철불로, 우리나라의 철불 가운데 가장 크다. 2대 조사인 수철국사 때 만들었다. 신라 하대 철제 농기구를 만들던 제조기술이 철불을 만드는 바탕이 되었다. 광배는 없어졌다. 두 손은 나무로 만들어 끼워 놓았다. 손 모양으로 보아 아미타불일 가능성이 많은데 흔히 약사불이라 부른다.

그림 8-5 · 실상사 철제여래좌상

실상사 철제여래좌상은 동남쪽의 천왕봉을 정면으로 바라보고 있다. 이 철불과 천왕봉, 일본 후지산이 일직선상에 놓여 우리나라 땅의 정기가 빠져나가는 것을 누르는 위치에 만들었다고 한다.

실상사 승탑과 승탑비

실상사 왼쪽 구석진 자리에 증각대사 승탑, 증각대사 승탑비, 수철화상 승탑, 수철화상 승탑비가 있다. 구산선문의 시작인 실상산문을 개창한 홍척과 그의 제자인 수철의 승탑과 승탑비이다. 실상사에 가더라도 관심을 가지고 찾지 않으면 있는지도 모르고 지나치게 된다. 선종의 도입과 함께 세워진 선종스님의 사리무덤인 승탑들은 교종 중심의 '석탑의 시대'를 거쳐 '승탑의 시대'를 보여 주는 승탑들이다.

증각대사응료탑은 실상사를 창건한 홍척의 승탑으로, 시호와 승탑 이름을 따서 붙였다. 홍척스님이 입적한 뒤 9세기 후반에 만들어진 것으로 추정된다. 통일신라 하대의 전형적인 팔각원당형 승탑이다. 받침돌의 안상 안에 공양비천상과 보살좌상이 하나씩 조각되어 있으며, 팔각으로 된 몸돌에는 모서리마다 기둥 형태를 조각했고, 앞뒤에 문과 문고리 모양, 그 좌우에 사천왕상을 조각하였다. 증각대사 승탑비는 몸체는 없어지고 받침돌인 귀부 위에 머릿돌인 이수만 얹혀 있다.

수철화상능가보월탑은 홍척의 제자인 실상사 2대 조사 수철화상의 승탑이다. 수철은 시호이며, 능가보월은 승탑 이름이다. 893년(진성여왕 7)에 만들어진 것으로 추정된다. 형태는 팔각원당형을 기본으로 하고 있다. 수철화상 승탑비는 받침돌의 일반적인 형태인 귀부가 없는 대신 안상 여섯 구를 새긴 네모난 받침대에 올려놓았다. 수철의 출생, 입적과 승탑을 세운 경위가 기록되어 있다. 실상사에서 입적하였으나, 원래 심원사의 스님이었기 때문에 비문에는 '심원사국사수철화상'으로 되어 있다.

실상사에는 홍척, 수철의 승탑 외에 왼쪽 담장을 따라 절 뒤로 가면 누구의 것인지 알 수 없는 고려시대 승탑이 하나 더 있다. 형태는 팔각원당형을 기본으로 하고 있다.

백장암 3층석탑

백장암은 인월을 거쳐 실상사로 들어오다가 길 왼쪽 수청산 중턱에 자리 잡고 있다. 국보 제10호인 백장암 3층석탑은 선종시대에 만들어진 대표적인 이형석탑으로 손꼽을 만하다. 기단부 없이 네모난 지대석 위에 몸돌을 올려놓았다. 2, 3층 몸돌 아래쪽에는 목조건물의 난간과 같은 형태를 조각하였고, 1층 몸돌에는 보살상과 사천왕상, 2층에는 주악천인상, 3층에는 천인좌상을 조각하였다. 처마가 직선이고, 낙수면은

얇고 편편하며, 지붕돌 받침계단이 없다.

통일신라시대 3층석탑의 전형에서 벗어난 백장암 3층석탑의 형태와 조각은 선종시대에 새롭게 등장하는 승탑과 함께 자유분방하고 건강한 문화의 기풍이 반영된 것이기도 하고, 더 이상 빼어난 3층석탑을 만들기 어렵게 되자 장식효과로 대체한 양식으로 볼 수 있다. 승탑에 견주어 자유분방하고 건강한 문화의 기풍이 표현된 것으로 보아야 할지, 승탑에 밀려나 퇴락한 탑으로 보아야 할지 생각할 거리를 제공해 준다.

연곡사

구례군 토지면 내동리에 있는 연곡사는 통일신라 말이나 고려 초에 세워진 것으로 추정된다. 연곡사가 자리 잡은 피아골은 한말 의병의 본거지였으며, 6·25전쟁을 전후한 시기에는 빨치산의 주요 활동무대였다. 연곡사는 고려 초기까지 선을 닦는 도량으로 이름이 높았으나 임진왜란 때 불탔다. 소요대사 태능(1562~1649)이 1627년(인조 5)에 다시 세웠다. 1745년(영조 21)에는 왕실의 위패를 만들 때 쓰는 밤나무를 바치는 율목봉산지소(栗木封山之所)가 되었다. 1907년 연곡사를 근거지로 활동하던 담양군 출신 의병장 고광순이 야간기습을 당해 순절하면서 절도 불탔다.

연곡사에는 동승탑(국보 제53호), 북승탑(국보 제54호), 서승탑(보물 제154호), 3층석탑(보물 제151호), 현각선사탑비(보물 제152호)가 남아 있다.

동승탑

산을 가든, 역사기행을 하든 '이곳에 들른 것만으로도' '이것 하나 본 것으로도' 서운치 않은 볼거리들이 있다. 연곡사 동승탑이 손 꼽을 만한 본보기이다. 승탑은 우리 역사에서 선종이 도입된 9세기부터 등장하기 시작한 선종승려들의 사리무덤이다. 교종 중심의 신라 경주 귀족들의 문화는 불국사 3층석탑을 정점으로 더는 발전하지 못하였다. 그때 지방을 근거지로 선종을 받아들인 지방호족들이 새로운 '승탑문화'를 만드는 데 앞장섰다. 경주에서 멀리 떨어진 지리산 언저리에는 쌍봉사 철감선사 승탑(868), 태안사 적인선사 승탑(861 또는 872), 광자대사 승탑(950), 연곡사 동승탑(9세기 중·후반), 보림사 보조선사 승탑(880), 쌍계사 승탑(885), 실상사 수철화상 승탑(893) 들이 있다. 그 가운데 연곡사 동승탑은 쌍봉사 철감선사 승탑과 함께 '승탑 중의 승탑'으로 꼽힌다.

그림 8-6 · 연곡사 동부도

연곡사 대적광전 북동쪽 산비탈에 있는 국보 제53호인 동승탑은 연곡사가 한창 번창했던 870년 전후에 세워진 것으로 추정된다. 누구의 사리를 모신 승탑인지도 확실하지 않다. 네모난 지대석 위에 팔각원당형을 기본 틀로 삼았다. 받침돌인 기단부와 몸돌인 탑신부, 지붕돌인 상륜부로 이루어졌다. 봉황, 용, 사진, 연꽃잎, 향로, 팔부중상, 사천왕상, 불교의 낙원에 산다는 극락조인 가릉빈가의 조각기법이 정교하고 섬세하면서도 단아한 기품을 잃지 않았다.

일제강점기에 일제가 이 동승탑을 일본으로 옮기려고 하였으나, 산길이라 운반하기 어려워 포기했다고 한다.

북승탑

동승탑 왼쪽으로 난 산길을 따라 북쪽으로 150m 올라간 산자락에 자리 잡고 있다. 국보 제54호이다. 동승탑을 본떠 만든 것으로, 크기나 생김새가 동승탑과 거의 비슷하다. 동승탑에는 받침돌 중대석에 팔부중상이 새겨져 있는데, 북승탑에는 안상만 조각되어 있다. 상대석 위에 있는 몸돌받침을 장식하고 있는 장구모양의 고복형 기둥은 동승탑과 달리 몸체와 떨어지지 않았다. 동승탑보다 뒤인 고려 초기에 만들어진 것으로 추정된다.

서승탑

연곡사 서북쪽에 있는 소요대사의 승탑이다. 서산대사 휴정의 제자인 소요대사 태능은 임진왜란으로 불타 버린 연곡사를 크게 중창하였다.

그림 8-7 · 연곡사 북승탑(왼쪽)과 서승탑(오른쪽)

소요대사의 비는 금산사에 있으며, 두륜산 대둔사, 보개산 심원사에도 소요대사 승탑이 있다. 서승탑은 북승탑에서 100m쯤 내려온 곳에 자리 잡고 있다. 조선시대 승탑에 글자를 새기는 양상에 따라 몸돌에 두 줄로 '소요대사지탑 순치육년 경인(逍遙大師之塔 順治六年 庚寅)'이라는 글자가 쓰여 있다. 소요대사가 입적한 다음해인 1649년에 세워진 것임을 알려 준다. 높이는 3.6m이고, 팔각원당형으로 이루어졌다. 크기는 동승탑, 북승탑보다 크지만 조각수법이나 문양은 단순하고 소박하다. 북승탑이 동승탑을 그대로 본떴다면, 서승탑은 창조적으로 모방한 셈이다. 보물 제154호이다.

남부군 총대장 이현상 유적지

화개장터와 벚꽃으로 유명한 화개천을 따라 올라가면 경남 하동군 화개면 의신마을이 있다. 의신마을 '지리산역사관'에는 빨치산, 빨치산의 사건들, 토벌작전, 이현상, 한국의 빨치산, 고독한 토벌대장에 관한 사진과 설명문이 전시되어 있다.

벽소령 작전도로를 따라 3.2km쯤 위쪽에 있는 삼정마을에서 왼쪽으로 이어지는 폐쇄된 도로를 따라 30~40여 분 더 올라가면 길이 급하게 오른쪽으로 꺾인다. 그곳에서 작전도로를 벗어나 조릿대 숲 사이로 난 길로 들어가면 빗점골 끝자락 너덜지대가 나온다. 너덜지대 왼쪽 귀퉁이 물가 쪽 널찍한 바위 옆에 하동군에서 세워 놓은 '남부군 총사령관 이현상의 최후격전지' 안내판이 있었다. 너덜지대 오른쪽으로 난 길을 따라 계곡물을 건너 산비탈을 400m쯤 더 올라가면 이현상이 아지트를 만들었던 곳이 있다. 예전 안내판에는 "이곳은 이현상의 아지트로 활용

그림 8-8 · 이현상 아지트 터

된 곳으로, 외부에 대한 조망이 쉽고, 바위, 소동굴, 산죽, 수목 등이 어우러져 아지트로서의 조건을 모두 가지고 있는 곳이다"라는 설명이 있었다. 지금은 안내판이 철거되었다.

이현상은 1906년 충남 금산에서 태어나 고창고등보통학교를 2학년까지 마친 뒤 중앙고등보통학교에 편입했다. 1926년 6·10만세운동에 참여하였다가 구속되었다. 6개월 만에 기소유예로 풀려났으나 중앙고보에서 퇴학당했다. 1927년에 상해로 가서 한인청년회에 가입하였고, 1928년 귀국하여 보성전문학교 법과에 입학하였으나 넉 달 만에 그만두었다. 조선공산당 청년단체인 고려공산청년연맹에 가입하여 활동하다가 제4차 조선공산당 사건으로 9월에 체포되어 징역 4년을 언도받았다. 서대문형무소에 수감 중 감옥에서 이재유, 김삼룡을 만났다. 1932년 11월에 만기출소한 뒤 1933년 1월에 김삼룡, 이재유와 조선공산당 재건을 위한 경성트로이카를 결성하였다. 서울 동대문과 용산에 있는 공장에 혁명적 노동조합을 결성하려다 12월에 또다시 체포었다. 징역 4년 형을 받고 서대문형무소와 함흥형무소를 전전하였다. 1938년 6월 만기 출소한 뒤 12월에 조선공산당 재건 경성콤그룹을 결성하였다. 1940년 10월에 체포된 뒤 미결로 있다가 1942년 10월 단식투쟁 끝에 병보석으로 석방되었다. 3개월 뒤 재수감을 거부하고 도망쳐 일제강점기에 경상도지역과 대전, 금산에서 활동하다가 해방을 맞았다. 일제의 지배 아래서 이현상의 총 수감기간은 햇수로 13년이 넘었다.

1945년 9월 조선공산당 정치위원으로 선출되었고, 1946년 11월 23일에 결성된 남조선노동당에서 노동부장이 되었다. 1947년 2월에 체포되었다가 두 달 만에 불기소로 석방되었다. 1948년 4월 남북연석회의에 남로당 대표로 참석한 뒤, 남로당의 군사정치학교인 강동정치학원에서 수개월간 교육을 받고 남으로 내려왔다. 이현상은 1949년에 지리산으로 들어가 여순항쟁의 진압을 피해 입산한 국군 14연대 잔여 세력을 이끌며

그림 8-9 · '지리산 공비 루트' 안내도

지리산 인민유격대 총대장이 되었다. '지리산 이현상 부대'의 명칭은 (지리산)제2병단(1949년 하반기) → 조선인민유격대 독립제4지대(1950년 10월~11월 초) → 조선인민유격대 남부군(1950년 12월~1951년 12월) → 조선인민유격대 독립제4지대(1952년 1월~9월) → 제5지구당(1952년 10월~1953년 8월)으로 변천하였다. 남부군이라는 이름이 붙여진 뒤에는 이름이 바뀌었어도 '남부군'으로 통용되었다.

지리산에서도 대성골은 남부군 최악의 전투지였다. 1952년 1월 17~18일 1천여 명의 유격대원들이 대성골에 포위당한 상태에서 비행기가 휘발유를 뿌리고 이어서 네이팜탄을 터뜨려 불바다가 되었다. 수많은 사람들이 불에 타 숨졌고 총에 맞아 쓰러졌다. 수백명이 목숨을 잃었다. 국군은 이틀 동안 589명의 유격대를 죽이고 237명을 생포했다고 보고했다.

1952년 10월 재편된 제5지구당은 남부군 유격대원들이 주축이었으며, 독립제4지대장 이현상, 전남도당 위원장 박영발, 전북도당 위원장 방준표, 경남도당 위원장 조병하, 전남 유격대장 김선우, 경남도당 부위원장 김삼홍, 전남유격지도부장 박찬봉이 소속돼 있었다. 위원장은 이현상, 부위원장은 박영발이 맡았다.

1952년 12월부터 군경토벌대 2차 공세에 의해 제5지구당 산하 유격대 전체가 치명적인 타격을 입었다. 1953년 8월 26일 제5지구당 조직위원회가 개최되어 제5지구당은 해체되고 이현상은 평당원으로 하산하여 지하에서 활동하라는 결정이 내려졌다. 9월 17일 밤 하산하던 이현상이 매복에 걸려 목숨을 잃었다. 18일 경찰 수색대가 오전 11시 빗점골 너덜지대 자락에서 이현상 시신을 발견했다고 발표하였다. 이현상은 죽을 때 윗주머니에 백팔염주와 『볼세비키혁명사』를 지니고 있었다. 이

현상의 시신은 20일간 서울 등지에서 전시된 후 10월 8일 결찰토벌대
장 차일혁이 화개장터 근처 섬진강 백사장에서 화장하여 뿌렸다.

● 참고문헌

국립순천대학교 지리산권문화연구원 엮음, 『지리산권 동학농민혁명』, 선인, 2014.

국민대학교 국사학과, 『지리산 문화권』, 역사공간, 2004.

김양식, 『지리산에 가련다』, 한울, 1998.

순천대·경상대 지리산권문화연구단 편, 『지리산의 저항운동』, 선인, 2015.

『지리산 역사문화 사전』, 한국학중앙연구원출판부, 2014.

9장

지속가능한 농업의
새로운 추진력,
홍동을 가다

이창언

선택의
변

신자유주의 지구화, 글로벌 농식품 체계의 그늘이 점차 드러나면서 생태적으로 지속가능한 농업, 지역공동체의 의미, 사회적 경제의 잠재력과 가능성이 새로운 대안으로 부상하고 있다. 홍성군 홍동면은 근대적 농업이 추구한 자본 집약적 농업, 대규모성, 고도의 기계화, 단작 영농, 인공적으로 만들어진 화학비료, 농약, 살충제의 광범한 사용, 집약 축산과는 다른 방식의 영농방법을 실험해 왔다. 홍동은 왜 한국 농업, 농촌과는 다른 길을 선택했는지, 그 배경과 성공 요인을 역사의 현장을 따라 살펴보는 것이 이 글의 목적이다. 홍동의 지속가능한 농업, 마을 만들기 과정(성과, 한계, 과제)은 한국의 농업, 마을공동체가 나아갈 방향을 제시하는 척도가 될 수도 있기 때문이다.

1. 작은 농촌마을 홍동면과 풀무학교

충남 홍성군은 옛 홍주군과 결성군을 합한 군으로 충청남도 서해 내포 문화권의 중심지로 전형적인 소규모 농촌 지역이다. 홍성은 백제의 부흥운동 성지였으며 다양한 문화적 자원과 역사를 간직한 곳이다. 최영, 성삼문, 한용운, 김좌진, 윤봉길 등 유수한 인물을 배출하였으며, 특히 홍주성은 동학농민전쟁, 의병운동의 불길이 거세게 일어난 곳으로 유명하다.

최근에는 풀무농업기술학교(이하 풀무학교)를 중심으로 한 대안교육 및 유기농업 생산지로 주목받고 있으며 최초의 지역신문인 홍성신문을 발간하는 등 지역적 자존감이 높은 지역이다.

우리가 탐방할 홍동면(홍성의 동쪽에 있다고 해서 붙여진 이름)은 군청소재지에서 남동부 약 6km쯤 들어가면 만날 수 있다. 홍동은 과거에는 특별히 구경할 만한 자연경관도 없고 내세울 만한 특산품도 없는 평범한 농촌마을이었다고 한다. 그러나 1993년 홍동면 문당마을에서 전국 최초로

그림 9-1 • 홍성군 위치와 행정구역

홍성군은 충남 서해안의 중심지이자 교통의 요충지로서 동쪽은 예산군, 서북쪽은 서산시, 동쪽은 청양군, 남쪽은 보령시와 인접해 있다.

오리농법이 시행되고 마을 만들기 활동이 알려지면서 찾아오는 이들의 발길이 끊이지 않고 있다.

홍동에서 지속가능한 마을, 인간과 생명이 공존하는 농업이라는 다양한 실천이 가능했던 이유는 홍동면 팔괘리에 있는 풀무학교에서 그 근원을 찾을 수 있다. 일반적으로 풀무학교 하면 기숙사에서 공동체 생활교육을 하는 학교, 고등학교 과정이면서도 대학

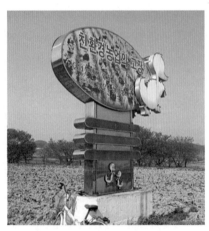

그림 9-2 • 친환경농업의 고장 오리농법의 원조 홍성 문당마을

입시 준비 위주가 아닌 일을 하는 학교, 국제교류가 활발한 학교로 인식되어 있다.

지금은 전국적으로 유명한 대안학교가 되어 입학하기도 힘들다고 하지만, 풀무학교가 처음부터 그랬던 것은 아니다. 이른바 괜찮은 학교가 된 것은 최근 몇 년의 일이다.

풀무학교는 1958년 4월 23일 주옥로 선생이 기증한 보리밭 터에 곧 문을 닫을 대장간의 자재를 활용해서 지은 교실에서 교사 2명, 학생 18명으로 단출하게 출발하였다. 설립자 밝맑 이찬갑(1904~1974), 샛별 주옥로(1918~2001) 선생은 우리 사회가 근대화·산업화·도시화·비농업화의 길로 들어가면서 이농이 본격화하던 시기에 졸업생들에게 농촌에서, 농민으로서, 농업에 종사하면서 농촌의 수호자로 살라고 가르쳤다. 1958년 4월 23일 충남 홍성 풀무고등공민학교 제1회 입학식에서 이찬갑 선생은 "기존의 도시·물질·출세교육에서 벗어나 농촌, 정신, 민중교육으로 이 민족을 소생시켜야 한다"고 말했다.

설립자들의 이와 같은 가르침의 뿌리는 어디에서 나온 것일까? 그것은 1920~1930년 일제강점기 평안북도 정주군의 오산학교(1907년 설립)가

그림 9-3 · 오산학교 전경

자리한 용동에서 오산학교 교사들과 주민, 졸업생이 펼쳤던 반제국주의·반자본주의 운동으로서의 이상촌(기독교 신앙에 기초한 자급·자치의 마을 공동체) 건설운동에서 찾을 수 있다.

오산학교는 님깡(南崗) 이

승훈(李承薰, 1864~1930)이 1907년 평양 모란에서 도산 안창호의 연설을 듣고 돌아와 그해 12월 평북 정주군(定州郡)에 설립한 학교로 일제강점기 민족, 민중, 기독교 정신이 타오르던 사학이었다. 설립자 이승훈은 자신의 마을인 용동을 중심으로 오산 전체를 이상적인 농촌공동체로 만들어, 식민지 조선에서 가장 모범적인 경제·문화 및 신앙의 산실로 탈바꿈하고자 하였다.

당시 오산학교가 소재한 지역은 정주군 갈산면 용동촌으로 이승훈의 공동체를 실현하기 위한 작업이 진행되던 마을이었다. 용동촌은 자치 조직인 용동회가 마을을 이끌었으며, 과수원, 교회, 오산학교, 병원과 약국, 공중목욕탕 등 당시에는 근대적인 인프라가 구축된 지역이었다. 마을의 운영은 마을 길 정비, 변소 청소 등으로 마을을 깨끗이 유지하고, 집에는 손 직조기를 두어 생산을 장려하고 수확기에는 공동으로 생산, 판매하는 협동생활이 이루어졌다. 밤에는 야학을 운영하여 마을 주민 중 문맹자가 없었다고 한다. 또한 조만식 문하에서 물산장려운동과 함께 평양소비조합을 창설하여 민족자본을 형성하여 정치적 독립을 꾀하고자 했던 협동조합운동을 몸소 경험했다. 오산학교에서 이를 보고 자란 이찬갑 선생은 공동체에 대한 구체적 제안과 학교 교육의 필요성을 충분히 이해했던 것 같다.

3·1운동(1919)의 여파로 이승훈이 투옥되면서 오산학교는 고당 조만식(曺晩植, 1883~1950)이 책임을 맡기도 하였다. 조만식은 1915~1919년, 1920~1921년, 1925~1926년 총 9년간 오산학교 교장으로 재직하였다. 이때 이찬갑을 비롯하여 주기철, 한경진, 김홍일, 최용건, 함석헌, 김기석, 오여진 등이 교육을 받았다.

1930년대부터 일제의 군국주의적 지배성향이 노골화되면서 이른바

내선일체(內鮮一體), 황민화 또는 전시동원체제가 강화되었다. 오산학교는 1920년대부터 총독부의 시책을 점차 수용하는 쪽으로 기울었다. 따라서 오산 안에는 이를 하나의 변절로 간주하고 학교를 비판하는 목소리가 커지고 있었다. 오산소비조합과 청년회를 이끌었던 이찬갑이 그 목소리의 주인공이었다. 이찬갑은 "애국자의 소굴이었던 오산학교가 아무런 특색 없는 간판뿐인 학교가 되어 간다"며 개탄하기도 했지만, 오산학교의 배움은 그의 교육활동에 큰 영향을 끼쳤다.

해방 후 이찬갑에게 '새농촌'은 현대의 도시 중심 문명을 대체할 새로운 대안문명의 중심이었다. 그가 겪은 식민지의 혹독한 체험과 해방 이후의 혼탁한 사회경험은 농촌의 재생을 통해 지역공동체에 희망을 주고 싶은 열망으로 이어졌고 학교를 설립하기에 이른다.

풀무학교의 건학정신은 "이웃과 더불어 자연과 더불어 살아가는 교육, 엘리트가 아니라 누구나 타고난 자기(自己)를 실현하는 평민을 기르는 교육"이라는 말에 잘 나타난다. 풀무학교는 성서에 바탕을 둔 깊이 있는 인생관, 학문과 실제 능력에서 균형 잡힌 정직, 유용한 평민, 하느님과 이웃, 지역과 세계, 자연과 모든 생명과 '더불어 사는 평민'(교훈)을 기르는 것을 목적으로 두고 있다. 이는 누구나 성적에 의해 차별되어서는 안 되고, 인간 자체로서 존중되어야 하며 정직하고 쓸모 있는 평민이 나라의 주인이라는 굳은 믿음에서 비롯된다.

그림 9-4 · 눈 내린 풀무학교 전경

여기서 '더불어 사는 평민'은

공격적이고 자학적인 경쟁체제보다 자기실현과 협력을 지향하는 사람, 자기의 가치를 자각하고 신앙과 교양과 자립 능력을 갖추어 진정한 자기실현에 힘쓰고 남을 존중하며 더불어 살아가는 사람을 의미한다. 풀무학교가 지향하는 '더불어 사는 삶'은 하느님과 예수와 성령이 각기 개성과 인격을 지니며 섬기고 나눔의 극치를 보이는 데 그 원형이 있다. 삼위일체의 공동체 원형이 사회에 반영될 때 온 세상이 하나가 되는 공생의 사회가 실현될 수 있다는 것이다.

샛별 주옥로, 밝맑 이찬갑 선생은 교육과 종교와 농촌과 인간과 삶, 이 모두를 별개의 다른 것으로 여기지 않고 하나로 연결된 것으로 보았다. 평민과 더불어 사신 예수의 삶에서 평민을 아끼고 사랑하는 마음을 배우고, 하느님을 향한 경외심에서 이 세상 만물을 밝고 맑게 보려고 하는 긍정적인 정신, 그 속에 존재하는 위대한 힘을 함께 공유하고자 했다.

개교 당시 주옥로 선생은 "사람의 인격은 우주보다 귀하고 그 가능성은 무한하다"고 하였고, 이찬갑 선생은 "선발, 간판, 출세, 도시교육에서 민중, 정신, 실력, 인격, 농촌교육을 해야 한다"고 하여 풀무학교의 의의를 강조하였다.

풀무학교는 설립 당시부터 최태사 선생을 비롯하여 오산 출신으로 무교회 정신을 바탕으로 모임을 가진 '일심회'가 함께하였다. 학교 법인 풀무학원의 초대 이사장으로는 최태사 선생이 취임하였다. 일심회는 오영환 선생을 중심으로 학교를 위해 심적·물적 지원을 아끼지 않았고, 지금의 학교 운영의 바탕이 되었다.

풀무학교의 정신적 기반은 무교회주의(無敎會主義)였다. 무교회주의는 경직되고 생명력을 잃은 교회를 반대하고 성서의 올바른 연구와 인식에서 인류가 구원된다고 보는 신앙적 태도라 할 수 있다. 무교회주의는 마르틴 루터(Martin Luther)의 종교개혁 원리인 믿음 지상주의, 성경 지상주의, 만인 사제주의를 철저히 지켜내자는 데 그 본질이 있다고 할 수 있다.

풀무학교 건학과 운영 과정에는 덴마크의 그룬트비히(Nikolai Fredrik Severin Grundt'vig, 1783~1872)의 교육사상과 철학도 영향을 주었다. 그룬트비히주의(Grundtviginism)라 불리는 교육사상의 중심 개념은 계몽, 삶을 위한 학교, 살아 있는 말, 국민평등, 상호작용이라고 한다. 그룬트비히주의의 '계몽'은 자기 스스로 잘못으로 인한 미성숙에서 탈피하는 것을 지원하는 교육이며, '삶을 위한 학교'는 삶의 의미를 부여하는 교육, 끊임없이 제기되는 삶의 문제를 다루면서 그에 상응하여 화(和)할 수 있는 교육을 의미한다. '살아 있는 말'은 사람과의 관계를 매개하는 과정에서 지식인의 문자보다 더 많은 영향력을 발휘하는 입으로 하는 말을 의미한다. '국민평등'은 높은 수준의 교육과 사회적 지위를 더 많은 평민에게 보급하는 것, 언어, 역사, 문화 그리고 공동관심과 공동운명에 관심을 갖는 교육이다. '상호작용'은 함께 일하며 배우는 것만이 아니라 학교 운영에 참여하는 민주적 공동체, 교사와 학생, 학생과 학생의 친교가 유지되는 것, 그런 교육적 인간관계로 정의할 수 있다.

풀무학교 설립에 기초가 된 이러한 사상은 풀무학교의 교육이념, 성서에 바탕을 둔 인생관으로서의 교육목적, 민주적인 학교 운영과 학습자 중심의 열린 교육 과정, 학교의 교육철학, 학생 수에 비해 큰 규모의 시설 등에 영향을 미쳤다.

2. 자연과 조화로운 농업:
지속가능한 홍동의 추진력, 사람

한국을 비롯하여 전 세계는 지금 농업과 식량 위기, 먹을거리 위기의 시대에 살고 있다. 이윤 추구와 효율성의 원리에 따라 작동하는 세계 식량 체계(global food system)는 농업의 대량생산·유통·소비 시스템을 지향한다. 이것은 농업 생산의 단작화·전문화·규모화를 통하여 농산물 유통의 대량화·광역화로 나아가게 한다. 생산은 산업화한 대규모 농장에서 과다한 농약을 뿌려 이루어진다. 따라서 생산자와 생산 과정, 건강에 대한 유해 여부는 대부분 비공개된다. 다시 말해 얼굴 없는 농산물을 생산하는 것이다. 이렇게 수확한 농산물은 이후 저장과 장거리 이동 과정에서 방부제로 처리된다. 세계 농식품 체계는 식품의 안전성 문제뿐 아니라 식량주권의 문제와도 직결된다.

최근에는 수입농산물의 공세를 막아 내고, 농식품의 안전성을 확보하며, 생산자와 소비자의 얼굴 있는 관계를 형성하고, 농업생산 및 소득 증가를 도모하는 가운데 우리 농업의 경쟁력 강화를 이끌어 낼 수 있는 대안이 모색되고 있다. 관행농업을 넘어서는 자연재배, 유기농업, 친환경 로컬푸드 운동이 한 예라 할 수 있다.

그림 9–5 • "짓고 차리고 먹는 이 모두 하늘로 섬기는 것이 농사이고 삶이다"(글쓴이: 별음자리표).

여기서 관행농업은 자본 집약적 농업, 대규모성, 고도의 기계화, 단작 영농, 인공적으로 만들어진 화학비료, 농약, 살충제의 광범한 사용, 집약 축산 등을 특징으로 하는 농업, 이러한 생산과 전후방으로 연계된 농기업을 포함한다. 이에 반해 유기농(유기농업, 유기축산, 유기임업 등)은 지구 물질의 순환, 생물다양성의 확보, 농업생태계의 건강, 토양생물 활동 증진을 위한 총체적인 자연 중심의 생산활동 전반을 일컫는다. 친환경, 무농약, 무항생제 등으로 대표되는 유기농은 단순히 영농방식이 다르다는 것뿐만 아니라, 특별한 사회구조 및 도덕적·인지적 신념들을 포함한다.

유기농은 인간 중심에서 생명 중심을 넘어 생태 중심의 유기체적 우주관을 제공할 뿐 아니라 자연과의 공존·공생을 성찰하는 계기를 마련한다는 점에서 인류사적 의미가 크다. 유기농은 안전하고 건강한 먹을거리의 중요성뿐만 아니라 기후 변화, 식량안보와 식량주권, 지속 가능성에 대한 시대적 요구를 반영한다. 그런 의미에서 유기농은 단순한 먹을거리의 문제가 아닌, 농업이 곧 생명이자 세상을 바꾸는 힘이라는 인식에 근거하고 있다. 홍순명 선생은 『풀무학교 이야기』에서 우리 농업에 대해서 다음과 같이 말한다.

농업은 생명을 유지하는 산업이고, 고향(지역)자립의 중요한 기초입니다. 대지를 일방적으로 수탈하는 현재의 농업은 하루바삐 바뀌어야 합니다. 전 세계적으로 진행되는 자연 파괴 농업에서 자연을 보살피고 자연이 갖는 힘을 생생하게 드러나게 하는 농업으로 바뀌어야 합니다. 근본적으로 경제적 경쟁원리와 농업은 서로 어울릴 수 없습니다. 농업이 갖는 문화적 역할을 온 국민은 재평가하고 발전시켜야 합니다. 식량자급은 평등한 국제관계 확립을 위하여 양보할 수 없는 기본 원리입니다. 생산자와 소비자는 직접 연결되어 도시와 농촌이 이웃이 되어야 하고, 고향 차원의 소규모 농산물 가공을 통해 부가가치를 높이며, 가공 기술을 통해 농업과 공업을 통합하고, 유기농업이나 농촌 조직의 지식과 경험을 나누기 위해 농민의 국내외 교류가 추진되어야 합니다. 무너진 마음의 고향, 현실의 고향을 살리는 농민은 경제와 효율만 찾는 농민이 아니라, 현실성과 함께 자기 사명을 자각하는 철학과 종교심을 갖는 농민이라야 할 것입니다.

홍동 지역에서 유기농업은 단순한 농사방식이 아니라 지속가능한 사회로 나아가기 위한 총체적인 생활의 방식, 삶의 방식으로서의 농업이라는 인식이 강하다. 풀무학교 전공부 교사인 장길섭 선생은 "유기농업의 필요·충분조건을 모두 만족시킬 수 있는 이상적인 유기농업은 아직 홍동에서 실현되고 있지 않다"고 말한다. 그러나 "절대 다수가 1헥타르 내외의 소농으로 이루어진 홍동 지역의 농업은 이상적인 유기농업을 실현할 수 있는 풍부한 가능성과 한계를 지닌 곳"임을 강조한다. 장길섭 선생의 글 「홍동 지역 유기농업운동 소묘」에 따르면 홍동 지역 유기농업의 기원은 크게 다섯 갈래로 나뉜다.

첫째, 풀무학교 중·고등부 졸업생 그룹이다. 학교에서 배운 대로 1960년대 초부터 고향을 등지지 않고 홍동 지역에 남아 있던 졸업생들은 학교 주변 마을에서 농사를 짓거나 협동조합운동을 시작하였다. 이와 같은 상황에서 1975년 일본의 유기농업 단체 애농회와 애농고등학교를 창립한 고다니 준이치 회장이 풀무원의 원경선 선생의 초청으로 한국을 방문했을 때 홍동 풀무학교에 들러 강연을 하게 되었다. 고다니 회장은 일제강점기에 일본이 한국인들에게 끼친 죄악에 대해 사죄하면서 일본이 겪는 근대 농업의 폐해를 알려 주고 한국인들이 그 전철을 밟지 말 것을 호소하였다. 이 강연이 계기가 되어 풀무학교와 졸업생들이 유기농업을 시작한 것이었다.

둘째, 고다니 준이치의 영향으로 1976년 한국 최초로 결성된 유기농업농민단체인 정농회 회원 그룹이다. 이 그룹은 풀무학교 졸업생과 비풀무학교 출신인 지역 농민과 귀농자들이 자연스럽게 어울리는 친목 공간이자 유기농업 정보와 이념, 기술, 기독교 신앙을 공유하고 정서적으로 동질감을 느끼는 한마당 역할을 수행하고 있다.

셋째, 귀농·귀촌자 그룹이다. 홍동 지역에 귀농자들이 들어오게 된 계기는 1996년 전국귀농운동본부가 결성되고 그곳에서 귀농학교를 운영하면서부터이다. 이들은 처음부터 유기농을 시작했고, 곧바로 지역의 협동 조직인 풀무소비자생활협동조합(이하 풀무생협), 홍동농협, 풀무신용협동조합(이하 풀무신협), 정농회 조합원으로 또 실무 일꾼으로 참여하여 활동하면서 동시에 각 마을의 총무, 작목반장 등의 임무를 수행하고 있다.

넷째, 풀무학교 전공부 졸업생 그룹이다. 풀무학교 전공부는 지속가능한 사회를 향한 이상과 이념을 지니고 동시에 실제적 실무 능력을 갖춘 소농을 양성하는 것을 목표로 개교하여 2003년 첫 졸업생을 배출한 이래 10년 동안 약 20여 명의 졸업생이 지역에 정착하여 다양한 영역에서 활동하고 있다.

다섯째, 농협이나 생협의 유기농업 생산자 조합원으로 참여한 토착농민 그룹이다. 이 그룹은 유기농 이념이나 지속가능한 사회로의 전환 같은 시대적 사조와 관계없이 경제적 동기로 유기농업에 참여한 농민들이다. 경제적 실익이 없으면 관행농으로 복귀할 농민들도 있다. 그러나 경제적 이익과는 상관없이 의식의 변화가 일어나 꾸준히 유기농업에 종사하는 농민도 늘어나고 있다.

지금까지 거론된 농민들은 각각 처해 있는 상황과 조건이 다르지만, 대다수가 소농이라는 점과 유기농업을 실천하거나 지향한다는 점에서 공통적인 측면이 있다. 풀무학교 중·고등부 출신의 유기농민이 홍동 지역 유기농업과 협동조합, 마을 만들기 운동 등의 구조와 기초를 마련하고 이념을 제공해 왔다면 귀농자들과 풀무학교 전공부 졸업생들은 지역 내의 다양한 영역에서 새로운 영역, 즉 의료·복지·문화·교육 분야를 개척해 나가고 있다. 홍동의 유기농업운동은 이처럼 다양한 성격의 이질적인 농민이 서로 갈등하거나 융화하면서 지역공동체 전체가 아직 이루지 않은 어떤 공동의 목표를 향해 나아가고 있다.

홍동 지역 유기농업과 지속가능한 마을 만들기가 실천되는 배경에는 위에서 언급한 인적 자원이 커다란 임무를 수행했다. 풀무학교 1세대인 설립자 이찬갑, 주옥로 선생 외에 1세대이지만 풀무학교 교장을 역임한 홍순명이 있다. 홍순명 선생은 제2세대와 가교 역할을 수행하며 실질적인 지역사회 변화를 이끌었다. 그는 풀무학교의 존재 근거가 학교공동체를 통한 교육의 이상과 본질 추구에 있다고 보았다. 또한 입시교육이 아닌 전인교육이 지향점이라고 생각하기 때문에 자기실현, 더불어 살기, 무너진 자연과 인간의 관계를 회복하기 위한 생태교육과 평화교육의 중요성을 설파해 왔다.

1세대들이 홍동면 문당리 마을 공동체를 형성하면서 공동체의 기본적 사상과 물리적 기반을 형성하였다면, 2세대들은 이를 바탕으로 지역사회에 진출하여 네트워크를 형성하면서 지역 발전을 주도했다고 볼 수 있다. 이들은 지역사회에서 협동조합, 유기농, 문화, 생산 등에서 공동체를 형성하거나 생산자 조직을 만들어 적극적으로 공동체 기반을 쌓았다. 특히 오리농법을 통해 일부 금액을 적립함으로써 마을 자산을 쌓아 놓는 등 상당한 변화를 추구했다. 1960년에 만들어진 풀무학교 소비조합, 1969년 풀무신협, 1974년 홍동신문, 1976년 유기농업의 시작, 1980년 풀무소비자협동조합 설립, 1981년 갓골어린이집 개원, 1987년 홍성군 전농회 조직, 1989년 지역교육관 준공, 1993년 벼농사 오리농업 도입, 1999년 환경농업시범마을 조성 등 지역의 역사를 규정짓는 사건들과 2세대의 역할은 밀접한 관련을 맺고 있다.

최근에는 외부에서 들어와 정착한 사람이나 2세대 자녀를 중심으로 3세대들이 홍동의 유기농업과 마을 만들기를 새롭게 준비하고 있다. 특히 3세대 그룹들은 다른 지역 성공 사례를 접목하는 노력을 펼치며 공동체가 다양한 형태로 진화하고 있음을 보여 준다. 특히 협동조합기본법 시행 이후 문화, 의료, 건축, 노인, 사회적 협동조합 등 다양한 형태의 조직으로 분화 준비를 하고 있다. 2세대의 공동체 추구 지향이 경제적 동기가 강한 영농조합을 중심으로 펼쳐졌다면 3세대는 주로 삶의 질을 추구하는 방향으로 공동체 운동을 전개하고 있다. 여기에 풀무학교 전공부 출신들이 지역에 정착하면서 더욱더 활력을 얻고 있으며 마을활력소가 지원 역할을 하고 있다.

3. 농사지으며 사는 것이 공부, 지속가능한 홍동의 추진력, 교육 인프라

홍성군청에서 6km, 홍동면에서 3마장 떨어진 곳에 갓골마을이 있다. 면사무소에서 대단히 가까운 곳에는 우리 밀 빵집과 유기농산물 가게 자연의 선물, 원예협동조합 가꿈, 그물코출판사, 느티나무헌책방 등이 옹기종기 모여 있다. 학생, 어른, 홈스쿨링하는 어린이들이 드나들며 여러 강좌를 듣고, 협의와 창조적 문화활동을 하면서 새로운 생각과 희망의 홀씨를 날려 보내는 도서관과 어린이집, 전공부, 교육농장, 논배미 사무실이 있다. 스몰톡 영상제작팀과 농민 사진작가와 뻐꾸기합창단이 드나든다. 조약돌만 한 작은 마을이지만 지역의 모든 중심지가 하향식 행정관청에서 주민의 생활과 자치와 문화가 싹트는 공간으로 이동하고 있다. 〈그림 9-6〉에 제시한 마을지도와 같이 반나절이면 다 돌아볼 수 있는 작은 지역에 각급 학교와 여러 협동조합이 하나 둘 갖추어지고 있다.

홍동이 유기농과 마을 만들기의 선진 지역이 된 배경에는 교육이 중

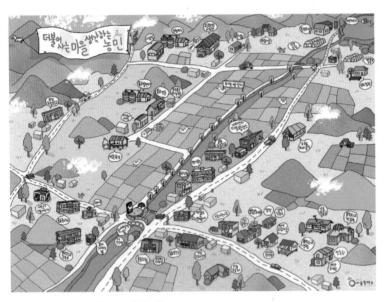

그림 9-6 • 홍동마을 지도(지역센터 마을활력소, 그린이: 주하늬)

홍동은 조약돌만 한 마을이지만 지역의 모든 중심지가 하향식 행정관청에서 주민의 생활과 자치와 문화가 싹트는 공간으로 이동하고 있다.

요한 역할을 수행해 왔다. 교육을 통해 인재를 양성하여 협력과 협동에 기초한 사회적 관계를 만들어 왔던 것이다. 충남 홍성군 홍동면은 어린이집부터 초·중·고등학교, 농민기초대학과 평생교육기관인 도서관이 있다. 초·중학교는 공립이지만, 학부모가 같은 지역에 살고, 교육부 전원학교로 지정되어 방과후 교실을 운영하기 때문에 지역의 모든 학교 간에 일관된 교육이 이루어진다. 홍동은 생애 첫 출발을 협동조직으로부터 시작할 수 있는 구조를 구축했다.

먼저 갓골어린이집은 유아교육 불모지였던 농촌 지역에서 어린이 교육의 중요성을 인식하고 주민이 협동조합 방식으로 1979년에 설립하여 운영하다가 1992년에 사회복지법인으로 전환하여 운영되고 있다. 여기에서는 농업, 우리 먹을거리, 협동, 생태적 감수성 등을 키우기 위한 다

그림 9-7 · 홍동의 다양한 주민 네트워크

양한 활동이 이루어지고 있다.

홍동초등학교는 1922년 4년제 공립보통학교로 출발하여 현재는 112명의 초등학생과 20명의 유치원생이 꿈과 희망을 키우며 살아가는 공간이다. 특색교육으로 농산어촌 전원학교, 디지털 교과서 시범학교, 생태교육과 학교 숲 가꾸기를 통한 마음 꽃피우기 등을 통해 지역사회와 연결된 학습을 하고 있다. 특히 바른 품성 5운동을 통해 동네 어르신과 함께 나들이하기, 햇빛 봉사활동으로 어르신 한글 교육하기, 지구촌 사랑 나눔 편지 쓰기 등 각종 공동체 형성을 위한 기초적 교육과 실천을 함께 진행하고 있다.

홍동중학교는 1971년 공립 홍동중학교로 개교한 작은 학교이다. 홍동중학교는 귀농 자녀들이 많이 다닌다. 따라서 생태농업교육에 대한 학부모들의 관심도 다른 지역에 비해 높은 편이다. 특성화 교과는 1학년 진로와 직업, 2학년 생태와 인간, 3학년 삶과 인성으로 구성되었다. 생태와 인간은 자연과 함께하는 생명평화교육을 지향한다. 홍동중학교 특색사업은 지역사회와 함께하는 지속가능발전교육(ESD)으로서 환경·사회·문화·경제 영역에 대한 통합적 시각을 높이는 것을 목적으로 한다. 주요한 교육 내용은 지속가능한 마을, 농촌, 농업, 문화, 생물종 다양성, 사회정의, 거버넌스 등이다. 홍동초등학교와 홍동중학교는 교육부 산하 정규 과정 학교이다.

풀무학교는 홍성군청에서 5~6km 거리에 있다. 버스로는 40~50분, 자동차로는 17~20분 정도 소요된다. 이 학교는 평민대학을 모델로 하여 학습자의 주체적 참여를 강조하고 있다. 개교 당시는 대안교육의 성격을 갖고 있었으나 현재는 정규학교로 운영되고 있다. 풀무학교 곳곳에는 오산학교와 무교회주의, 풀무학교의 교육이념을 보여 주는 상징물들이 배치되어 있다. 현관에는 교훈과 학교 설립자의 사진이 걸려 있고, 2층 계단에는 1945년 이찬갑 선생이 지은 시 「새날의 표어」와 김교신 선생님의 수제자로 한국 농업에 큰 역할을 한 유달영 박사의 시 「젊은이에게」가 액자에 담겨 있다.

강당 기둥에는 『성서조선』 창간사가 보인다. 『성서조선』은 김교신, 함석헌, 송두용 등과 한국 무교회주의자들이 1927년 7월, '조선의 희망을 성서에서 찾자'는 목표로 창간한 동인지이다. 『성서조선』 창간사 뒤에는 김교신 선생님 목판이 걸려 있다. 새겨진 글귀는 "기소욕시어인(己所欲施於人)"으로 '자신이 원하는 것을 다른 이에게 베풀어'라는 뜻이란다. 그리고 강단 화단 옆 화단에는 '위대한 평민' 돌비도 보인다. 1989년 풀무학교가 어려운 상황에 부닥쳤을 때 하천에서 발견한 큰 돌에 주옥로 선생의 필체를 본떠 학교 설립 목표인 '위대한 평민'이라는 글귀를 새겼다. 풀무학교의 현재 교훈은 '더불어 사는 평민'이다. 이 외에도 학교 중앙현관으로 들어오는 방향 오른쪽에는 본관 1층 머릿돌(1977년 10월 17일)이 있다. 머릿돌에는 완공을 도와준 국제 교회단체인 "I.C.C.O의 협력으로"라는 글귀가 새겨져 있다.

2001년 첫 입학생을 받은 이래 풀무학교 전공부는 지역 속에 지역민과 함께하는 풀뿌리 농업대학이라는 애초의 이상을 실현하기 위해 노력해 왔다.

풀무학교 전공부 교사 강국주 선생에 따르면 풀무학교 고등부는 개교 후에도 학력이 인정되지 않는 마을 속의 고등학교로 존재하다가 지난 1983년에야 비로소 고등학교 학력 인정을 받았다. 2001년 전공부를 만들면서 고등부 교원에 한해서만 교육부로부터 임금을 지원받고 있다고 한다. 전공부의 학교 재정도 대부분 전공부 선생님과 학생들이 짓는 농

그림 9-8 • 풀무학교 현관에 걸려 있는 설립자 사진과 교훈

그림 9-9 • 「새날의 표어」

사 수입과 후원회원의 자발적인 후
원비로 충당되고 있다. 전공부는 학
생 전원이 기숙사 생활을 한다. 학
생들은 오전에는 정해진 교과에 따
라 강의실에서 수업하고, 오후에는
직접 논밭에서 농사일을 배운다. 모
내기, 김매기, 추수 등 농사일이 한

그림 9-10 • 풀무학교 전공부 강의실

창인 농번기에는 특별히 실습주간을 마련해 보통 3주일에서 4주일을 농
사에만 매진한다. 농업대학인 만큼 여름방학은 두 차례의 논 김매기가
끝나는 7월 말부터 2주 정도의 휴가로 대체되고, 겨울에는 일반 대학처
럼 12월에 방학을 한다. 지역과 더불어 사는 농민을 기르는 것을 목표
로 하는 전공부의 모든 일정은 그해 농사 일정에 따라 결정된다고 한다.

홍동에는 사회교육기관으로 밝맑도서관이 있다. 밝맑도서관의 '밝맑'
은 풀무학교의 공동 설립자인 이찬갑 선생의 호에서 따온 것으로, 도서
관 건립에 드는 비용 중 1억 원의 도비·군비 지원 외에 주민의 모금과
각계의 헌금·지원 등을 통해 총 7억여 원을 마련하는 등 지역민의 힘으

로 세운 민간 도서관이다. 밝맑도서관은 평생학습과 더불어 지역주민의
역사의식을 고취하고 공동체 문화를 발전시키는 역할을 하고 있으며 주
민 스스로 자신을 성찰할 기회를 제공하고 있다.

홍동면사무소에서 3.4km 내외 안에 오리농법으로 유명한 문당환경
농업정보화마을이 있다. 문당마을 안에는 홍동 환경농업교육관이 마련
되어 있다. 환경농업교육관의 땅은 지역주민이 오리농법을 통해 기금을
조성하여 3,000여 평을 공동구매하였다. 환경농업교육관은 식당, 숙소,
유물관, 찜질방, 역사관, 전통가옥체험장, 물놀이장, 생태연못을 운영
하고 있다. 마을주민의 재교육과 마을회관의 역할을 하며 도시민에게는
농업교육을 하고 있다. 환경농업교육관은 2층 건물로 1층에는 유기농

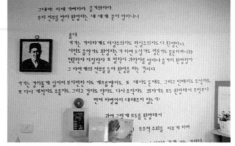

그림 9-11 · 밝맑도서관

그림 9-12 ·
문당환경농업정보화마을에 있는
환경농업교육관과 농촌생활유품관

농산물 재료로 쓰는 식당이 있고 2층에는 교육공간으로 활용할 수 있는 60여 평의 강당이 있다. 홍성환경농업교육관은 연간 2만여 명이 다녀가는데 방문자들에게 농업의 중요성을 교육하고 있다.

홍동마을을 탐방하면서 확인했듯이 홍동의 유기농업은 지역사회의 다양한 기관에서 진행한 생명과 공생을 강조하는 교육의 힘으로 발전해 온 것이 특징이다. 그 결과, 홍성은 2014년 기준으로 유기농산물 재배 지역 전국 상위 10개 시·군 가운데 재배 비중은 전국 1위, 재배 면적은 전국 8위를 점유하는 친환경 유기농업의 중심지가 되었다. 특히 합성농약과 화학비료를 3년간 사용하지 않아야 인증되는 친환경농업 최상위 인증인 '유기농산물' 인증 비율은 타 지역 평균인 20~30%에 비해 3배나 높은 85%로 전국 1위 수준이다. 그 결과 2014년 9월 29일 홍성군은 국내 최초로 유기농업특구로 지정되었다.

4. 갈등을 넘어 협력사회로: 지속가능한 홍동의 추진력, 협동조합과 네트워크 간의 연계

홍동에는 다양한 협동조직이 설립되어 활동을 전개하고 있다. 홍동은 풀무학교 이외에도 전통적으로 협동조합 운동을 경험한 지역이다. 물론 전통적인 두레 공동체와 계(契)가 풀무학교 설립 당시까지 존재하였으며 대동계와 상여계는 현재까지 존재하고 있다. 이런 협력적 기반 위에 풀무학교의 이념적 계승은 자연스럽게 협동조합 운영원리를 내재하였을 것이다. 또한 일제강점기인 1924년 '홍성소비조합'이 설립되었고 이후 전국적으로 확산되었다. 일제강점기 협동조합운동 세력은 '조선협동운동사', YMCA 주도의 농촌협동조합운동, 사회주의 계열과 물산장려 운동가들로 이들은 역사적 전통을 가지고 있다. 이런 전통 위에 오산학교 조만식의 소비조합 운동의 경험, 안창호의 이상촌건설 운동이 풀무학교를 통해 퍼지게 된다. 그 결과 지역 농민은 협동적 전통과 협동조합 운영원리를 경험적으로 체득할 수 있었다.

1970년대 이전 홍동의 협동조직은 경제적 목적이 아니라 교육 현장에서 시작되었다. 주로 자연발생적이고 전통적인 협동조직이 운영되었다. 1970년대는 박정희 정권의 새마을운동이 전개되면서 국가의 정책적 필요에 따라 설치된 조직들이 생겨나기 시작했다. 또한 풀무학교를 중심으로 하는 협동조합과 졸업생 등이 지역사회로 진출하여 작은 변화를 주도하였다.

1980년대 이후부터는 협동조합이 외부 조직과 연대하여 발전을 거듭하였다. 주로 농업생산물의 판매와 외부 생협조직과 연대를 통해 판매조직을 구축하였다. 이 시기에 풀무신협은 유기농 작목반을 설립하여 지역사회의 참여 공간을 확보하였고, 지역 생산·유통체계를 구축하였다. 그런 면에서 볼 때 유기농업이 활성화되는 데 풀무학교, 풀무생협과 풀무신협이 홍동 지역에 든든한 버팀목으로 기능했음을 확인할 수 있다.

1990년대는 협동조직이 본격적으로 조직되는 시기로 전통적 마을 발전을 주도하던 이장체제에 변화를 가져왔다. 유기농업을 중심으로 하는 새로운 생산체계가 구축되면서 풀무학교를 중심으로 한 새로운 혁신체제가 등장하였다. 이는 쇠락해 가는 지역사회에 새로운 성장 동력을 제공하였으며, 이를 통해 각종 영농조합법인이 등장하여 정부의 지원으로 새로운 변화의 전기를 맞는다. 그러나 이는 협동과 연대를 중심으로 하는 농업생활공동체에서 소득 중심의 경제공동체로 전환하는 계기가 되었다. 또한 지역 농산물 판매를 위한 소비자 확대 활동에 전념하기 시작했으며, 이를 통해 도농교류 등 도시판매 구조를 만들어 갔다.

2000년대에 들어서면서 마을 운동의 주체들이 마을 발전에 적극적으로 나서며 마을발전계획을 수립하였고, 외부로부터 이주한 새로운 세대들이 공동체 형성에 적극적으로 개입하기 시작했다. 2010년 이후에는 협동조합 기본법 발효로 인해 협동조합 설립을 준비하면서 사회적 경제 조직을 지원하는 시스템을 구축하고 있다. 특히 협동조합 기본법에 의한 협동조합들이 설립되고, 다양한 형태의 협동조합이나 공동체들이 준비되고 있다.

참고로 사회적 경제는 이윤 추구가 기본인 시장경제의 보완, 대안적 경제를 의미한다. 시민사회, 지역사회의 당사자들이 다양한 생활경제의 필요성을 충족시키기 위해 자발적으로 참여하는 경제조직으로, 사회적 기업, 마을기업, 협동조합, 커뮤니티 비즈니스 등이 포함된다.

홍동면에는 2011년 1월부터 지역밀착형 중간 지원 조직인 지역센터 '마을활력소'가 활동을 시작하면서 홍동면의 각 커뮤니티 비즈니스 주체 간의 연계성을 높이고 있다. 마을활력소는 신생 커뮤니티 비즈니스의 육성과 지원 사업 등은 구축했지만 이미 기반을 잡고 있는 풀무신협, 풀무생협, 풀무영농, 문당마을 등 기존 조직과의 연계성을 높이는 것은 여전히 과제로 남아 있다. 한편 홍성군 각 면에 분포해 있는 체험마을과 체험농가들은 농업기술센터가 육성하는 '홍성군 농촌체험관광협의회'를 통해 네트워크를 만들었다. 그리고 2012년 겨울에는 홍성협동사회경제 네트워크(이하 홍성네트워크)가 발족하였다. 홍성네트워크는 사회적 기업, 마을기업, 농어촌공동체회사, 자활공동체, 희망마을, 커뮤니티 비즈니스, 협동조합, 지역공동체 운동기관 등 여러 기관, 기업, 단체가 참여한다.

그림 9–13 • 공생공락(전각: 별웅자리표)
'농(農)'은 자연과 사람이 더불어 살고 어우러지는 것을 의미한다.

유기농과 마을 만들기가 활성화되기 위해서는 생산자, 생산자와 소비자 간 연대, 유통체계를 갖추어야 하고 제도적인 지원을 위한 협력시스템도 필요하다. 친환경농업의 실천을 통해 대안성이 강화되었다 하더라도 경제적 지속가능성이 보장되지 못한다면 친환경농업이 관행화될 수 없기 때문이다. 홍성군청과 협동조합, 사회경제 단체들이 함께하는 거버넌스(협치) '홍성통'은 2014년 안전행정부, 교육부, 농림축산식품부에서 연달아 우수 사례로 발표되면서 전국적 주목을 받았다.

홍동은 내생적 발전전략을 수립하고 유기농업을 통해 자립경제 기반을 갖추는 모습을 보였다. 외생적 발전전략은 주로 외부 자본의 투입을 통해 발전하거나 기업 등을 유치함으로써 성장하는 전략이다. 이에 반해 내생적 전략은 지역이 가진 자연환경, 생활환경, 문화, 전통, 역사, 특산물 등을 활용하여 발전하는 전략이다.

홍동은 지역에 소재하는 삶의 방식이었던 농업을 유기농으로 전환하여 지역의 자원을 활용한 사례이다. 또한 유기농업을 통해 자립기반을 만들고 일정한 수익을 창출하면서 주민의 참여가 높아졌고 이를 근거로 하여 내생적 발전전략을 구체화하였다. 2000년도 '21세기 문당리 발전 백 년 계획'이라는 내생적 발전전략을 수립하고 이를 시행하면서 구축된 자립을 기반으로 이와 연결된 새로운 형태의 공동체를 설립하였다. 지역 특산물인 한우를 활용한 영농조합, 지역 이야기를 매개로 하는 출판사, 지역 농산물, 지역에 필요한 목공소를 공동투자하여 설립하였으며, 중고서점, 우리 밀 빵 가게 등 지역 자원이 협동조직을 통해 새로운 성장 동력이 될 수 있음을 보여 주고 있다. 특히 내생적 자원으로서 주민의 협력문화는 매우 소중한 자산이다. 밝맑도서관, 환경기금 적립을 통한 환경교육관 건립, 협업적 농업구조, 마을활력센터 설립 등 대부분 주민의 협력적 문화가 자산으로 역할을 한 사례이다.

이러한 주민과의 협력적 연대감은 마을 주민에게 애착심과 신뢰감을 심어 줌으로써 또 다른 협력적 기반을 만들어 낼 수 있는 선순환 구조(로컬 거버넌스)를 형성하는 것이다.

홍성 지역 로컬 거버넌스가 보다 안정화되기 위해서는 자원(인적, 재정적)과 정보, 권한(의사결정과 정책집행), 평가와 환류(피드백) 과정에서 책임과 성찰성의 공유가 더 강화되어야 할 것으로 보인다. 거버넌스 체계 구축은 실제적인 문화적·제도적 혁신, 즉, 새로운 사회계약인 공동책임의 윤리를 만들어 나가는 것을 의미한다. 균형 잡힌 경험 교환, 존중될 필요성이 있는 공유된 원칙의 발견과 이행은 지속가능한 홍동 만들기에 기여하게 될 것이다.

● 참고문헌

권승문, 「농촌 지역의 발전 사례에 관한 연구―충남 홍성군 홍동면을 중심으로」, 성공회대학교 석사학위논문, 2011.

김경호, 「협동조합이 지역 발전에 미치는 영향에 관한 사례 연구―홍동 지역을 중심으로」, 가천대학교 경영대학원 석사학위논문, 2013.

김성균·이창언, 『함께 만드는 마을, 함께 누리는 삶』, 지식의날개, 2015.

백승종, 「오산학교에서 풀무학교로 이어진 이상촌 운동」, 『계간 지역과 학교』 통권 25호, 2012.

심승구, 「인간과 자연, 그리고 기술의 상호창조를 위한 시론」, 『인문콘텐츠』 29호, 2013.

이영신, 『풀무농업고등기술학교의 교육에 관한 연구』, 한신대학교 대학원 석사학위논문, 2003.

이창언·김광남, 『열린사회와 21세기: 마을에서 희망을 찾다』, 한국방송통신대학교출판문화원, 2015.

이창언 외, 『갈등을 넘어 협력사회로: 로컬 거버넌스 시대의 지방의제21과 지속가능한 지역공동체』, 살림터, 2014.

이창언 외, 『사회문제를 보는 새로운 눈』, 선인, 2013.

이한기, 「풀무학교에 쏟은 불꽃 열정 밝맑 이찬갑」, 『중등우리교육』 49, 1994.

정해진, 「풀무학교의 근대 교육사적 의의」, 『한국교육학연구』 19권 3호, 2013.

충남발전연구원+홍동마을 사람들, 『마을공화국의 꿈 홍동마을 이야기』, 한티재, 2014.

허장, 「유기농업의 '관행농업화'와 위기에 관한 논의」, 『한국사회학회 사회학대회 논문
　　집』, 2006.

홍순명, 『풀무학교 이야기(첫째묶음)』, 부키, 2006.

● **참고 사이트**

풀무농업고등기술학교 http://www.poolmoo.cnehs.kr/main.do

홍성신문 http://www.hsnews.co.kr

10장

대학로와 방송대

송찬섭

선택의 변

우리 대학이 자리 잡은 '대학로'는 종로구 혜화 사거리에서 이화 사거리에 이르는 1km 남짓의 길을 가리킨다. 이 길에는 예전 서울대 본부와 문리과 대학, 법과대학, 의학대학, 간호대학, 미술대학 등이 있어서 대학생과 젊은이들이 많이 모였던 곳으로, 서울대학교 캠퍼스가 관악산 아래로 이전함에 따라 문예회관, 문예진흥원, 미술회관 등 문화예술 단체들이 들어섰는데, 그 뒤로도 젊은이들이 많이 모여서 1985년에 이렇게 이름을 붙였다고 한다. 방송대가 이곳에 자리 잡은 것은 우연일까, 아니면 나름의 역사적 맥락을 찾을 수 있을까?

1. 한양의 건설과 동부 지역

고려를 대신하여 건국한 조선은 개경을 떠나 한양으로 도읍을 옮겼다. 국토의 중심이자 한강변에 자리 잡은 이곳을 조선이 표방하는 민본 정치의 구심점으로 삼았다. 조선 이후 지금까지 서울을 중심으로 한국사가 전개되었다고 봐도 무방할 정도였다.

한양, 곧 서울은 고려시대부터 풍수가들에 의해 주목받는 곳이었는데 조선왕조를 개창하면서 이곳을 수도로 삼았다. 서울은 지형적으로는 내사산(內四山, 백악산, 낙산, 목멱산, 인왕산)으로 둘러싸였는데, 더 멀리 외사산(外四山, 북한산, 관악산, 아차산, 덕양산)이 에워싸고 있다. 경도 내에는 서북쪽이 높고 동남쪽이 낮았다. 그 가운데 궁성의 주산인 백악(북악산)을 중심으로 도읍이 이루어졌다. 서울의 수로는 백악과 인왕산 사이에서 발생하여 동쪽으로 흘러 도성의 중앙을 가로질러 개천(청계천)이 되고 여러 계곡의 물을 모아 중량포에서 한강으로 합류한다. 이 물줄기는 5부를 구분하는 중요한 기준이 되고 있다.

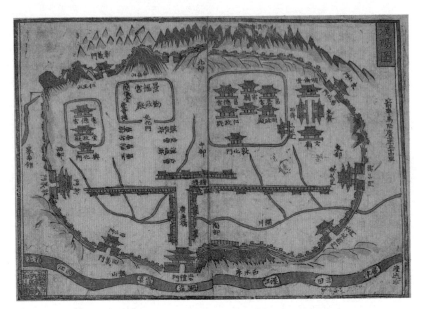
그림 10-1 • 서울 도성의 기본 구조(위백규 편찬, 「한양도」, 1770, 서울역사박물관 제공)

서울은 수도(경도)와 성저를 포함한 한성부로 구성되었다. 특히 도성으로 둘러싸인 경도는 주로 성곽·궁궐·단묘(壇廟, 사직단, 원단, 선농단 등의 단과 종묘, 문묘 등의 묘) 원유(園囿)·문직공서(文職公署)·무직공서(武職公署) 등으로 이루어졌다.

서울의 지형에 맞춰 건설사업이 이루어졌다. 먼저 경복궁을 건설하고, 성균관과 문묘를 만들었으며, 좌묘우사(左廟右社)에 따라 종묘와 사직단을 만들었다. 도성은 19km로 쌓았으며, 흥인문·돈의문·숭례문·숙정문 등 4대문과 혜화문·광희문·소의문·창의문 등 4소문을 설치하였다. 용산강에는 군자창고를 만들고 개천 공사를 위해 개천도감을 설치했으며, 제방, 수문, 다리를 만들었다. 그리고 행랑 2,700칸의 시전을 만들었다. 또한 도로는 돈의문에서 흥인문에 이르는 동서대로와 종각에서 숭례문에 이르는 남북대로를 만들고, 성내 도로망이 형성되어서 작은 거리와 골목길도 생겼다. 서울을 중심으로 전국 도로가 형성되었으며, 의주대로, 영남대로, 평해대로, 삼남대로, 경흥대로, 강화대로 등 6대로가 만들어졌다.

다음은 행정체계를 살펴보자. 자연적 조건을 이용하여 부와 방 체제로 구성되었다. 먼저 동, 서, 남, 북, 중 5개 부로 이루어졌으며, 그 아래 방이 있는데 태조 때 52방(동부 12방), 세종 때 49방(동부 11방), 영조 때 43방(동부 6방), 고종 때 47방(동부 7방)으로 약간씩 변화가 있었다. 방의 이름은 대부분 유교 용어를 사용하고 있다. 이런 점에서 불국토를 꿈꾸었던 삼국, 고려에 비한다면 조선은 유국토(儒國土)신앙을 담았다고

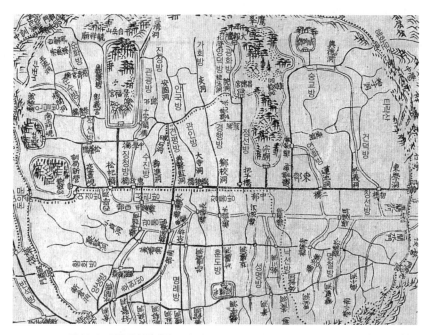

그림 10-2 • 서울의 부방체제[「도성삼군문분계지도」(부분도), 1751. 성신여자대학교 박물관 제공]

할 수도 있을 것이다.

먼저 부의 위치는 대략 〈그림 10-2〉와 같다. 곧, 수도는 중앙의 개천을 중심으로 남북으로 구분하며 북쪽은 중부와 동부, 남쪽은 남부로 삼았다. 또한 북쪽의 인왕산 아래 백운동수와 남쪽의 남산 아래 창동천수를 기준으로 북쪽은 서부와 북부, 남쪽은 서부와 남부로 구분하고, 북쪽의 북산 아래 북영천을 중심으로 서쪽은 북부, 동쪽은 동부로 구분하고 있다. 북부와 중부는 경복궁의 광화문과 창덕궁의 돈화문을 기준으로 북쪽은 북부, 남쪽은 중부로 구분하고 있다. 궁궐을 중심으로 볼 때 경복궁과 창덕궁의 사이는 북부, 그 앞은 중부, 경복궁의 서쪽은 서부, 창덕궁의 동쪽은 동부, 개천의 남쪽은 남부로 삼고 있었다. 나아가 수맥은 구체적으로 부 아래 방의 경계로도 이용되었다.

부의 비중과 특색은 각각 달랐다. 통치를 위한 가장 중요한 곳은 개천의 북쪽이자 주산 백악 아래인 북부였다. 이는 제왕은 모두 남쪽을 앞으로 하여 나라를 다스렸다는 동양의 전통적인 통치사상에 근거하였다. 따라서 백악을 주산으로 한 경복궁, 응봉을 주산으로 하여 창덕궁, 그 뒤로도 창경궁 등이 북부에 자리 잡았다. 경운궁, 경희궁 등은 서부에 있었다. 관청의 경우도 육조뿐 아니라 종친부, 의정부 등 중요한 관청은 궁궐을 중심으로 북부에 자리 잡았으며 중부와 서부에도 많은 관청이 있었다.

서울에는 어떤 사람들이 살고 있었을까? 세종대(1428) 한성부 오부의 호수는 1만 6,921호 인구 약 10만이었다. 이후 인구 변화를 보면 조선 후기에는 4~5만 호에 20여 만이었다. 거주민으로는 궁궐을 제하고, 관원이 800~1,000명 정도, 관아 부속 아전 수는 270여 명, 왕궁의 시녀, 환관, 점술가, 무당 등이 4,000여 명, 관아 경공장의 장인 2,840여 명,

상인 4,700여 명, 각 공서의 노비 3,600여 명 등이었다.

거주지를 중심으로 설명할 때는 북촌, 남촌, 동촌, 서촌, 중촌, 우대, 아래대 등의 이름으로 구분하기도 하였다. 조금 늦은 시기지만 서울 지역별 거주층은 다음과 같이 설명되고 있다.

> 북산 밑을 북촌, 남산 밑을 남촌, 낙산 근처를 동촌, 서소문 내외를 서촌, 장교, 수표교 어름을 중촌, 광통교 이상을 우대, 효교동 이하를 아래대 …… 라 하여 동서남북의 네 촌(통칭왈 사산) 밑에는 양반이 살되 북촌에는 문반, 남촌에는 무반이 살았으며 또 같은 문반의 양반이로되 서촌에는 서인(조선의 전체를 망해 버린 소위 사색구별의 시조인 서인 동인의 칭호가 생긴 원인은, 서인의 장본인 심의겸은 서촌 정동에 살고 동인의 장본인인 김효원은 동촌 연동에 살은 고로 서인 동인이라 한 것이다)이 살았으며, 그 후 서인이 다시 노론 소론으로 나뉘고 동인이 다시 남인, 북인, 또 대북, 소북으로 나뉨에 미쳐는, 서촌은 소론, 북촌은 노론, 남촌은 남인이 살았다고 할 수 있으나 사실은 소론까지 잡거하되 주로 무반이 살았으며, 그리고 동촌에는 소북, 중촌은 중인, 우대는 육조 이하의 각사에 소속한 이서배 고직 족속이 살되 특히 다동 상사동 등지에 상고(통칭 시정배)가 살았고 아래대는 각종의 군속(장교 집사 등류)이 살았으며 특히 궁가를 중심으로 하여 경복 서편궁 누하동 근처는 소위 대전별감(궁가의 예속)파들이 살고, 창덕궁 동편의 원남동, 연지동 근처는 무감 족속이 살았으며, 동소문 안 성균관 근처는 관인(속칭 관사람)이 살고……
>
> ―「예로 보고 지금으로 본 서울 중심세력의 유동」(『개벽』 48호, 1924. 6.)

조선 후기를 기준으로 해서 도성 내 거주 공간으로 본다면 북악, 인왕산, 낙산, 남산 등 네 산의 밑을 중심으로 양반들이 살았는데, 주로 당색에 따라 북촌에는 권력의 중심인 노론, 남촌에는 남인, 서촌에는 소론, 동촌에는 소북 등이 나뉘어 살았고, 중앙에는 주로 중인이나 이서, 상인들이 살았음을 설명하고 있다. 위에서 동촌뿐 아니라 아래대 창덕궁 동편의 원남동, 연지동, 동소문 안도 동부에 속한다.

2. 동부 지역의 공간과 역사

그렇다면 방송대가 자리 잡은 동부는 어떤 곳일까? 서쪽은 창덕궁, 창경궁, 종묘로 막혀 있고, 동쪽으로는 낙산이 지키고 있으며, 남쪽으로 개천이 흐르는 그 사이라고 하겠다. 응봉에서 내려오는 맥이 서울대 병원이 있는 마두산까지 내려오니 이 자체도 하나의 분지 형태라고 할 수 있다. 낙산에 올라가 내려다보면 공간이 한눈에 들어온다.

행정체제에 대해 살펴보자. 대략 남북선으로 본다면 종묘에서 동대문까지의 공간이다. 한쪽은 창경궁, 종묘 등과 접해 있지만 궁궐의 구성원들과는 크게 관련이 없는 듯하다. 부방제도로 형세를 보자면 동부는 숭교방, 연화방, 건덕방, 창선방, 숭신방, 인창방으로 이루어졌는데, 앞서 이야기했듯이 방의 구성도 물길과 연결되어 있다. 숭교방은 성균관 흥덕동 제천수의 북쪽, 연화방은 성균관 흥덕동 제천수의 서쪽, 건덕방은 성균관 흥덕동 제천수의 동쪽, 창선방은 개천 북쪽과 종로 남쪽의 사이, 숭신방은 성 밖 흥인문 북쪽, 인창방은 성 밖 개천 북쪽과 흥인문 앞쪽 등으로 이루어졌다. 경모궁방도 한때 설치했었는데 정확한 위치는 알 수 없다.

그림 10-3 • 동부의 물길과 방 구성(『도성삼군문분계지도』의 일부)

동부를 관할하는 한성부 동부관아는 연화방 인의동에 있었다(현재 창경궁로 라마다호텔 앞). 이 지역에는 신앙, 의례와 관련된 기관으로서는 종묘, 문묘, 동묘 등이 있었다. 군사기관으로는 훈련과 무술 시험을 보던 훈련원이 있었고, 조선 후기에 설치되었던 군영으로서 직업군대라고 할 수 있는 훈련도감, 인조 때 설치되었던 어영청, 정조 때 설치되었다가 이후 폐지된 장용영 등이 있었다. 동대문을 나서면 넓은 벌판이어서 목장지대가 펼쳐졌고 이와 관련하여 마조단, 선목단, 마사단, 마보단 등의 향사시설이 있었다. 동부에는 앞에서 보았듯이 동촌에는 일부 양반들이 살았고 성균관 근처에는 관인, 창덕궁 동편의 원남동, 연지동 근처는 무감, 개천의 하류지역인 아래대에는 앞서 군영과 관련하여 군인들이 많이 살았다. 그밖에는 상공업, 농업 인구가 많다. 지형적으로 낮기 때문에 농사를 많이 지었는데 농업인구는 다른 부에 비해 월등히 높았다. 농업 특히 채소 재배를 많이 해서 내다 팔면서 배우개장(현재 창경궁로 세운스퀘어 자리, 그 뒤 지금의 광장시장 자리로 옮겨 갔다)이 발달하였다. 앞서 군영의 군인들도 농사지은 채소를 내다 파는 등 상업에 나섰다.

이 지역에서 가장 중요한 기관은 성균관일 듯하다. 사실 성균관은 창덕궁과 맞붙었기에 동부라는 지역으로 설명하는 것은 너무 형식적일 수 있다. 그러나 성균관은 신앙 공간만이 아니라 이를 둘러싸고 살아가는 사람들도 상당히 많고 지역도 넓다. 성균관 아래 숭교방(崇敎坊)이라는 이름을 붙인 것도 성균관이 있기 때문이다.

성균관은 1398년 준공하여 화재를 당한 뒤 성종대에 완성하여 임진왜란 이후 다시 복구하였다. 성균관의 '성(成)'은 "인재를 이룬다(成人材之未就)", '균(均)'은 "풍속을 고르게 한다(均風俗之不濟)"에서 땄으니, 성균관은 인재를 양성하고 풍속을 바르게 하는 기관이란 뜻이다. 성인을 모시는 곳이니 실제로 공자를 모시는 대성전이 공부를 하는 명륜당보다 선행한다. 대성전에는 5성, 공자 문하의 10철, 송나라 6현, 그리고 부속건물인 동무와 서무에는 공자 문하의 62제자, 중국 역대 유학자, 우리나라 18현 등 112위를 모셨다. 명륜당은 강학을 하는 공간이다. 그 앞에 설치된 동재와 서재는 각각 28칸(14개 방)으로 나뉘어, 여기서도 생원, 진사 등이 머무는 상재와 사학생, 유학 등이 머무는 하재로 구분된다. 그리고 학생들이 기숙사를 떠난다는 것은 일종의 동맹파업에 해당하므로 조정에서 큰 소동이 일어날 정도였다. 단순히 교육기관으로 끝나는 것이 아니라 학생들이 머문다는 사실이 중요하다. 이곳이 전국 각지에서 올라온 많은 학생들의 일상생활과 활동 공간이기도 하다는 것이다.

성균관 아래에는 관련된 사람들이 사는 반촌(泮村)이 있

그림 10-4 • 성균관의 위치(「한양도성도」 19세기 초, 리움미술관 제공)

다. 경모궁 오른쪽 위에 궁지(연지)가 있고, 그 오른쪽에 응란교가 있는데 그 북쪽이 반촌이다. 이곳은 일종의 치외법권 지역이다. 그리고 큰길을 기준으로 동반촌, 서반촌을 나누었다. 마을 어귀에 하마비, 마을 어귀 서쪽에는 배오개길과 통하는 박석고개가 있었으며, 박석고개에서 마을 어귀로 들어오는 곳에 돌다리가 있었다. 반촌에는 현방(懸房)이라는 고기점들이 있어 반민들로 하여금 고기를 팔아 생계를 삼게 하고 세금으로 내는 고기로 태학생들의 반찬을 이어 가게 하였다. 반촌에서는 18세기 말 서학과 관련된 사건이 벌어지기도 하였다. 1787년 이승훈, 정약용 등이 반촌의 김석태 집에 모여 천주교 서적을 연구하다가 발각된 일이 있었다.

성균관과 함께 교육기관으로 동부학당(종로 6가 현재 동대문 성곽공원)이 있었다. 본래 동·서·남·북 학당과 중부학당이 있었는데 북부학당은 폐지되어 사부학당으로 구성되었다. 동부학당 근처에는 인의동, 예지동, 효제동, 충신동 등과 같이 『논어』에서 딴 유교적 이름이 많다.

동부 쪽이 발달하기 시작하는 배경에는 상업의 발전이 있지 않을까 한다. 국초에 형성된 종로 시전, 그 뒤 남대문 칠패시장, 소의문 밖 시장과 더불어 동대문 배오개시장도 중요한 시장이 되었다.

방송대가 자리 잡은 동숭동은 도성 동쪽의 주봉인 낙산 아래인데, 여기에는 아늑한 계곡이 있고, 예부터 소나무, 전나무 등 수림이 우거져서 명승지로 유명하였다. 이런 풍경을 따서 백동, 쌍계동, 이화동 등 동명을 이루었고, 거리상으로도 창덕궁, 창경궁에서 멀지 않아 조정 관원들, 특히 산수풍경을 즐기는 문신들이 이 근처에 살면서 정원과 누정을 꾸몄다. 낙산 기슭에 자리 잡은 동숭동은 일찍부터 경치가 아름다운 곳으로 손꼽혔다. 지금의 종로구 이화동과 동숭동 일대에는 쌍계동이 있었

는데 암석이 기이하고 수림이 울창한 사이로 두 줄기의 맑은 시냇물이
흘렀다.

3. 한말, 근대학교의 성립과 동부

서울에 관한 이런저런 책자를 봐도 동부 지역에 관해서는 성균관, 종
묘를 제하고는 다룰 내용이 별로 없다. 한말 근대화 과정에서도 마찬가
지이다. 주로 궁궐이라든가 북촌을 중심으로 근대 문물의 도입이 이루
어졌다. 근대교육기관도 마찬가지이다.

한말 근대학교가 만들어지기 시작하던 무렵 이곳은 중심지가 아니었
다. 〈그림 10-5〉에서 보듯이 조선조 고위관료들이 모여 살았던 북촌 일
대라든가, 경운궁이 대한제국의 법궁이 되고 각국 공사관이 밀집해 있

그림 10-5 • 한말 도성 내 교육기관(『아틀라스 한국사』, 16쪽, 사계절출판사 제공)

었던 정동 쪽이 중심이었다. 북촌의 휘문의숙(1906), 기호학교(1908), 정동의 배재학당(1885), 이화학당(1886), 언더우드학당(1886), 정동여학교(1887) 등이 있다. 그런 가운데 동부 쪽에는 연못골(현재 연동)에 학교가 들어섰다. 그리고 1894년 신도들이 중심이 된 초가집에서 연동교회가 시작된 이래 미국북장로교회 선교부가 교회 서쪽 연못골에 땅을 매입하였으며 교회는 날로 성장하였다. 1895년 정동에 있던 정동여학교가 이전하여 학교 이름도 연동여학교, 연동여자중학교로 바뀌었다가 1909년 정식 사립학교 인가를 받으면서 정신여학교라는 이름을 갖게 되었다. 한편 정동의 언더우드학당이 설립된 지 10여 년 뒤 문을 닫았는데 1901년 연동교회 부속건물에서 예수교중학교로 다시 개교했다가 1905년 경신학

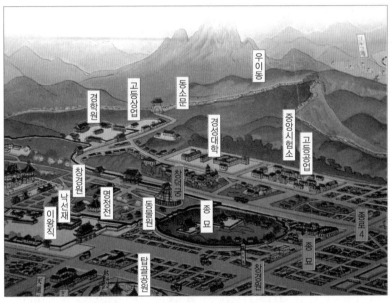

그림 10-6 • 일제강점기 경성전차안내도에 실린 동부 일대 중요 건물 배치도
(창경원, 창덕궁, 종묘, 종로4 등 다른 색으로 표시된 명칭은 전차 정거장 이름임)

교로 개명하였다. 정신여학교와 경신학교는 경영자는 물론 선생과 학생 모두 연동교회 출신이었고, 우리나라 교육뿐 아니라 사회운동, 종교활동에 큰 역할을 하였다. 특히 정신여학교 출신의 김마리아가 이곳에서 대한애국부인회를 조직하였기에 독립운동의 근거지가 되었다.

연동 일대와 더불어 동부 지역에 큰 변화를 가져온 것은 독일 베네딕트수도회에서 지금 혜화로터리 쪽에 우리나라 최초의 수도원인 백동수도원(1909)을 세운 일이었다. 여기서 천주교 최초의 직업학교인 숭공학교(1910)와 사범학교인 숭신학교(1911)를 세웠다. 그 뒤 백동수도원이 북한 지역인 함경도 덕원으로 옮겨 가면서(1921) 학교도 폐교되고 그 뒤 이곳에 현재의 혜화동성당(1927)과 학교(동성상업학교)가 들어섰다.

게다가 이 일대 궁방소유지가 많은 점을 이용하여 관립학교가 만들어지면서 더욱 중요한 곳이 되었다. 1907년 경모궁 마두산에 대한의원이 세워졌고, 대한의원 교육부에서는 학생들을 모집하였다. 대한제국의 상공업진흥책과 관련하여 1907년 낙산 기슭에 경성공업전습소가 설립되었다. 비록 식민화의 길목이지만 조선공업의 열망이 들어 있었다.

일제강점기에는 이 일대의 근대교육이 어떻게 전개되었을까? 〈그림 10-6〉에 제시한 지형도 속에서 짐작할 수 있다. 현재의 창경궁로를 경계로 하여 왼쪽으로는 창덕궁을 가리키는 명정전과 창경궁이 놀이시설과 동물원을 갖추면서 바뀐 창경원, 종묘 등이 보인다. 오른쪽 상단으로는 성균관이 바뀐 경학원, 경성제국대학을 중심으로 고등상업학교, 고등공업학교, 공업전습소에서 바뀐 중앙시험소 등이 자리 잡고 있다. 가장 큰 변화는 중앙시험소 설립에서부터 경성제국대학 등을 설립한 것이다.

1910년대 당시 신문기사에는 이 지역의 건설 모습을 잘 담고 있다.

낙락장송이 어슷비슷한 낙타산 아래에 4, 5천 평의 광활한 토지를 점하고 공업에 있어 일체를 실지 및 학리로 가르치는 총독부 공업전습소는 굴뚝으로 끊임없이 매연을 토하고 있다. 각종 기계의 굉굉하게 돌아가는 소리는 금년도부터 전문학교로 승격되는 준비를 하는지 다수한 인부는 흙을 파고, 기둥을 세워 교실과 공장을 짓는 사업을 시작하는 모양이다.

－「경성행각」(『매일신보』, 1916. 3. 11.~3. 23.)

1916년 학교와 공장을 짓는 소리가 활발하였다. 여기서 전문학교란 경성고등공업학교였다. 경성고등공업학교는 본래 1899년 상공학교였는데, 1904년 농상공학교(수송동 제용감)로 바뀌었고, 1906년 농과(수원농림학교)·상과(선린상업학교, 1913. 용산구 청파동)·공과(공업전습소)로 나뉘었다. 공과가 공업전습소였는데 1916년에 위 신문기사와 건설 과정을 거쳐 경성고등공업학교가 들어섰다. 해방 후 1946년 경성광산전문학교와 함께 경성제국대학 이공학부 공학계를 흡수하여 서울대학교 공과대학이 되었다. 1920년대에 조선인들이 스스로 대학설립운동을 벌이자 일제는 그 대책으로 공업전습소 옆 자락 왕실사유지에 경성제국대학을 세웠다 (1924. 5.). 예과 개교(1924. 5.), 법문학부(1926), 의학부(1927), 이공학부(1938) 등으로 이어졌다.

성균관 아래 숭이동에는 1920년 경성고등상업학교가 들어섰다. 본래 1907년에 재동경 동양협회전문학교 경성분교(중구 필동 1가 24번지)가 세워졌다. 동양협회는 식민지 관리대책을 연구·지원하는 단체였다. 이것이 몇 차례 변화를 거쳐 1920년 사립 경성고등상업학교로 바뀌어 명륜 2가동(당시 숭이동)으로 옮기고, 이것이 다시 1922년 관립 경성고등상업학교가 되었다. 일제강점기 말기인 1939년 종암동으로 이전하였고,

1943년 경성경제전문학교가 되었다가 1946년 서울대학교 상과대학으로 통합되었다.

4. 대학로와 방송대, 함께 둘러보기

대학로와 방송대를 둘러보려면 어떤 곳에 주목하고 둘러봐야 할까? 먼저 개략적인 지형을 이해하면 좋을 듯하다. 조선 후기의 모습을 먼저 머릿속에 넣어보자. 낙산 등이 둘러싼 공간과 성균관, 경모궁 등의 자리, 혜화문에서 들어오는 길과 숭교방, 연화방, 건원방 등의 위치, 성균관을 감싸고 내려온 개천이 흥덕동을 지나 남쪽으로 내려와서 청계천과 합친 물줄기 등 이곳이 오늘날 변한 모습과 이 글에서 의도하는 역사의 흔적들을 찾아보자.

대학로는 방송대가 있는 동숭동, 서울대 병원이 있는 연건동, 동숭동 위 혜화동 등이 중심이라고 하겠다. 가장 중심인 동숭동은 1894년 갑오개혁 행정구역 개편 때 쌍계동, 하백동, 신대동, 상백동 등으로 형성되었다. 현재 방송대 정문을 기준으로 살펴보자.

이 일대는 1907년부터 공업전습소 → 경성제대 → 서울대 → 방송대로 옮겨 왔지만 그 중심은 조금 차이가 있다. 공업전습소는 현재 목조건물 자리에 있었다. 그렇지만 현재 목조건물은 정확하게는 공업전습소가 아니다. 일제강점기인 1912년 조선총독부 중앙시험소가 설립되면서 공업전습소는 중앙시험소 부속 교육기관으로 편입되었다. 이때 이전 공업전습소 건물은 헐고 중앙시험소 청사를 새로 지었는데 그것이 오늘날 남아 있는 건물이다. 그리고 공업전습소는 다른 건물에서 운영된 것으로

보인다. 그렇다면 이 건물은 한말 시기가 아니라 일제강점기에 건축된 셈이다. 그렇지만 여전히 공업전습소라는 이름과 사적 279호라는 지위는 유지하고 있다. 어쨌든 르네상스 양식이며 벽은 독일식 비늘판이다.

목조건물 내 전시관을 먼저 둘러본다면 공업전습소에서 현재 방송대까지의 연혁을 간략하게 알 수 있다. 이곳은 근대 산업교육의 발상지로서 시작되었다. 한말 시기에 근대화로 나아가기 위해서는 상공업 진흥책이 필요하였고,

그림 10-7 · 현재 대학로

그 과정에서 이곳에 경성공업전습소가 설립되었다. 초창기 학과는 염직, 도기, 금공, 목공, 응용화학, 토목 등 6과에 수업 연한은 2년이었으며, 1912년 중앙시험소로 개칭하였다. 1916년 경성공업고등학교와 경성공학교가 분리되어 지금 남아 있는 본관은 중앙시험소로 사용하였다.

이 건물은 해방 후에는 상공부 소속 국립공업연구소, 국립공업시험원을 거쳐 방송대가 사용하게 되었다. 서울대가 관악구로 이전한 뒤 방송대가 이 공간을 본부 등으로 활용하면서 중앙시험소 건물은 여러 차례 보수를 하는 과정에서 폐쇄하기도 하였다. 1980년대에 필자가 몇 차례

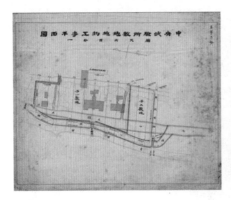

그림 10-8 · 중앙시험소 청사 설계도와 현재의 모습

방송대에 들렀을 때는 이 건물은 학보사에서 사용하고 있었다. 요즘은 말끔하게 수리해서 세미나실 등 여러 용도로 쓰고 있다. 개교 40주년을 기념하는 과정에서 '역사관'으로 이름을 고쳐 방송대, 나아가 대학로의 상징적인 건물로서 활용하고 있다.

　다음으로 여기서 흔적을 찾을 것은 50년간 동숭동을 지켰던 경성제대와 서울대학교이다. 먼저 경성제대의 흔적을 찾아보자. 방송대 조금 위쪽에 마로니에 공원의 남단을 지키고 있는 경성제대와 서울대학교 본관 건물이 남아 있다. 1926년 경성제대를 만들 때 법문학부와 의학부만 두었으니 지금 마로니에 공원을 중심으로 한 지역과 길 맞은편 서울대 병원 쪽만 경성제대에 포함되었다. 본관은 한국문화예술진흥위원회 청사로 이용되다가 2010년부터 '예술가의 집'으로 새롭게 이름을 바꾸었다.

　경성제대 예과는 수업 연한이 2년으로 조선에는 고등학교 과정이 없어 반드시 예과를 거쳐야 했기에 일본 내 제국대학과 비교한다면 식민지의 차별을 받은 셈이다. 학부에는 3년제 법문학부(오늘날 인문계열)와 4년제

의학부가 있었으며, 1938년 이공학부가 추가되었다. 법문학부는 법학과, 문학과, 사학과, 철학과 등 4개 학과로 이루어졌다.

해방 후 미군정의 국립 서울대학교 설립안('국대안')에 따라 경성제대와 여러 관립 전문학교를 통합하여 이곳을 중심으로 국립서울대학교가 설립되었다. 서울대학교 중심으로 살펴본다면 본부가 있는 문리대뿐 아니라 문리대 아래 구름다리로 연결되어 있던 법대(경성제대 법학과와 경성법학전문학교가 통합), 의대(경성제대 의학부와 경성의학전문학교가 통합) 자리는 경성제대 시절과 달라진 바 없다. 그리고 해방 후 '국대안' 때 반대운동이 일어났던 사실과 그 과정을 거쳐서 종합대학에 편입되었던 여러 전문학교와 관련된 현장도 알아본다면 좋을 것이다. 가령 공업전습소가 1916년 경성고등공업학교로 바뀌었음은 앞서 이야기를 했지만 이것이 1946년 경성광산전문학교와 함께 경성제국대학 이공학부 공학계를 흡수하여 서울대학교 공과대학이 되었다. 예술대학(음악부, 미술부)도 이때 만들어졌는데 이화사거리(오늘날 홍익대학교 국제디자인전문대학원)에 있었다. 그 뒤 1953년 미술대학과 음악대학이 분리되었다. 이들 단과대학은 대학로와 조금씩

그림 10-9 · 경성제국대학 전경과 대학 본관(현 예술가의 집)

인연이 있었다.

경성제대, 서울대학교 문리대가 이제 마로니에 공원으로 바뀌었는데, 이곳에서 기억하면 좋을 인물이 공원 한쪽에 서 있는 김상옥이다. 아마도 그가 태어난 곳과 죽은 곳이 이 일대여서 이곳에 둔 듯하다(집터-종로구 창신동, 사망-종로구 효제동). 그는 3·1운동 때 일본 경찰이 한 여학생에게 칼을 내리치려는 것을 보고 경찰을 때려누이고, 그 뒤 1920년 상해로 망명하여 의열단에 가입했다. 1923년 총독을 처단하러 서울에 들어왔다가 종로경찰서에 폭탄을 던졌고, 이후 경찰에 쫓기면서 종로구 효제동 일대에서 일본 경찰과 총격전을 벌여 여러 명을 사살한 뒤 마지막 한 발로 목숨을 끊었다. 그야말로 경성을 열흘간 뒤흔든 역사의 주인공이었는데, 이제 공원 한편에서 조용히 이곳을 지켜보고 있다.

경성제대와 관련해서 또 하나 현장을 찾는다면 법문학부 교수 미야케 (三宅鹿之助) 관사이다(동숭동 25, 대학관사 19호). 미야케는 경성제대 교수로 있으면서 학생들과 적색독서회를 조직하여 반제국주의 투쟁을 하였다. 그리고 1933년 말부터 당시 공산당 재건운동을 이끌던 이재유(1905~1944), 권영태(1908~?) 등과 접촉해서 자신의 관사를 거점으로 공산주의운동의 근본방침을 수립하는 작업을 했다. 그 과정에서 유명한 사건이 벌어졌다. 사회주의자 노동운동가 이재유는 1934년 1월 경찰에 체포되었지만 4월에 탈출하여 미야케의 관사에 숨어들었다(4. 14~5. 21). 공산당 재건운동에 관여한 사실이 밝혀져 5월 미야케가 체포되었지만 그가 계속 진술을 하지 않고 시간을 버는 사이에 이재유는 또다시 사라져 버렸고 경찰이 미야케로부터 사실을 들은 뒤는 이미 늦었던 것이다. 제국대학의 교수가 식민지 운동가를 숨긴 희대의 사건으로 미야케는 교수 자리에서 물러났다. 그 뒤 1936년 12월 25일 이재유는 다시 체포되어 1944년 10월,

그림 10-10 • 미야케 교수(왼쪽)와 그의 관사(가운데), 그리고 현재의 위치(오른쪽)

해방을 불과 몇 개월 앞두고 옥사하였다. 관사 자리는 종로교회 주차장 등으로 사용되다가 최근 대학로 뮤지컬 센터가 들어섰다.

다음으로 중요한 곳은 서울대학교 의과대학과 병원이다. 본래 이곳은 창경궁 외원(外苑)인 함춘원이 있던 곳인데 1764년 순화방(종로구 순화동)에서 사도세자의 사당인 수은묘가 옮겨 왔다가 1776년 정조가 즉위하면서 경모궁으로 이름을 바꾸었다.

1907년 대한의원 건물을 착공하여 다음 해에 완공되었는데 언덕 위에 우뚝 세워진 건물은 동부 일대의 경관을 바꾸었다. 이곳을 선택한 이유는 무엇일까? 궁 소속인 데다가 창덕궁 등 궁에서 가장 가까운 곳으로 선정한 것일까? 1910년 일제 강점과 함께 이곳은 조선총독부병원이 되었고 의학강습소를 두었다가 1916년 경성의학전문학교가 세워졌으며, 경성제대가 설립된 뒤 1926년 경성제대 의학부와 병원이 되었다. 해방 이후는 자연히 서울대학교 의대와 부속병원이 되었다. 1979년 서울대 병원 신관이 개원함에 따라 병원 연구소로 쓰이면서 근래에는 의학박물관도 들어섰다. 여기에는 부속건물도 있었으나 신관을 만드는 과

그림 10-11 • 대한의원(왼쪽)과 지석영 동상(오른쪽)

정에서 본관만 남기고 모두 철거되었다. 의학박물관에 들르면 대한의원 이래 병원의 역사를 훑어볼 수 있다. 뜰에 대한의원 의육부 학감을 지냈 던 지석영(1855~1935) 동상이 있다. 지석영은 종두법을 도입, 보급하였고 근대의학 교육기관인 관립의학교 초대 교장 등을 역임했으므로 근대 의 학사에서는 중요한 역할을 했으나 1894년 동학농민전쟁 때는 대구감영 판관으로 농민군 토벌에 나서기도 하였다. 이를 보면 역사 속 '인물평가' 의 기준에 대해 생각해 보게 된다.

병원 건물에서 대학로 쪽으로 내려오다 보면 지금의 어린이병원과 함춘회관 사이에 양식 2층집이 있었다. 이 건물은 해방 전 경성제국대 학 의학부 식당으로 사용하다가 해방 후에는 외국인 교수 숙소로 쓰였 다. 이곳이 중요한 이유는 3·1운동의 증인으로 유명한 스코필드(Frank W. Schofield, 1889~1970. 한국 이름 석호필) 박사가 1958년부터 이곳에 머물렀기 때문이다.

스코필드 박사는 유명한 수의학 연구자였다. 그는 서울대 병원 안에 있었던 수의대 학장에게 이곳에서 일하고 싶다고 하였고 곧바로 수의대 교수 대우를 받았다. 그가 거처로 삼은 곳이 바로 이곳이었다. 교육에 대한 스코필드 박사의 뜻은 높고 넓었다. 수의대뿐만 아니라 여러 곳에서 강의를 하는 한편으로 봉사와 장학 사업에도 뛰어들었다. 이곳에는 그에게 장학금을 받은 학생들이 많이 드나들었다. 한국의 모든 학생과 어린이들을 가슴에 품고 싶었던 것이 아닐까 할 정도로 그의 이상은 컸다. 그 때문에 스코필드 서거 이후의 장학 사업으로, 서울대 스코필드 장학금이 1971년부터 지급되기 시작하고, 1999년 캐나다 토론토에서 교포들이 조직한 '스코필드장학회'도 있고, 2007년부터 서울대 수의대에서 조성한 스코필드박사추모 장학기금이 있고, 2016년 스코필드기념사업회 산하 스코필드장학문화사업단이 출범했다고 한다. 한편 그가 있었던 기간 동안 4·19혁명이 일어났다. 이때는 특히 대학로가 중요한 역사적 현장이었다. 스코필드 박사는 일제강점기 3·1운동을 적극적으로 외부에 알렸던 '최초의 푸른 눈의 목격자'였다. 식민 지배를 비판했듯이

그림 10-12 • 푸른 눈의 목격자, 스코필드 박사(왼쪽)와 그의 숙소

1968년 건국공로훈장을 받았을 때의 모습(왼쪽). 그는 1970년 한국에서 생을 마쳐 동작동 현충원 애국지사 묘역에 묻혔다. 그가 숙소로 삼았던 건물은 한동안 서울대 보건대학원에서 사용하다가(가운데, 1966년 2월 서울대 보건대학원 졸업사진), 1972년 방송대가 개교하면서 이곳을 차지, 개교를 알리는 간판이 걸렸다(오른쪽).

독재체제에 대해서도 비판적이었던 그는 이곳 대학로에서 직접 지켜본 4·19혁명을 응원하지 않을 수 없었다.

그 뒤 스코필드 박사는 고국 캐나다에 왕래하면서 돌아가실 때까지 한국에 머물렀다. 이 건물은 1966년부터 보건대학원에서 사용하였다. 당시 보건대학원은 별도의 건물을 가지지 못하고 의대 본관 등 이곳저곳에서 강의를 하다가 비로소 이 건물에 정착한 셈이었다. 1970년 보건대학원에서 새 건물을 지어 나가자(지금의 의대 교육관) 이 건물은 1972년 새로 설립된 방송대가 사용하게 되었다. 우리 대학이 처음 출발한 이곳에서 스코필드를 통해 3·1운동과 4월혁명을 떠올릴 수 있으니 더욱 의미가 크다.

서울대 터의 북쪽, 그러니까 대학로의 가장 북쪽에 있는 혜화로터리는 대학로에서 또 하나의 중요한 역사 현장이다. 1929년 11월 3일 광주학생운동이 일어나 곧 서울을 거쳐 전국으로 퍼져 나갔다. 이 과정에서 중요한 역할을 한 제1차 서울학생 항일시위지가 바로 혜화로터리였다. 12월 2~3일에 걸쳐 경성제대와 각 중등학교에 격문이 뿌려졌으며, 12월 5~8일에는 학교별 학생시위가 있었다. 12월 9일에는 연지동의 경신학교 학생들이 가두시위를 하여 혜화문 안 상업학교(현 동성고)에 이르자 보성고보 학생들이 합세하여 제1대는 경성제대 앞을 지나 종로 5가 쪽으로, 제2대는 창경궁 앞을 지나 종로 4가 쪽으로 향하였다. 동부 지역의 남북을 대표하는 학생들이 로터리 부근에서 만나 도심으로 향한 셈이었다. 이곳은 1960년 4·19혁명에서도 중요한 역할을 하였다. 동성고 학생들이 4월 19일 오전에 먼저 시위를 하여 서울대 앞으로 가서 형님들은 뭘 하느냐고 다그쳤다. 혁명을 촉발시키는 중요한 역할을 한 것이다.

따라서 혜화로터리를 중심으로 한 보성고, 경신고, 동성고도 주목할 필요가 있다. 보성고는 1906년 이용익(李容翊, 1854~1907)이 보성중학교라는 이름으로 세워 중부 박동(현 수송동)에 있었는데, 일제강점기에 보성고등보통학교가 되었고, 1927년 혜화동으로 이전하였으며(현 종로구 올림픽기념국민생활관), 1989년 다시 송파구 방이동으로 이전하였다. 경신고는 앞서 보았듯이 연지동에 있었는데 1941년 일제 박해로 교사를 경기도 양주군 정릉리로 옮겼다가 1955년 혜화동으로 이전하였다. 3·1운동 때 전교생 100여 명이 탑골공원에서 진행된 독립선언식에 참석하였으며, 특히 경신학교 출신 정재용(1886~1976)은 독립선언서를 낭독하였다. 동성고는 본래 1907년 소의학교[서소문 밖 합동(蛤洞)]에서 출발하여 1920년 소의상업학교(만리동), 1922년 남대문상업학교로 이름을 바꾸어 1929년 현재 위치로 이전하여 1931년 동성상업학교라는 이름을 가졌다. 이후 동성고등학교로 바뀌었다.

그다음 대학로와 연결해서 찾아볼 곳은 성균관이다. 성균관이 있어 그 아래에 숭교방이 있었으니 숭교방은 요즘 말로 대학로 또는 대학촌이라고 할까? 대학로 혜화주민센터 근처 '대명거리'는 반촌 입구에 해당

그림 10-13 • 혜화로터리의 4월혁명 기념비(왼쪽)와 명륜동 중앙학림 터(오른쪽)

하는 곳이다.

성균관은 일제의 강제병합 뒤 1911년 경학원으로 바뀌었다. 그 뒤 1930년에 경학원 부설 명륜학원이 세워졌으며, 명륜전문학원(1939), 명륜전문학교(1942), 명륜연성원(1944)을 거쳐 해방 후 명륜전문학교(1945. 9)가 부활했다가 1946년 9월에 성균관대학교가 세워졌다. 초대 학장은 유학자이자 독립운동가로 유명한 김창숙(1879~1962)이었다. 1946년 국립 서울대학교 설립안 반대 때 일부에서는 경성제대가 아니라 성균관을 중심으로 국립대학을 만들어야 한다는 주장도 있었다. 그랬다면 오늘날 이곳이 우리 대학과 인연을 맺게 되었을까?

성균관과 가까운 곳에는 불교교육기관인 중앙학림(1915, 종로구 명륜동 1가 2, 서울과학고등학교 옆 북관왕묘 터)이 있었다. 본래 이곳은 북관왕묘 터였다. 임진왜란 이후 들어온 관우 숭배사상으로 서울에 남대문 밖 관왕묘(남묘)를 세운 뒤 동대문 밖에는 동묘가 세워졌다. 이때 관우는 군신(軍神)이었는데 이후 관우를 재신(財神)으로 섬기는 신앙이 퍼지면서 일반 무당들이 관우를 몸주로 삼는 일이 늘어났다. 북묘는 임오군란 이후 명성왕후가 무당 진령군에게 내려준 당집이었다. 여기에 중앙학림이 들어섰고, 불교전수학교(1918), 중앙불교전문학교(1930), 혜화전문학교(1940)를 거쳐 동국대(1946)로 바뀌었는데 곧 필동으로 옮겨 갔다. 이곳에서 한용운 등이 3·1운동을 논의하였다. 이렇게 본다면 3·1운동, 광주학생운동, 4·19혁명 등 중요한 사회운동과 관련된 유적지를 대학로 부근에서 모두 찾을 수 있는 셈이다.

지금까지 보았듯이 대학로 일대는 조선시대로 본다면 도성의 동쪽 변두리에 해당한다. 북쪽에 성균관이 자리 잡고 있고, 몇 가지 기관, 그리고 낙산 아래 일부 관료들이 거주한 곳 정도였다. 한말 근대화 과정에서

그림 10-14 · 1975년 방송대 본관(왼쪽)과 1980년에 지은 본관(가운데), 그리고 현재의 본관 모습(오른쪽)

학교, 병원 등이 만들어지고, 일제강점기에 들어 전문학교, 경성제대 등이 세워지면서 점차 변화되어 갔으며 해방 후 서울대학이 설립되었다.

방송대는 과거 서울대 문리대 일부 공간을 중심으로 자리 잡고 지금껏 이곳을 묵묵히 지켜왔다. 앞서 보았듯이 방송대가 처음 간판을 내건 곳은 1972년 서울대 의대 병원 쪽, 당시 보건대학원이 사용하던 건물이었다. 그러다가 1975년 서울대학교가 관악산으로 이전하면서 옛 문리대 이과 건물로 옮겼다. 지금 마로니에공원의 모형도에는 이 건물이 나타나지 않는데 어쩌면 문리대 공간이 부족하여 공업시험원 쪽으로 공간을 사용했기 때문일 수도 있다. 이 건물은 일제강점기 시인 이상(1910~1937)이 설계했다고 알려진다. 그러다가 이 건물 자리에 1981년 본관을 새로 지었으며 1982년 공업시험원이 과천으로 이전하면서 공간을 넓히면서 부속건물을 지었다. 2012년 본관을 크게 신축하여 지금은 대학로에서 가장 중심적인 건물로 자부할 수 있다. 더구나 최근 방송대 뒤편에 있던 국립국제교육원을 인수하여 공간을 한층 넓혀 나갔다. 이렇게 이곳에서 방송대의 수십 년 역사를 짚을 수 있다.

방송대를 중심으로 대학로 부근의 역사를 간단하게 훑어봤지만 사실

역사를 만들어 나가는 것은 구성원 자신이다. 일례로 방송대도 1990년 대에 외곽으로 나가려고 시도하였는데, 만일 바깥으로 나갔다면 또 그곳에서 새로운 역사를 만들었을 것이다. 이제 대학로를 고수하면서 튼실하게 자리 잡고자 한다면 결국 이곳의 역사를 우리 발전의 역사, 평생교육의 요람으로 만드는 것은 우리의 몫이다. "있는 곳에 따라서 주인이 되라"는 말이 있듯이 어느 곳이든 우리가 주인의식을 가지고 발전시켜 나가야 할 것이다. 특히 방송대와 같이 전국이 캠퍼스인 학교는 더욱 그러하다. 다만 대학본부가 자리 잡은 대학로를 우리 구성원들이 사랑하듯 이곳 공간에 대한 이해를 하자는 것이다. 더불어 각 지역에서도 지역 대학이 형성되기까지의 역사와 공간에 대해서 이해를 한다면 우리 학교의 생활이 더욱 의미를 갖게 될 것이다.

● 참고문헌

서울특별시사편찬위원회, 『서울육백년사』, 1979.

윤기 저, 이민홍 역주, 『(완역 泮中雜詠)조선조 성균관의 교원과 태학생의 생활상』, 성균관대학교출판부, 1999.

장철수 외, 『서울의 사회풍속사』, 서울시립대학교부설 서울학연구소, 1996.

정근식 외, 『식민권력과 근대지식—경성제국대학 연구』, 서울대학교출판문화원, 2011.

종로구, 『종로구지』, 1994.

한국방송통신대학교, 『한국방송통신대학교 40년사—1972~2012』, 2013.